Psychiatrie
als empirische Wissenschaft

Herausgegeben von
M. Berger
H.-J. Möller
H.-U. Wittchen

Psychiatrie als empirische Wissenschaft

45 Abbildungen
22 Tabellen

W. Zuckschwerdt Verlag
München · Bern · Wien
New York

Die Herausgeber:

Prof. Dr. M. Berger
Psychiatrische Universitätsklinik
Hauptstraße 5
D-79104 Freiburg

Prof. Dr. H.-J. Möller
Psychiatrische Universitätsklinik
und Poliklinik
Sigmund-Freud-Straße 25
D-53105 Bonn

Prof. Dr. H.-U. Wittchen
Max-Planck-Institut für Psychiatrie
Klinisches Institut
Kraepelinstraße 2–10
D-80804 München

Auslieferungen W. Zuckschwerdt Verlag GmbH

Deutschland:	Schweiz:	Österreich:	USA:
Brockhaus Commission	Hans Huber Verlag	Maudrich Verlag	Scholium International Inc.
Verlagsauslieferung	Längassstrasse 76	Spitalgasse 21a	14 Vanderventer Ave
Kreidlerstrasse 9	CH-3000 Bern 9	A-1097 Wien	Port Washington
D-70806 Kornwestheim			11050 New York

Die Deutsche Bibliothek – CIP-Einheitsaufnahme

Psychiatrie als empirische Wissenschaft: 22 Tabellen / hrsg. von M. Berger ... – München ; Bern ; Wien ; New York : Zuckschwerdt, 1993
ISBN 3-88603-485-2
NE: Berger, Mathias [Hrsg.]

Printed in Germany by Presse-Druck Augsburg

ISBN 3-88603-485-2

Autorenverzeichnis

Angst J., Prof. Dr. med., Psychiatrische Universitätsklinik Zürich, Forschungsdirektion, Lenggstraße 31, CH-8029 Zürich 8, Schweiz

Baumann U., Prof. Dr. phil., Institut für Psychologie der Universität Salzburg, Hellbrunnerstraße 34, A-5020 Salzburg, Österreich

Berger M., Prof. Dr. med., Psychiatrische Universitätsklinik, Hauptstraße 5, D-79104 Freiburg

Dilling H., Prof. Dr. med., Klinik für Psychiatrie, Medizinische Universität zu Lübeck, Ratzeburger Allee 160, D-23562 Lübeck

Ehlert U., Dr. phil., Fachbereich I – Psychologie der Universität Trier, Tarforst Gebäude D, D-64286 Trier

Emrich H., Prof. Dr. med., Abteilung Klinische Psychiatrie, Medizinische Hochschule Hannover, Konstanty-Gutschow-Str. 8, D-30625 Hannover

Fichter M. M., Prof. Dr. med., Medizinisch-Psychosomatische Klinik Roseneck, Am Roseneck 6, D-83209 Prien am Chiemsee

Häfner H., Prof. Dr. med., Dr. phil., Dr. hc. mult., Zentralinstitut für Seelische Gesundheit, Postfach 12 21 20, D-68159 Mannheim

Hahlweg K., Prof. Dr. phil., Abt. für Klinische und Diagnostische Psychologie, TU Braunschweig, Spielmannstraße 12a, D-38106 Braunschweig

Hellhammer D., Prof. Dr. phil., Fachbereich I – Psychologie der Universität Trier, Tarforst Gebäude D, D-54286 Trier

Hohagen F., Dr. med., Psychiatrische Universitätsklinik, Hauptstraße 5, D-79104 Freiburg

Holsboer F., Prof. Dr. med., Dr. rer. chem., Max-Planck-Institut für Psychiatrie, Klinisches Institut, Kraepelinstraße 2–10, D-80804 München

Kirschbaum C., Dr., Fachbereich I – Psychologie der Universität Trier, Tarforst Gebäude D, D-64286 D-Trier

Krieg J.-C., PD Dr. med., Max-Planck-Institut für Psychiatrie, Klinisches Institut, Kraepelinstraße 2–10, D-80804 München

Krieger S., Dipl. Psych., Psychiatrische Universitätsklinik, Hauptstraße 5, D-79104 Freiburg

Lauer Chr., Dr. phil., Max-Planck-Institut für Psychiatrie, Klinisches Institut, Kraepelinstraße 2–10, D-80804 München

Lichtermann D., Dr. med., Psychiatrische Klinik der Universität Mainz, Untere Zahlbacher Straße 8, D-55131 Mainz

Maier W., PD Dr. med., Psychiatrische Klinik der Universität Mainz, Untere Zahlbacher Straße 8, D-55131 Mainz

Minges J., Dr. med., Psychiatrische Klinik der Universität Mainz, Untere Zahlbacher Straße 8, D-55131 Mainz
Möller H.-J., Prof. Dr. med., Psychiatrische Univ.-Klinik und Poliklinik, Sigmund-Freud-Straße 25, D-53105 Bonn
Ploog D., Prof. Dr. med., Max-Planck-Institut für Psychiatrie, Klinisches Institut, Kraepelinstraße 2–10, D-80804 München
Riemann D., Prof. Dr., Psychiatrische Universitätsklinik, Hauptstr. 5, D-79104 Freiburg
Schreiber W., Dr. med., Max-Planck-Institut für Psychiatrie, Klinisches Institut, Kraepelinstraße 2–10, D-80804 München
Vollmann J., Dr. med., Psychiatrische Universitätsklinik, Hauptstr. 5, D-79104 Freiburg
Wiegand M., Dr. med., Psychiatrische Klinik und Poliklinik rechts der Isar der TU München, Möhlstraße 26, D-81675 München
Wittchen H.-U., Prof. Dr. phil., Max-Planck-Institut für Psychiatrie, Klinisches Institut, Kraepelinstr. 2–10, D-80804 München
von Zerssen D., Prof. Dr. med., Max-Planck-Institut für Psychiatrie, Klinisches Institut, Kraepelinstraße 2–10, D-80804 München
Zulley J., PD Dr. rer. soc., Bezirkskrankenhaus Regensburg, Schlaflabor, Universitätsstraße 84, D-93053 Regensburg

Inhalt

Geleitwort

Im Herbst 1991 feierte *Herr Professor Detlef von Zerssen* seinen 65. Geburtstag und wurde Ende des Jahres aus seiner aktiven Tätigkeit am Max-Planck-Institut für Psychiatrie in München verabschiedet. Wir als seine Schüler organisierten am 22. und 23. Mai 1992 in München ein Symposium zu seinen Ehren. Die Tagung fand in der Psychiatrischen Universitätsklinik München statt und sollte die Spannbreite seines Engagements in Klinik, Forschung und Lehre wiedergeben. Die Mehrzahl der Vortragenden waren seine unmittelbaren Schüler, die übrigen fühlten sich in ihrer wissenschaftlichen Arbeit intensiv – meist über mehrere Jahrzehnte – mit *Herrn von Zerssen* verbunden.
Während die Nachkriegspsychiatrie nicht nur in Deutschland, sondern auch international durch Grenzziehungen zwischen biologischer Psychiatrie, Sozialpsychiatrie, Psychotherapie und Klinischer Psychologie und hier wieder zwischen den unterschiedlichen Schulen gekennzeichnet war, ist es einer der hervorragenden Verdienste von *Herrn von Zerssen,* nicht nur im klinischen Alltag, sondern auch in der Forschung hochkompetent und ideenreich die Gesamtbreite unseres Faches umfaßt und bearbeitet zu haben. Der ausgesprochen anspruchsvolle, aber auch faszinierende integrative Ansatz, der bei ihm nicht nur ein häufig zu hörendes Lippenbekenntnis darstellte, sondern in seiner Mehrdimensionalität ernsthaft verfolgt und in einer großen Zahl von hochrangigen Publikationen seinen Niederschlag fand, hat seine Mitarbeiter nachhaltig geprägt.
Aus diesem Grunde zielte das Symposium auf die Darstellung des gegenwärtigen Wissensstandes – in seinen Bezügen zur Vergangenheit und in seinen Implikationen für zukünftige Forschungsstrategien – im Gesamtbereich psychiatrischer Forschung, d. h. von den wissenschaftstheoretischen Grundlagen über Epidemiologie, Verlaufsforschung, Vulnerabilitätsforschung, Chronobiologie und Schlafforschung bis zur Therapieforschung.
Das gegenwärtig international zu erkennende Bemühen um Integration von biologischer Psychiatrie – einschließlich der Grundlagenforschung – mit psychosozialen Forschungsrichtungen bestätigt, daß *Herr von Zerssen* während seiner gesamten Berufstätigkeit sich nicht vom jeweiligen Zeitgeist und von Modeströmungen hat hemmen lassen, sondern zukunftsweisend konsequent um ein somato-psycho-soziales Verständnis psychiatrischer Erkrankungen bemüht war. Dabei verließ er nie den mühsamen, aber letztlich einzig erfolgversprechenden Weg der empirischen Wissenschaft und erwies sich als immun gegenüber allen idiographisch-interpretativen Tendenzen in Psychiatrie und Psychotherapie. Auch hier gebührt *Herrn von Zerssen* Dank, einen erheblichen Beitrag zur Wiedergewinnung des internationalen Ansehens der deutschsprachigen Psychiatrie geleistet zu haben.
Für die finanzielle Unterstützung der Firma Hexal GmbH, Holzkirchen, die die Produktion des Buches erst ermöglicht hat, bedanken wir uns.

M. Berger M.-J. Möller H.-U. Wittchen

Vorwort

D. Ploog
Max-Planck-Institut für Psychiatrie, Klinisches Institut, München

Dieses Buch umfaßt 14 Beiträge über Themen, mit denen sich *Detlev von Zerssen* über mehr als 25 Jahre wissenschaftlich beschäftigt hat. Die Absicht der Herausgeber, den Stand der gegenwärtigen Forschung in den Bereichen seines Wirkens im Hinblick auf die Vergangenheit und auf zukünftige Forschungsstrategien deutlich zu machen, scheint mir wohl gelungen zu sein.

Da es sich hier um ein Vorhaben handelt, das einen ganzen Lebensabschnitt in einem großen Forschungsinstitut markiert, will ich der Entwicklung und dem Verlauf dieser Forschung einige Gedanken aus meiner persönlichen Perspektive widmen.

Als die Deutsche Forschungsanstalt für Psychiatrie – das heutige Max-Planck-Institut für Psychiatrie – nach 20jähriger nachkriegsbedingter Unterbrechung klinischer Arbeitsmöglichkeiten 1966 eine moderne, für Forschungszwecke ausgestattete Klinik erhielt, war es um die empirische Forschung in unserem Fach noch schlecht bestellt. Das gedanklich konstruierende und hermeneutische Denken herrschte vor und stand im Gegensatz zum methodisch-empirischen Denken in den Naturwissenschaften. Gerade diesem aber, so hatte ich mir vorgenommen, sollten wir Jüngeren zum Durchbruch verhelfen. Der auf Beobachtung und Experiment gründende Erkenntnisgewinn sollte das Gütesiegel für alle Forschung sein. Der Wert dieser empirisch-induktiven Vorgehensweise war damals in der Psychiatrie umstritten. Außerdem wehte schon in den 60er Jahren ein scharfer antipsychiatrischer Wind. Empirische Forschung in diesem Fach wurde aus ideologischen Gründen verteufelt. Die Rekrutierung einer Mannschaft für das neue Schiff mit festgelegtem Kurs war für mich eine besondere Herausforderung.

Von Zerssen brachte die besten Voraussetzungen für die bevorstehenden Forschungsaufgaben in der klinischen Psychiatrie mit. Er hatte sich eine vielseitige medizinische Ausbildung erworben, hatte ein besonderes Interesse an der psychosomatischen Medizin mit spezieller Kenntnis der Funktionen des Hypophysen-Nebennierenrinden-Systems und hatte neben der Medizin ein volles Psychologiestudium absolviert, in dem er sich auch gründliche Kenntnisse statistischer Methoden und Verfahren angeeignet hatte – damals für Mediziner eine Seltenheit. Ich wurde erstmals auf ihn aufmerksam, als ich seine Arbeit »Dimensionen der morphologischen Habitusvariationen und ihre biometrische Erfassung« aus dem Jahre 1964 las. Als Doktorand von *Klaus Conrad* und ehemaligem Assistenten von *Ernst Kretschmer* – beide damals noch in Marburg – war mir dieses Thema sehr vertraut. Mir gefiel die präzise Art, mit der *von Zerssen* auf Grund seiner empirisch gewonnenen Ergebnisse althergebrachte Lehrmeinungen hinterfragte und damit wohl schon den Grund für seine spätere Persönlichkeitsforschung legte. In einer Zeit, in der das schulgebundene, oft emotional getönte Denken in der deutschen Psychiatrie noch vorherrschte, waren methodisch-empirisch angelegte Arbeiten selten. Die Arbeiten *von Zerssens* zeigen in vorbildlicher Form, wie man dieses Denken exerzieren kann, ohne sich dem Vorwurf des Biologismus auszusetzen, ein Vorwurf, der damals häufig und auch heute noch – gelegentlich mit Recht – gegenüber der inzwischen etablierten biologischen Psychiatrie erhoben wird.

Aber damals schon, seit Anfang der 60er Jahre, begann sich das neue Denken in der deutschen Psychiatrie abzuzeichnen. Das AMP-System entstand; es war der erste deutschsprachige Versuch, einen psychiatrischen Befund in seinen anamnestischen, psychopathologischen und somatischen Aspekten zu standardisieren und damit vergleichbar zu machen. Man muß dies im Zusammenhang mit der Arbeitsgemeinschaft für Neuropsychopharmakologie und Pharmakopsychiatrie (AGNP) sehen, die sich schon 1960 zu ihrem ersten Symposium in Nürnberg traf. Retrospektiv kann man sagen, daß die psychiatrische Pharmakotherapie den objektivierenden Untersuchungsverfahren und statistischen Analysemethoden in der Psychiatrie weltweit zum Durchbruch verholfen hat.

All diese Bemühungen um eine empirisch-induktive Erkenntnisförderung in der Psychiatrie waren zweifellos dazu geeignet, den Anschluß an vergleichbare, aber ungleich besser ausgestattete und multidisziplinär zusammengesetzte Arbeitsgruppen in den angelsächsischen und skandinavischen Ländern zu erreichen. Doch waren dazu allein für die klinische Psychiatrie – von den für die Psychiatrie relevanten Laborwissenschaften gar nicht zu reden – umfangreiche Arbeiten zur Methodenentwicklung im Bereich der Psychopathologie und Diagnostik erforderlich, denen sich *von Zerssen* widmete. Hierher gehören die Erprobung und Neuentwicklung von Fragebögen zur Erfassung des psychopathologischen Befundes im zeitlichen Quer- und Längsschnitt. Die Entwicklung von Fragebögen zur Beurteilung der prämorbiden Persönlichkeit des Patienten, die nahen Angehörigen und dem Patienten selbst vorgelegt wurden, war die Voraussetzung für spätere Forschungsprojekte. Durch die kombinierte, teils auch im Verlauf mehrfache Anwendung dieser Fragebögen und eines bereits vorhandenen klinischen Beurteilungsverfahrens, der Inpatient Multidimensional Psychiatric Scale (IMPS), bei Aufnahme und Entlassung jedes Patienten der psychiatrischen Abteilung, wurde ein differenziertes Bild der Psychopathologie gewonnen und die Wirksamkeit von Behandlungsmaßnahmen im Verlauf der Erkrankung geprüft.

Um eine internationale Vergleichbarkeit der Befunde zu gewährleisten, wurde von Anfang an die ICD in der 8. Revision eingeführt, später auch projektbezogen die RDC und DSM-III bzw. DSM-III-R. Alle gewonnenen Daten wurden für jeden Patienten auf einer Datenbank gespeichert, die mit einer Methodenbank gekoppelt war, so daß eine ökonomische, hypothesengesteuerte Auswertung großer Datenmengen schon in den ersten Jahren möglich wurde. Auf diese Weise konnten quantitative Syndromanalysen – übrigens bereits von *Jaspers* gefordert –, Untersuchungen zur prämorbiden Persönlichkeit und Verlaufsanalysen durchgeführt werden. In den letzten Jahren stand die Einführung von Meßverfahren zur sozialen Anpassung und die Entwicklung und Erprobung vollstandardisierter diagnostischer Untersuchungsinstrumente im Vordergrund der Methodenentwicklung, auf die *Wittchen* in seinem Beitrag besonders eingeht.

Aus *von Zerssens* konstitutionsbiologischen Untersuchungen haben sich konsequent seine Studien über die Beziehungen zwischen Psychose und prämorbider Persönlichkeit ergeben. *Baumann* hat in seinem Beitrag den Ort gekennzeichnet, den die Erforschung der prämorbiden Persönlichkeit im Rahmen der Persönlichkeitsforschung einnimmt oder in der Psychiatrie einnehmen sollte. *Von Zerssens* wegweisende systematisch-empirische Untersuchungen dazu stehen bisher ziemlich allein da. Es gilt, die methodischen Probleme der Erfassung, vor allem auch der retrospektiven Erfassung der prämorbiden Persönlichkeit aufzuarbeiten. Dazu sind Längsschnittstudien, wie sie *Angst* in bezug auf die leichteren Formen der Depression dargestellt hat, für diesen Forschungssektor unerläßlich. Mir scheint, daß das Konzept Persönlichkeit mit Berücksichtigung der in der Psychiatrie vernachlässigten psychologischen Forschungsergebnisse mehr Raum gewinnen und empirisch eingehender untersucht werden sollte.

In diesem Zusammenhang stehen die familiengenetischen Untersuchungen von *Maier* et al. Sie verwendeten zur Erfassung prämorbider Persönlichkeitsfaktoren den von *von Zerssen* und Mitarbeitern entwickelten Münchner Persönlichkeits-Test und fanden einen familiären Zusammenhang zwischen affektiven und schizophrenen Störungen einerseits und Neurotizismus andererseits. Demnach liegt eine jedenfalls teilweise Gemeinsamkeit genetischer Faktoren für die Ausprägung des Neurotizismus und des Auftretens affektiver und schizophrener Erkrankungen nahe.

Diese Befunde erinnern mich an über 40 Jahre zurückliegende Gespräche mit *Conrad* über die beginnende Schizophrenie, der der empirisch umfassende Beitrag von *Häfner* gewidmet ist, und über die Suche nach der allen endogenen Psychosen gemeinsamen Grundstörung. Es könnte sein, daß das heute in den Vordergrund getretene Konzept der Vulnerabilität, das eng mit dem Persönlichkeitskonzept verbunden ist, uns auch der immer wieder neu gesuchten Grundstörung näherbringt. Eins dürfte sicher sein: Sollte eine allen sogenannten endogenen Psychosen gemeinsame Grundstörung gefunden werden, wird sie von höchst komplexer Natur sein – molekulargenetisch, hereditär, biochemisch, neurobiologisch, zerebralsystemisch – auf allen Ebenen, von denen unser Verhalten, Befinden und Erleben abhängig ist und gestört werden kann. Die Komplexität der möglichen Störmuster kommt in den Beiträgen zur Vulnerabilität von *Fichter, Hellhammer* et al., *Krieg* et al. und *Maier* et al. facettenreich zum Ausdruck.

Auf der Suche nach biologischen Korrelaten psychischer Störungen boten sich die depressiven Syndrome an; gravierende Schlafstörungen waren klinisch und polysomnographisch gut belegt und psychoendokrinologische Veränderungen nachgewiesen worden. Der Versuch, mit Hilfe von polysomnographisch registrierten Veränderungen des Schlafes und endokrinologischen Tests, wie dem Dexamethason-Suppressions-Test (DST), endogene von neurotischen Depressionen zu differenzieren, war aber nicht erfolgreich. Vielmehr stellte sich im Widerspruch zu damals geltenden Auffassungen heraus, daß eine Verkürzung der REM-Latenz im Schlaf-EEG und eine fehlende oder verminderte Supprimierbarkeit der endogenen Cortisolproduktion durch Gabe von Dexamethason bei Depressionen zwar häufig vorkommen, aber nicht spezifisch für eine bestimmte klinische Unterform der Depression sind. Die damaligen Hinweise auf eine starke Streßabhängigkeit eines pathologischen DST sind inzwischen weitgehend anerkannt. Daß der DST in strikter Abhängigkeit vom Ausmaß des Untergewichts bei Magersüchtigen ebenfalls pathologisch ist, stellte sich schon Ende der 70er Jahre in unserem Anorexie-Projekt heraus, dessen weitere erfolgreiche multizentrische Entwicklung mit besonderer Betonung der Verlaufsforschung von *Fichter* behandelt wird.

Die Beiträge von *Berger* et al. und *Zulley* gehen auf ein interdisziplinäres Institutsprojekt zurück, in dem *von Zerssen* wesentlich mitgewirkt hat. Dabei ergab sich zwar kein Anhaltspunkt für eine Veränderung der zirkadianen Periode oder der Phasenlage physiologischer Funktionsgrößen, wohl aber eine zeitliche Koppelung der depressiven Tagesschwankung an die Akrophase der Cortisolsekretion. Daraus entwickelte *von Zerssen* ein Mehrkomponenten-Modell, wonach der der Depression zugrundeliegende (unbekannte) Krankheitsprozeß von dem der Cortisolsekretion übergeordneten Steuerungsmechanismus beeinflußt wird.

Empirische Wissenschaft in einem komplexen Erfahrungsbereich wie der klinischen Psychiatrie ist voller Fallstricke und Schwierigkeiten, die sich von der Methodik und Beobachtungsebene bis zur nomothetischen Ebene ziehen, wie *Möller* in seinem Grundsatzreferat zeigt. Es ist daher nicht verwunderlich, daß beim jetzigen Stand unseres Wissens die meisten Hypothesen im Bereich der Psychosenforschung falsifiziert wurden. Wege und Umwege dahin sind oft lang und arbeitsaufwendig. Zudem ist der Falsifikationsprozeß für den Forscher weit weniger belohnend als wenn er eine neue Hypothese kreieren kann. Die Dexamethason-Story ist ein gutes Beispiel für die Wege und Umwege empirisch-induktiver Forschung. Wie aber ein solcher Prozeß des Erkenntnisgewinns auch ausgeht, die dafür ins Werk gesetzten Untersuchungen und Experimente zur Aufklärung der Psychobiologie der Depression fanden so viel Wissenszugewinn und Beachtung, daß *von Zerssen, Berger* und *Doerr* den Anna-Monika-Preis dafür erhielten.

Unter den Themen, denen sich *von Zerssen* gewidmet hat, soll die evaluative Psychotherapieforschung nicht fehlen. *Hahlweg* zeigt, daß die Metaanalysen den klarsten Wirksamkeitsnachweis für die kognitiv-behavioralen Therapieansätze erbringen; er empfiehlt Kosten-Nutzen-Analysen als Schwerpunkt zukünftiger Forschung und die Entwicklung von Methoden zur Qualitätssicherung der psychotherapeutischen Praxis. Unter all den Arbeiten zur Evaluation von Psychopharmaka, zur Rehabilitation psychisch Kranker, zur Verhaltenstherapie, die unter *von Zerssens* Leitung entstanden sind, nenne ich die zusammen mit *Dilling* verfaßte Studie zur stationären psychiatrischen Versorgung der Bevölkerung Bayerns vom Standpunkt der Planung, die *Dilling* zum Angelpunkt seines Beitrages macht. Mit dieser Studie wurde die Grundlage für eine wissenschaftlich fundierte Versorgungsplanung geliefert, die damals für die Bundesrepublik ohne Beispiel war. Sie hatte weitreichende Folgen für die bundesdeutschen Planungen auf diesem Gebiet und ist ein Beleg dafür, daß eine als empirische Wissenschaft betriebene Psychiatrie letztlich unseren Patienten zugute kommt.

Bei aller Suche im Leuchtkegel der gerade vorhandenen Methoden, vor allem der biochemischen, sollten wir nicht vergessen, daß die großen psychischen Erkrankungen, die affektiven und schizophrenen Psychosen, offenbar nur dem Menschen eigen sind. Tiermodelle, die nichtmenschlichen Primaten eingeschlossen, können nur Teilaspekte von Bewußtseinsleistungen im Bereich der Wahrnehmung, des Erkennens, des Gedächtnisses, des Lernens und der Emotionen abbilden. In irgendeiner Form müssen also die in der Evolution jüngsten Hirnstrukturen des Menschen im Verein mit älteren Strukturen an diesen Krankheitsformen beteiligt sein. Auch auf dieser Ebene können wir uns neuer, vor kurzem noch nicht vorstellbarer Methoden bedienen, induktive Wissenschaft betreiben und Hypothesen überprüfen. Wie *Emrich* in seinem Beitrag über Pharmakotherapiekonzepte begründet, kann die Neuschöpfung und Aufklärung von Wirkprinzipien der Psychopharmaka nur gelingen, wenn sie mit einer systemorientierten neuropsychologischen Forschung Hand in Hand geht.

Werfen wir zum Schluß einen Blick auf die eingangs skizzierten Anfänge der psychiatrischen Forschung in den 60er Jahren und studieren zugleich den jüngst publizierten Vorschlag für die Richtlinien der Weiterbildungsordnung zum Arzt für Psychiatrie und Psychotherapie. Die außerordentliche seither zurückgelegte Wegstrecke wird dabei sichtbar. Man hätte den Ausbildungsplan vor 30 Jahren kaum verstanden. Er ist durch und durch im Sinne einer auf Empirie gegründeten Psychiatrie aufgebaut und setzt den zukünftigen Psychiater in den Stand, Psychiatrie als empirische Wissenschaft zu betreiben und als Arzt auf dieser Basis klinisch und praktisch zu handeln. Das vorliegende Buch setzt Standards für Forschung und Praxis und ist zugleich ein Tribut für *Detlev von Zerssen,* der einen substantiellen Anteil an dieser Entwicklung unserer klinischen Wissenschaft hat.

Psychiatrie als empirische Wissenschaft: Versuch einer Begriffsexplikation[1]

H.-J. Möller
Psychiatrische Universitätsklinik und Poliklinik, Universität Bonn

Einleitung

Psychiatrie als klinische Disziplin, die sich mit geistig-seelischen Störungen, d. h. mit als krankhaft geltenden aktuellen Störungen und habituellen Normabweichungen des Erlebens und Verhaltens befaßt, hat wie alle klinischen Disziplinen ein janusköpfiges Gesicht. Einerseits ist sie auf die Praxis im Sinne helfenden Handelns gerichtet, andererseits auf Erkenntnis, auf ein geistiges Durchdringen dessen, worauf die Praxis abzielt. Dadurch schafft sie zugleich bessere Voraussetzungen für die praktische, d. h. die diagnostische, therapeutische, rehabilitative und prophylaktische Tätigkeit des Arztes (19).

Kaum jemand wird daran zweifeln, daß das Eindringen der modernen Naturwissenschaften in die Medizin deren Fortschritt so beschleunigt hat, daß sich der heutige Stand von dem vor etwa 150 Jahren stärker unterscheidet als der damalige von dem der antiken Medizin. In der Psychiatrie scheint der Fortschritt nicht ganz so dramatisch, und die Rolle der sogenannten »naturwissenschaftlichen Methode« der Erkenntnisgewinnung bleibt immer noch umstritten. Kritische Stimmen betonen in diesem Zusammenhang, daß Geistig-Seelisches nicht in gleicher Weise wie Körperliches/Materielles objektiv beobachtbar, quantitativ meßbar und experimentell manipulierbar sei. Gern wird deshalb der Psychiatrie von manchen Autoren ein Platz in der Nähe der Geisteswissenschaften zugewiesen und die von anderen wie selbstverständlich geforderte Position im Bereich der naturwissenschaftlichen Medizin zurückgewiesen. Je nach dem Zeitgeist schlägt das Pendel mal mehr in die eine Richtung, mal mehr in die andere Richtung. Es sei auf die Bedeutung daseinsanalytischen Gedankenguts in der Psychiatrie unmittelbar nach dem Zweiten Weltkrieg sowie an das derzeitige Vorherrschen der biologisch-psychiatrischen Position hingewiesen.

Die Antinomie zwischen beiden Richtungen wurde bis heute nicht aufgelöst. Sie gilt für viele als typisches Spannungsfeld der Psychiatrie, als ein charakteristisches Konstituens dieses Faches. Von einigen wird der Spannungsbogen zwischen geisteswissenschaftlicher und naturwissenschaftlicher Methodik als so essentiell für das Fach angesehen, daß jedes stärkere Abweichen in die eine oder andere Richtung als Entfremdung vom Fach kritisiert wird.

Die hier skizzierte prinzipielle Antinomie tritt in verschiedenen Schattierungen und unter verschiedenen Namen auf, letztlich geht es aber immer wieder um die gleiche Polarisierung. Deshalb seien nachfolgend nur schlagwortartig ein paar weitere hierzu gehörige Gegensatzpaare erwähnt: der

[1] Meinem verehrten Lehrer, *Herrn Prof. Dr. von Zerssen,* zum 65. Geburtstag in Dankbarkeit gewidmet.

Gegensatz von biographisch-ideographischer Orientierung und nach allgemeinen Gesetzlichkeiten suchendem Forschungsansatz; der Gegensatz zwischen verstehend-hermeneutischer und erklärend-nomothetischer Methodik; der Gegensatz zwischen rein spekulativer (gedanklich konstruierender) und empirisch-induktiver Erkenntnisgewinnung; der Gegensatz von geschichtlicher und realwissenschaftlicher Position; der Gegensatz von ganzheitlicher Sichtweise und analytisch-reduktionistischem Vorgehen.

Diese schwer vereinbaren, antagonistischen Positionen zu grundsätzlichen Methodenfragen betreffen nicht nur die Psychiatrie, sondern lassen sich ebenso in anderen Fächern, die sich mit psychosozialen Sachverhalten beschäftigen, nachweisen. Die Methodendiskussion in der Psychologie, Soziologie und Psychotherapie macht das deutlich. So stellt sich die lerntheoretisch fundierte Psychotherapie in der Regel als empirisch orientiert dar, die Psychoanalyse hingegen wird von vielen exponierten Vertretern als hermeneutische Wissenschaft gekennzeichnet. Andererseits gibt es innerhalb der psychoanalytischen Methodendiskussion Debatten darüber, ob nicht die psychoanalytische Wissenschaft eher einen empirischen Ansatz habe und als hermeneutische Richtung inadäquat charakterisiert sei (15).

Natürlich ist dies alles nicht nur ein intellektueller Wettstreit, sondern die in diesem Sinne prinzipielle methodische Ausrichtung hat enorme Konsequenzen. Sie legt fest, was als wissenschaftliche »Wahrheit« oder – besser gesagt – als Weg zur »Wahrheit« akzeptiert wird und wie diese verteidigt werden kann, d.h. was als adäquate Form wissenschaftlicher Argumentation gilt. Alle sich daraus ergebenden Schlußfolgerungen habe große klinische, in einem größeren Bezugssystem auch gesundheitspolitische Relevanz. So sind z.B. Reformbewegungen von großer politischer Schlagkraft und gleichzeitig großer Folgeproblematik in der Psychiatrie größtenteils eher aus spekulativen, ideologisch übersteigerten Positionen hervorgegangen und wären aus der Sicht eines nüchternen, empirischen Vorgehens, das sorgfältig die Einzelfakten und ihre Auswirkungen prüft, bevor Handlungsmaximen angegeben werden, kaum denkbar. Erinnert sei z.B. an die von *Basaglia* in Italien eingeläutete sozialpsychiatrische Reformbewegung, besser gesagt: Revolution, die ihre politische Überzeugungskraft nur aus einer realitätsfernen sozialpsychiatrischen Ideologie schöpfen konnte und die es vermied, die negativen Auswirkungen auf die psychiatrische Versorgung in Italien wahrzunehmen.

Die aus den Ergebnissen einer empirischen Psychiatrie ableitbaren Handlungskonsequenzen erreichen in der Regel nicht in kurzer Zeit eine solche spektakuläre politische Kraft. Durch Addition vieler kleiner, in ihren jeweiligen Konsequenzen wissenschaftlich untersuchter Schritte kann dieses Vorgehen aber auf lange Sicht außerordentlich wirksam und zukunftsträchtig werden. Man denke z.B. an die Entwicklung der Psychopharmakotherapie und die wissenschaftliche Evaluation dieses Therapieansatzes, in der Vorzüge und Nachteile sorgfältig analysiert werden. Die positiven Konsequenzen dieser mühevollen wissenschaftlichen Entwicklung für die Akut- und Langzeitbehandlung von Depressionen und Schizophrenien haben das Bild der Psychiatrie zum Wohle der Kranken völlig gewandelt.

Von einigen Autoren wird als Idealweg eine Kombination von nomothetischer und idiographischer Methodik vorgeschlagen, wie sie Klinikern im praktischen Alltag als besonders einleuchtend erscheint: Während sich diagnostische Abklärung, Prognose und Therapie grundsätzlich auf allgemeine Gesetzlichkeiten beziehen, wird ergänzend den Besonderheiten des Einzelfalls in seinen historischen und aktuellen Gegebenheiten Rechnung getragen und so zur individuumsadaptierten Modifikation der unterstellten allgemeinen Regelhaftig-

keiten beigetragen. Diese Auffassung darf aber nicht darüber hinwegtäuschen, daß auch in dieser methodologischen Variante die Notwendigkeit allgemeiner Gesetzesaussagen befürwortet wird.
Es sei noch betont, daß es allgemeine Regelhaftigkeiten natürlich nicht nur im naturwissenschaftlichen Bereich gibt, sondern, davon können wir heute überzeugt sein, auch in psychologischen und soziologischen Bereichen, also in Bereichen, deren Phänomenbereich wegen der hypostasierten Immaterialität gern der geisteswissenschaftlichen Betrachtungsweise zugeordnet wird. Auch ist das Aufstellen von Gesetzmäßigkeiten nicht nur im Rahmen streng experimenteller Untersuchungsansätze im Sinne der Naturwissenschaften, sondern auch unter anderen Voraussetzungen möglich.

Empirische Psychiatrie als Realwissenschaft

Jeder von uns hat ein bestimmtes intuitives Vorverständnis dessen, was er unter empirischer Psychiatrie bzw. einer empirischen Wissenschaft im allgemeinen versteht. Dieses Vorverständnis ist bei wissenschaftlich tätigen Kollegen wahrscheinlich sehr stark von der eigenen speziellen Forschungsmethodik geprägt. Den meisten würde es schwerfallen, die allgemeinen dahinterstehenden methodischen Grundprinzipien einer empirischen Wissenschaft zu definieren. Auch würden sich wahrscheinlich die Definitionsversuche nur, wenn überhaupt, in einem Kernbereich zur Deckung bringen lassen. Mit den grundsätzlichen Methodenfragen der empirischen Wissenschaften bzw. Realwissenschaften hat sich insbesondere die analytische Wissenschaftstheorie beschäftigt. Sie basiert insbesondere auf den wichtigsten Grundpositionen des Neorationalismus und Neopositivismus, die sich in einer wechselseitig korrigierenden und komplementären Weise vermischt haben. Autoren wie *Hempel, Oppenheim, Carnap, Popper* etc. sind hier zu nennen. Ihre Positionen sind in dem mehrbändigen Werk von *Stegmüller* (26) in kritischer Form zur Synthese gebracht worden.
Im folgenden werde ich nicht von empirischer Wissenschaft, sondern von Realwissenschaften sprechen. Entsprechend der modernen analytischen Wissenschaftstheorie werden mit diesem Begriff Wissenschaften bezeichnet, denen es um Aussagen über die erfahrbare Realität geht, und zwar um Aussagen im Sinne allgemeiner Gesetzesaussagen und darauf basierenden Erklärungen von Einzelphänomenen (14). Für meine eigene Sicht einer realwissenschaftlichen Psychiatrie sind diese wissenschaftstheoretischen Ansätze prägend geworden. Da meine intensive Beschäftigung mit diesem Spezialbereich der modernen Philosophie weit zurückliegt, traue ich mich nicht, auf die spitzfindigen philosophischen Diskussionen, die in diesem Feld in den letzten Jahrzehnten stattgefunden haben, einzugehen. Ich möchte lediglich kurz darstellen, was mir als zentrale Grundprinzipien der Realwissenschaften aus der Sicht der analytischen Wissenschaftstheorie erscheinen. Ich will diese Elemente nutzen, um damit einige Grundpfeiler zur Explikation des Begriffs empirische bzw. realwissenschaftliche Psychiatrie zu errichten. Eine detaillierte, stärker auch Gegenargumenten Rechnung tragende Erörterung der Problematik habe ich an anderer Stelle vorgelegt (14, 15).
Ziel der Realwissenschaften ist es, Einzelaussagen durch Bezugnahme auf allgemeine Gesetzesaussagen, in der ein Ereignis A mit einem Ereignis B verknüpft wird, zu erklären bzw. zu prognostizieren. Diese Gesetzesaussagen können als generelle Aussage (für jedes A trifft B zu) oder als statistische Aussagen (für A trifft in 70% der Fälle B zu) formuliert werden. Durch Kenntnisse allgemeiner Gesetzesaussagen läßt sich wirkungsvoll auf die untersuchten Phänomene Einfluß nehmen, wenn durch expe-

rimentelle oder quasi-experimentelle Untersuchungen geklärt worden ist, daß die Gesetzesaussage eine kausale Beziehung und nicht nur eine indikatorische Relation formuliert.

Die logische Struktur der Erklärung

Die Struktur der Erklärung, gleichzeitig auch die Struktur der Prognose, steht im Zentrum realwissenschaftlicher Methodik. Die logisch adäquate Form der Erklärung wurde von *Hempel* und *Oppenheim* beschrieben [Hempel-Oppenheim-(HO)-Schema der Erklärung]:

Beispiel 1: Logische Struktur der Erklärung (HO-Schema):

> Gesetzesaussage (G): Alle M haben die Eigenschaft D
> Antezedens (A): K ist ein M
> ________________________________
> K hat die Eigenschaft D

Andere Formen der Argumentation, z. B. zirkuläre Argumentationsformen (Beispiel 2), werden damit ausdrücklich als nicht adäquat verworfen.

Beispiel 2: Beispiel einer zirkulären Argumentationsform:

> Jemand fragt: Warum blitzt es?
> Ein anderer antwortet: Weil Zeus zornig ist
> Der erste fragt: Woher weißt du, daß Zeus zornig ist?
> Der andere antwortet: Siehst du nicht, daß es blitzt!

Es läßt sich zeigen, daß nicht nur naturwissenschaftliche Erklärungen sensu strictu, sondern auch psychologische Argumentationen dem Hempel-Oppenheim-Schema der Erklärung folgen.

Beispiel 3: Psychologisches Erklärungsargument:

> G: Menschen, die eine strenge Erziehung durchgemacht haben, sind intoleranter und ängstlicher als andere
> A: Hans wurde streng erzogen
> ________________________________
> Hans ist ängstlicher und intoleranter als andere

In Parenthese sei vermerkt, daß auch das Verstehen, dem seit *Dilthey* und *Jaspers* eine methodische Sonderstellung zugeschrieben wird, dieser logischen Argumentationsstruktur folgt (Beispiel 4), wenn als methodische Besonderheit anerkannt wird, daß die Qualität der dann verwendeten Gesetzesaussagen (z. B. subjektive Erfahrungen bezüglich des eigenen Erlebens/Verhaltens bzw. aus der eigenen Lebenserfahrung gewonnene Aussagen über das Erleben/Verhalten anderer Menschen) eine andere ist.

Beispiel 4: Verstehen als Erklären:

> G: Wenn immer ich in der Situation S bin, dann fühle, denke, tue ich R
> A_1: K ist in der Situation S
> A_2: Gesetzt den Fall, ich sei K (identifizierendes Gedankenexperiment)
> ________________________________
> Ich fühle, denke, tue R in der Situation S

Das Falsifikationsprinzip

Einen besonderen Stellenwert nimmt nach *Popper* (25) in den Realwissenschaften das Falsifikationsprinzip ein. Es besagt, daß realwissenschaftliche Gesetzesaussagen so formuliert werden sollten, daß sie prinzipiell falsifizierbar sind. In der Abgrenzung von einem naiven Empirismus, der im reinen Induktionsprinzip die Basis empirischer Wissenschaftlichkeit sieht, und in der Abgrenzung von metaphysischen Aussagen nicht realwissenschaftlicher Disziplinen handelt es sich beim Falsifikationsprinzip um einen zentralen Pfeiler realwissenschaftlicher Methodologie.
Vielleicht gelingt es durch exemplarische Darstellung zu verdeutlichen, warum dieses Postulat so wichtig ist und wie leicht dagegen verstoßen werden kann. Aussagen, die

nicht dem Postulat der Falsifizierbarkeit entsprächen, wären im Extremfall tautologische Aussagen (Beispiel 5). Sie machen keine Aussagen über die Realität und widersprechen damit der grundsätzlichen Zielsetzung einer Realwissenschaft.

Beispiel 5: Beispiel einer tautologischen Aussage:

Wenn der Hahn kräht auf dem Mist,
ändert sich das Wetter
oder bleibt, wie es ist

Popper hat sich intensiv damit beschäftigt, wie Gesetzesaussagen formuliert sein müssen, damit sie prinzipiell falsifizierbar sind, bzw. mit der Frage, wie man eine Falsifizierbarkeit um eines gezielten Methodenverstoßes willen umgehen kann (Tabelle I). Im wesentlichen geht es dabei um die folgenden Aspekte:

a) Formulierung tautologischer Aussagen.
Tautologische Aussagen besitzen per definitionem keinen empirischen Gehalt. Tautologisch werden Gesetzesaussagen z. B., wenn jede mögliche in einem theoretischen Bezugssystem beschreibbare Realität als Ursache einer bestimmten Krankheit beschrieben wird.
b) Unpräzise Terminologie.
Begriffliche Unschärfen und Inkonsistenzen geben die Möglichkeit, Falsifizierungen zu entgehen, indem man jeweils betont, daß die in der überprüften Theorie vorkommenden Begriffe falsch interpretiert worden seien. Unpräzise Terminologie kann so weit gehen, daß gänzlich Heterogenes unter einen Begriff subsumiert wird.

Tabelle I. Möglichkeiten, die Forderung nach empirischem Gehalt von Gesetzesaussagen zu verletzen.

Formulierung tautologischer Aussagen
Unpräzise Terminologie
Mangelnde empirische Signifikanz theoretischer Begriffe
Verwendung immunisierender Ad-hoc-Hypothesen

c) Mangelnde empirische Signifikanz theoretischer Begriffe.
Verwendung theoretischer Begriffe, die nicht durch Zuordnungsregeln mit der Beobachtungsebene verknüpft sind und somit keine empirische Signifikanz haben, macht Aussagen unfalsifizierbar.
d) Verwendung immunisierender Ad-hoc-Hypothesen.
Eine Gesetzesaussage wird nach der Erhebung falsifizierender empirischer Daten durch Zusatzargumente so modifiziert, daß die Falsifizierung dadurch aufgehoben wird und gegebenenfalls eine Falsifizierung des gesamten Aussagenkomplexes unmöglich gemacht wird.

In einer früheren Arbeit (15) habe ich Aussagen der psychoanalytischen Theorien unter dem Aspekt der Falsifizierbarkeit untersucht und dargestellt, daß zahlreiche der Aussagen unter verschiedenen Aspekten gegen dieses Falsifikationspostulat verstoßen. Wie noch erwähnt werden wird, sind auch andere Bereiche der Psychiatrie nicht frei von solchen Verstößen gegen das Falsifikationsprinzip, dessen völlige Einhaltung offensichtlich nur eine methodische Idealnorm darstellt, die in der Realität der Wissenschaft kaum erreicht wird (siehe unten).

Die Beobachtbarkeit von Phänomenen

Gesetzesaussagen entstehen auf der Basis von Einzelbeobachtungen über die Realität bzw. Einzelbeobachtungen über den untersuchten Phänomenbereich, die in sogenannten Basis- oder Protokollsätzen beschrieben werden. An diese Basissätze sind verschiedene Forderungen (Tabelle II) zu stellen, mit denen sich insbesondere der Neopositivismus beschäftigt hat (4). Diese prima vista für die meisten wahrscheinlich plausiblen Kriterien klingen simpel, ihre Beachtung oder Nichtbeachtung hat aber eine große Relevanz:

Tabelle II. Kriterien für Basissätze.

Basissätze müssen folgende Bedingungen erfüllen:
Beschreibung singulärer Phänomene
Beschreibung intersubjektiv prüfbarer Phänomene
Beschreibung autochthoner Phänomene

a) Basissätze beschreiben jeweils ein singuläres beobachtbares Ereignis und sollten dabei möglichst exakt die relevanten Bedingungen, z. B. eines Experiments, wiedergeben: Alle Beobachtungsaussagen sollen präzise und in der jeweiligen Wissenschaftssprache formuliert werden, damit den Fachkollegen unmißverständlich mitgeteilt wird, welcher Sachverhalt vorlag. Wegen der Forderung nach protokollarischer Exaktheit, die bisweilen (z. B. von Anhängern des Wiener Kreises) übertrieben wurde, wurden diese Aussagen auch als »Protokollsätze« bezeichnet.

b) Die in den Basissätzen beschriebenen Phänomene sollen intersubjektiv nachprüfbar sein: Es muß unter verschiedenen, in der betreffenden Fachdisziplin ausgebildeten Wissenschaftlern Einigkeit darüber erzielt werden können, ob das betreffende Phänomen vorhanden ist oder nicht. Es ist klar, daß dieses Methodenideal um so eher erreicht werden kann, je einfacher die Beobachtungstechnik ist.

c) Die in den Basissätzen beschriebenen Phänomene sollen autochthon sein: Das beschriebene Phänomen soll durch eine Beobachtungsmethodik gefunden werden, die gewährleistet, daß es nicht durch den Untersucher in den untersuchten Ausschnitt der Wirklichkeit hineingetragen wurde. Bereits bei der Untersuchung von Menschen kann diese Forderung nicht vollkommen erfüllt werden. Das bedeutet aber nicht, daß man ganz auf sie verzichten könnte. Sie beschreibt ein Methodenideal, dem sich anzunähern man unbedingt versuchen sollte.

Ein weiterer zentraler Aspekt ist die Unterscheidung zwischen Beobachtungsbegriffen und theoretischen Begriffen (Konstrukten). Diese Unterscheidung entstand aus dem Widerstreit zwischen empiristischen und rationalistischen Auffassungen der Wissenschaftssprache. Es zeigte sich, daß auch eine Realwissenschaft nicht nur mit Beobachtungsbegriffen – also Begriffen, die sich auf direkt Beobachtbares beziehen – auskommt, sondern daß sie zusätzlich sogenannte Dispositionsbegriffe bzw. theoretische Begriffe (Konstrukte) verwenden muß, die nur indirekt durch Bezugnahme auf beobachtbare Phänomene bzw. durch Beobachtungsbegriffe und theoretische Begriffe im Rahmen einer Theorie definiert werden können (Abbildung 1). Je mehr diese empirische Verankerung reduziert wird, desto mehr entsteht die Gefahr, daß der Bezug zur Realität nur noch gering ist bzw. überhaupt gar keine Aussage über die Realität mehr gemacht wird. Eine Theorie, in der wichtige theoretische Begriffe nicht mehr direkt oder indirekt über andere theoretische Begriffe auf Beobachtungsbegriffe reduziert werden können, ist eine metaphysische Theorie, die per definitionem nicht mehr den Anspruch empirischer Wissenschaftlichkeit erfüllt und natürlich aus der Sicht einer metaphysischen Disziplin auch gar nicht erfüllen muß.

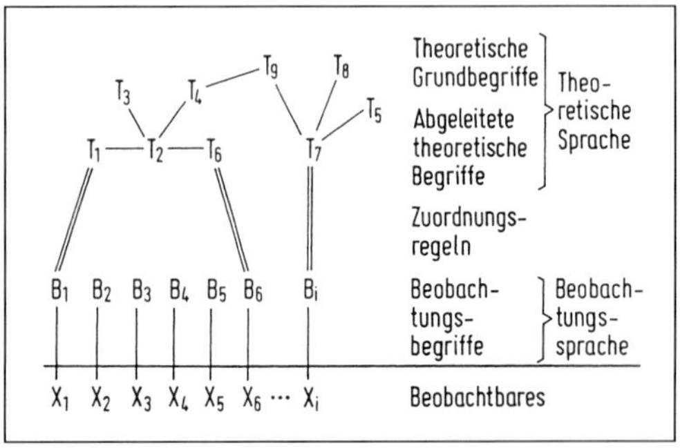

Abbildung 1. Beziehung zwischen theoretischen Begriffen und Beobachtungsbegriffen (aus (15)).

In dem Zusammenhang ist auf das Verhältnis von Theorie und Beobachtung einzugehen. Ein naiver Empirismus, der nur von der Beobachtung des zu untersuchenden Phänomenbereichs ausgehen will, erscheint unangemessen. Statt dessen ist nach heutiger Auffassung eine wechselseitige Verschränkung von Theorie und Beobachtung zu unterstellen, in dem Sinne, daß fast jede wissenschaftliche Beobachtung in irgendeiner Weise hypothesengesteuert ist, unter anderem im Sinne einer Fokussierung auf Phänomenbereiche, die im Rahmen dieser Hypothese von Relevanz sind, und unter Ausschluß anderer Bereiche (Abbildung 2). So wird durch hypothesengeleitete Beobachtungen die Hypothese bzw. Theorie weiter ausgebaut und führt dann zu anderen theoriebezogenen Beobachtungen. Dabei muß die Gefahr einer völligen Zirkularität zwischen Theorie und Erfahrung vermieden werden. Eine solche läge vor, wenn nur noch Sachverhalte beobachtet werden, die die Theorie bestätigen können, während alle anderen Sachverhalte ausgeblendet werden.

Weitere Aspekte realwissenschaftlicher Methodik beziehen sich auf die axiomatische Struktur von wissenschaftlichen Theorien und die Differenzierung der Wertigkeit von unterschiedlichen Theorien zum gleichen Phänomenbereich. Aus Platzgründen kann auf diesen interessanten Aspekt nicht näher eingegangen werden.

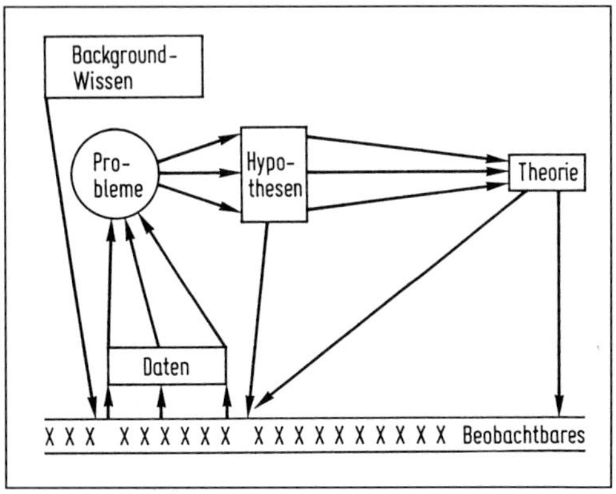

Abbildung 2. Beziehung zwischen Theorieebene und Beobachtungsebene (aus (15)).

Methodologische Detailaspekte einer empirischen Psychiatrie

Es ist meines Erachtens unverkennbar, daß es in der wissenschaftlichen Psychiatrie Bereiche gibt, die sich den dargestellten methodologischen Grundprinzipien verpflichtet fühlen, wenn auch nicht explizit Bezug genommen wird auf die analytische Wissenschaftstheorie und gegebenenfalls nicht alle obengenannten methodischen Kriterien berücksichtigt werden. Selbst in den Bereichen der Psychiatrie, die sich ausdrücklich als empirische Wissenschaft verstehen, gibt es aber sicher Regelverstöße gegen die obengenannten methodischen Grundprinzipien realwissenschaftlicher Methodologie. Das ist nicht verwunderlich, da ja diese wissenschaftstheoretischen Ansätze nur ein methodisches Normenideal darstellen, das in der Realität der Forschung aus verschiedenen Gründen nicht voll erfüllt wird. An anderer Stelle (14) habe ich anhand einer Reihe von Beispielen auf Versuche der Psychiatrie, realwissenschaftliche Methoden zu erfüllen sowie auf diesbezügliche Verstöße hingewiesen.

Biologische Psychiatrie und Psychopharmakologie

Besonders nahe liegt die empirische Forschungsorientierung in der biologischen Psychiatrie, wo sie gewissermaßen »in der Natur der Sache« liegt, also in der Anwendung naturwissenschaftlicher Erkenntnisse und Methoden, speziell aus den Neurowissenschaften, auf die Erforschung und Beeinflussung psychischer Störungen. Das gilt nicht nur für die Grundlagenforschung, sondern auch für die klinisch orientierte biologische Psychiatrie bzw. Psychopharmakologie (14, 21). Das Beispiel 6, das hier paradigmatisch für derartige Ansätze steht, ist dem Bereich der klinischen Pharmakologie entnommen und soll darauf hinweisen, daß in der klinischen Psychopharmakologie nicht nur Wirksamkeits- und Verträglichkeitsaspekte untersucht werden können, sondern auch darüber hinausgehende theoretische Aspekte (6, 20).

Beispiel 6: Experimente zur Prüfung der Hypothese: β-adrenerge Rezeptorblockade wirkt antimanisch

Experiment 1: Racemat d/l-Propranolol (β-Blocker) wirkt antimanisch
Experiment 2: Isomer d-Propranolol (kein β-Blocker) wirkt kaum antimanisch

---

Schlußfolgerung: Die β-Blockade ist kein relevantes antimanisches Wirkprinzip

Von großer Wichtigkeit ist es, zwischen der Ebene der Hypothesenfindung und der Ebene der Hypothesenprüfung zu unterscheiden. Während die Hypothesenfindung letztlich ein kreativer Akt ist, der keine wesentlichen methodischen Einengungen erfährt und somit z. B. auf rein klinisch-intuitiver Basis stattfinden kann, muß die Hypothesenprüfung verschiedenen Regeln empirischer Wissenschaftlichkeit folgen. Dazu gehören unter anderem eine adäquate Formulierung der Hypothese, eine adäquate Zusammenstellung der Stichproben, eine adäquate Beschreibung des Phänomenbereichs, die Einbeziehung aller relevanten Parameter, eine adäquate Stichprobengröße (Vermeidung der β-Fehlerproblematik) und adäquate statistische Testmethoden. Die Nichtbeachtung dieser Kriterien kann zu massiven Fehlschlüssen führen. Lange Zeit wurde z. B. das Problem des β-Fehlers – also das Nichterkennen eines an sich vorhandenen Unterschiedes zwischen zwei Gruppen – in der klinischen Psychopharmakologie bei Prüfungen von neuen Antidepressiva im Vergleich zu Standardantidepressiva nicht ausreichend beachtet und vorschnell auf die Gleichheit der therapeutischen Wirksamkeit neuer Substanzen geschlossen. Erst wenn sich eine Hypothese der Hypothesenprüfung unterzogen hat und die empirischen Befunde mit der Hypothese übereinstimmen, kann sie als vorläufig bestätigt angesehen werden. Der Grad der empirischen Bestätigung wächst mit weiteren Bewährungen im Rahmen von Hypothesenprüfungen durch andere Untersucher. Dieser methodische Ansatz hat in der psychiatrischen Forschung immer mehr Eingang gefunden, und zwar nicht nur in den naturwissenschaftlichen Grundlagenfächern der Psychiatrie, sondern auch im Bereich der klinischen Forschung. Ein besonders markantes Beispiel hierfür sind z. B. die Untersuchungen zum Dexamethason-Suppressions-Test (DST). Es wurde die Hypothese aufgestellt, auf der Basis des DST könne zwischen endogenen und nicht endogenen Depressionen unterschieden werden. Diese Hypothese schien sich zunächst zu bewähren. Viele Untersucher hatten aber nicht ausreichend die verschiedenen Einflußgrößen, die z. T. mit der endogenen Depression assoziiert waren, berücksichtigt. Als im weiteren Verlauf bessere Experimente unter Berücksichtigung dieser Aspekte durchgeführt wurden, zeigte sich, daß der DST nicht geeignet ist, zwischen endogenen und nicht endogenen Depressionen zu unterscheiden und daß er überhaupt unter Krankheitsaspekten völlig unspezifisch ist, also z. B. auch bei Schizophrenen oder Manikern pathologisch ausfallen kann (3, 8, 22).

Selbst in der biologischen Psychiatrie und Psychopharmakologie, diesem Kernbereich empirischer Methodologie, sind Regelverstöße beobachtbar, z. B. in dem Sinne, daß oft bei der Hypothesengenerierung stehengeblieben wird und die entscheidende Hypothesenprüfung ausbleibt, oder es werden im Rahmen der Hypothesenprüfung falsifizierende Schlußfolgerungen umgangen, indem z. B. nachträglich andere als die

ursprünglich festgelegten statistischen Verfahren eingesetzt werden. Selbst wenn eine Reihe von Befunden aus verschiedenen Experimenten die Falsifizierung einer Hypothese/Theorie nahelegen, wird zeitweise versucht, diese Falsifikation durch immunisierende Ad-hoc-Hypothesen zu verhindern. Eine solche Tendenz scheint mit der hierarchischen Bedeutung einer Hypothese/Theorie zuzunehmen, was aus wissenschaftshistorischer Sicht (siehe unten) leicht erklärbar ist.
In diesem Zusammenhang sei darauf hingewiesen, daß die komplexen Interaktionen, in denen z. B. neuronale Vorgänge zu sehen sind, der Analyse durch experimentelle Anordnungen Grenzen setzen. Gleichzeitig besteht das Problem, daß Tiermodelle oft nur sehr begrenzt auf den zu untersuchenden Sachverhalt (z. B. Schizophrenien, Depressionen) beim Menschen zu übertragen sind und experimentelle Untersuchungen am Menschen aus grundsätzlichen und ethisch-rechtlichen Gründen bei vielen Fragestellungen nicht durchführbar sind. Insofern ist es nicht verwunderlich, daß zentrale Theorien wie die Dopaminhypothese der Schizophrenien oder die Noradrenalin- bzw. Serotoninhypothese der Depressionen (1, 5, 7) weiterleben und daß verschiedene Subtheorien dazu entwickelt wurden, obwohl es eine Fülle widersprüchlicher Befunde gibt. In solchen Fällen reichen die konträren Befunde offensichtlich den Forschern nicht aus, um daraus wirklich den Schluß zu ziehen, die Theorie sei falsifiziert; statt dessen wird sie beibehalten und entsprechend neueren Befunden adaptiert bzw. reformuliert. Die Theorie ist offensichtlich den Forschern zu wertvoll und scheint in ihrem heuristischen Gehalt noch nicht so ausgeschöpft, daß man sie verwerfen könnte. Eine Beibehaltung von Hypothesen unter diesen Bedingungen ist natürlich legitim.

Psychiatrische Diagnostik

In der psychiatrischen Diagnostik setzt sich die realwissenschaftliche Orientierung immer mehr durch, indem bevorzugt Ansätze, die primär aus der empirischen Psychologie kommen, einbezogen werden, um eine exakte Erfassung bzw. Beschreibung der beobachtbaren Phänomene aktueller oder habitueller psychopathologischer Phänomene zu erreichen. Insbesondere sind hier alle Versuche um eine Vereinheitlichung und Präzisierung der diagnostischen Terminologie und die Entwicklung von an der psychologischen Testmethodik (Tabelle III) orientierten psychopathometrischen Methoden zu nennen. Diese Ansätze bieten neben einer validen und vor allem reliablen Erfassung gleichzeitig auch die Möglichkeit der Quantifizierung und damit die einer anspruchsvollen statistischen Analyse. Sie führen dadurch über die Möglichkeiten der klassischen deskriptiven Psychopathologie weit hinaus. Hier sind z. B. die standardisierte Befunderhebung und die Persönlichkeitsdiagnostik mit Fremd- und Selbstbeurteilungsskalen, die systematische Verhaltensbeobachtung und die Testung kognitiver Fähigkeiten zu nennen (16, 18, 29).
Ein großer Schatz der deutschen Psychiatrietradition ist sicherlich die deskriptive Psychopathologie. Ihr gelang es, mit hoher Subtilität der Beobachtung und großer Differenziertheit der Terminologie den Phänomenbereich zu erfassen. Dabei wurde allerdings den für dieses Beobachtungsfeld – wie überhaupt für jegliche Verhaltensbeobachtung – charakteristischen Reliabilitätsproblemen und Wahrnehmungsverzerrungen nicht ausreichend Rechnung getragen

Tabelle III. Testtheoretische Gütekriterien.

Objektivität
Reliabilität
Validität
Normierung
Praktikabilität

Tabelle IV. Systematische Verfälschung der Beobachtung.

Rosenthal-Effekt	Von der Erwartungshaltung abhängige Verfälschung
Halo-Effekt	Vom Gesamteindruck abhängige Verfälschung
Logischer Fehler	Theorieabhängige Tendenz zur Verfälschung
Über-/Unterbewertung von Störungsgraden	

(Tabelle IV). Das im Zuge standardisierter Beurteilungsverfahren zum psychopathologischen Befund geschaffene AMDP-System, das von der klassischen deskriptiven Psychopathologie ausging, hat im Rahmen seiner Entwicklung gezeigt, wie schwer es ist, traditionelle Symptombegriffe der deskriptiven Psychopathologie in ausreichender Weise zu operationalisieren und die mit diesen Begriffen beschriebenen psychopathologischen Phänomene ausreichend reliabel zu erfassen (2). Die Konsequenz aus diesen Standardisierungsbemühungen war, daß eine große Zahl von Symptomen der traditionellen Psychopathologie den Standardisierungsbemühungen geopfert werden mußte, da es trotz entsprechenden Beobachtertrainings nicht gelang, für diese Symptome eine ausreichend hohe Interbeobachter-Reliabilität zu gewährleisten. Der erfahrene Psychopathologe kann in dem Zusammenhang zwar den Einwand der Mittelmäßigkeit der an solchen Interbeobachter-Reliabilitätsprüfungen beteiligten Ärzte bringen: Demnach gäbe der nur mittelmäßige Standard der Diagnostiker das Limit für die Interbeobachter-Reliabilität ab. Ein solcher Einwand kann nicht völlig entkräftet werden, da Interbeobachter-Reliabilitätsuntersuchungen mit hochrangigen Experten aus der traditionellen deutschsprachigen Psychopathologie meines Wissens nie durchgeführt wurden. Möglicherweise würde sich dabei aber in besonderem Maße die Schulzugehörigkeit und somit theoretische Abhängigkeit von bestimmten Systemen zeigen, die untereinander nicht ausreichend kommunikabel sind.

Es sollte trotz aller Schwierigkeiten immer wieder der Versuch gemacht werden, die traditionelle deskriptive Psychopathologie in ihrer gesamten Differenziertheit in die Standardisierungsbemühungen einzubeziehen, um nicht diagnostische Fertigkeiten auf der Ebene des Phänomenbereichs vorschnell zu vergeben. Offensichtlich scheint es aber diesbezüglich ein Reliabilitäts-Validitäts-Dilemma zu geben: je feinsinniger die Beobachtungen, desto weniger sind sie intersubjektiver Erfahrung zugänglich. Von extremen Kritikern könnte allerdings gefragt werden, ob diese hochsensitiven Beschreibungen wirklich von so hoher Validität sind. So weiß man aus Untersuchungen zu Beurteilungsstereotypen von Diagnostikern, daß bestimmte Phänomene ganz unterschiedlich beschrieben bzw. benannt werden, je nach den diagnostischen Vorannahmen, die man den Untersuchern mitteilt. So können z. B. die gleichen Phänomene unter der Vorgabe einer schizophrenen Erkrankung als apathische Symptomatik, unter der Vorgabe einer endogenen Depression dagegen als depressive Symptomatik aufgefaßt werden (19).

Interessant sind in dem Zusammenhang auch die Ergebnisse der multivariaten Dimensionsanalysen von standardisiert erhobenen Fremdbeurteilungsdaten über den psychopathologischen Befund (24). Sie weisen in die Richtung, daß noch so aufwendige Fremdbeurteilungsverfahren immer wieder die gleiche dimensionale Struktur ergeben, was man dahingehend interpretieren kann, daß die Kernaussagen bei noch so differenzierten, vielfältigsten Symptomen Rechnung tragenden Untersuchungsansätzen inhaltlich nicht wesentlich verändert werden. Was ursprünglich für die Phänomene des aktuellen psychopathologischen Befundes beschrieben wurde, wurde in jüngster Zeit auch für die Persönlichkeitsdiagnostik

beschrieben, wo z. B. noch so differenzierte Ansätze zur prämorbiden Persönlichkeit letztlich wieder in die gleichen Grunddimensionen einmündeten (32, 34).
Andererseits kann aus solchen Untersuchungen abgeleitet werden, daß Fremd- und Selbstbeurteilung psychopathologischer Phänomene nicht kongruent sind, da offensichtlich die Selbstbeurteilung unter verschiedenen Aspekten eingeschränkt und weniger differenziert ist. Auch unterliegen Fremd- und Selbstbeurteilung, wie sich zeigte, unterschiedlichen Verfälschungstendenzen (29, 30).
Verschiedene Verfälschungsmöglichkeiten (Tabelle IV) in der Beobachtung der psychopathologischen Phänomene können durch die standardisierten Beurteilungsverfahren weitgehend umgangen bzw. zumindest reduziert werden (16). Auch ergibt sich die Möglichkeit zu einer umfassenden Hypothesenprüfung über den Zusammenhang psychopathologischer Phänomene, wie z. B. *von Zerssen* im Rahmen seiner Untersuchungen über die Primärpersönlichkeit von Patienten mit endogenen Psychosen zeigte (33). Die im letzten Jahrzehnt durch die Festlegung von klar definierten Ein- und Ausschlußkriterien zunehmend eingeführte Operationalisierung psychiatrischer Krankheitsbegriffe stellt die Basis für eine reliable Krankheitsdiagnostik dar und bedeutet somit einen besonders wichtigen Fortschritt gegenüber den bisherigen diagnostischen Traditionen, bei denen der Einzelfall einem nur sehr vage beschriebenen Krankheitsbild zugeordnet wurde. Operationalisierung der nosologischen Diagnostik bedeutet, daß für jede Erkrankung ein Kriterienkatalog festgelegt wird, nach dem zu entscheiden ist, ob ein bestimmter Patient die Erkrankung hat oder nicht. Das geschieht nach dem folgenden Prinzip: Die Krankheit kann diagnostiziert werden, wenn die Symptome A, B und C, nicht aber D und E vorliegen.
Die verschiedenen Krankheitsbeschreibungen in der Psychiatrie sind als theoretische Konstrukte aufzufassen, die durch unterschiedliche Zuordnungsregeln mit der beobachtbaren Realität zu verbinden sind. Unterschiedliche Schultraditionen haben zu unterschiedlichen Krankheitsbeschreibungen geführt und damit in erheblichem Maße zu einer diagnostischen Verwirrung beigetragen. So existieren in der Psychiatrietradition des 20. Jahrhunderts mehrere verschiedene Schizophreniebegriffe nebeneinander. Unter dem Aspekt, daß es sich dabei um schulabhängige Konstruktdefinitionen handelt, war von vornherein nicht zu erwarten, daß daraus ein einheitlicher Schizophreniebegriff werden könnte. Jedes der Diagnosesysteme operationalisiert die jeweilige Krankheit durch z. T. unterschiedliche Kriterien, entsprechend den jeweiligen konzeptuellen Vorstellungen. Weil man im wissenschaftlichen Bereich auf keine dieser speziellen Konzeptualisierungen verzichten will, erscheint die Polydiagnostik (12) der einzige Ausweg, wobei sich die Validität der einzelnen diagnostischen Konzepte im Rahmen weiterer empirischer Untersuchungen erweisen soll. Ein polydiagnostischer Ansatz, der die unterschiedlichen Konzepte bestimmter Schulen für bestimmte Erkrankungen beibehält und sie lediglich durch eine optimale Operationalisierung festzulegen versucht, ist sicherlich besser geeignet, das durch die berühmten Autoren in solchen Konstrukten verdichtete Wissen einer empirischen Überprüfung mit modernen Untersuchungs- und Analysemethoden zuzuführen als das bisherige Vorgehen.
Allerdings ist eine solch bunte Vielfalt für die alltägliche Diagnostik nicht zufriedenstellend, da sie zu einer neuen Sprachverwirrung führt. Deshalb hat das amerikanische psychiatrische Diagnosesystem (DSM-III, DSM-III-R) und das international verbindliche ICD-10-System sich im Sinne eines Konsens auf bestimmte Operationalisierungen der einzelnen Krankheitsbilder beschränkt, wobei leider die Definitionen in den einander entsprechenden Kategorien nicht deckungsgleich sind (17). Es wäre besser

gewesen, auf der Basis polydiagnostischer Untersuchungsansätze zunächst – unter Einbeziehung biologischer und psychosozialer Parameter – weitere querschnitts- und längsschnittbezogene Validitätsstudien durchzuführen, um dann das optimale Diagnosesystem empirisch zu entwickeln. Sicherlich ist es durch die Operationalisierungen der diagnostischen Begriffe in diesen neuen Diagnosesystemen zu einem Reliabilitätszuwachs in der alltäglichen Diagnostik gekommen, was als großer Fortschritt zu bewerten ist. Allerdings hat unter Validitätsaspekten der notwendige Konsens, gerade in der durch ein internationales Expertengremium entwickelten ICD-10, zu z. T. sehr arbiträr anmutenden Lösungen geführt, die auf der Basis weiterer Forschung und Diskussion verbesserungswürdig sind.

Therapieforschung

Für die psychiatrische Therapieforschung liegt das Schwergewicht empirischer Ansätze in der zur biologischen Psychiatrie zählenden Pharmakotherapie. Gerade sie hat der Anwendung objektivierender Untersuchungsverfahren und statistischer Analysemethoden in der Psychiatrie zum Durchbruch verholfen (21). Trotzdem lassen sich auch hier prinzipielle methodische Schwierigkeiten feststellen, so z. B. die über lange Zeit unzureichende Beachtung oder Nichtbeachtung der β-Fehlerproblematik bei der Prüfung neuer antidepressiv wirkender Substanzen im Vergleich zu Standardantidepressiva (23, 28).
Die psychoanalytische Therapie hat mit ihrem Überhang von theoretischem/spekulativem Überbau (Metatheorie) und dem massiven Widerstand vieler ihrer Vertreter gegen kontrollierte Wirksamkeitsprüfungen lange Zeit ein Refugium für eine eher spekulative »Forschung« gebildet. Insbesondere durch die Verhaltenstherapie zeichnet sich aber auch in der Psychotherapieforschung eine Wende ab, hin zu einer mehr empirischen Orientierung in der Überprüfung der Wirksamkeit psychotherapeutischer Ansätze (32). Nur beiläufig kann erwähnt werden, daß die psychiatrische Epidemiologie heute ebenfalls ein wichtiges Feld empirischer Forschung darstellt (9).

Das Verhältnis von Theorie und Erfahrung in der Psychiatrie

Selbstverständlich setzt die Anwendung empirischer Forschungsmethoden in der Psychiatrie fundierte Sachkenntnisse auf dem zu beforschenden Gebiet (und das bedeutet im klinischen Bereich: auch klinische Erfahrung), Kenntnis und kritische Würdigung einschlägiger Theorien, im Idealfall auch originelle eigene Ideen und die Fähigkeit voraus, relevante Fragestellungen zu formulieren, die sich mit dem zur Verfügung stehenden Methodenarsenal sowie mit einem personell, materiell und zeitlich vertretbaren Aufwand bearbeiten lassen. Empirische Forschung in der Psychiatrie ist, wie in anderen Wissenschaften (siehe oben), immer eingebettet in ein Netz von Vorwissen, Vermutungen über Zusammenhänge und umfassenden gedanklichen Konstruktionen zur Erklärung beobachtbarer Erscheinungen.
In diesem Kontext sei ausdrücklich auf die Bedeutung von Intuition und Spekulation in der psychiatrischen Theoriebildung hingewiesen. Intuitive Beobachtungen stehen als deskriptive Basis und gegebenenfalls hypothesengenerierendes Element am Anfang einer jeden Hypothesenbildung. Die Ergebnisse von Beobachtung und Intuition werden durch kreativ-spekulative Ansätze in einer mehr oder weniger weitreichenden Hypothesen- bzw. Theoriebildung weiter ausgebaut. Intuition und Spekulation dürfen deshalb in ihrer Bedeutung für eine empirische Wissenschaft nicht unterschätzt werden. Andererseits sind sie allein für eine empirische Wissenschaft nicht ausreichend;

vielmehr stellt die Hypothesenprüfung den entscheidenden Schritt dar. In dieser Hypothesenprüfung werden die relevanten Sachverhalte nach einem festgelegten Regelsystem analysiert und in Beziehung zur Hypothese gesetzt. Falsifikationen sind dabei erkenntnistheoretisch genauso wertvoll wie die Bewährung der Hypothese.

Die Grenzziehung der empirischen Psychiatrie in dem hier gemeinten Sinne ist zwischen einer einfachen erfahrungswissenschaftlichen Psychiatrie einerseits und einer spekulativen Psychiatrie andererseits zu finden. Im Gegensatz zu einer theoriegeleiteten experimentellen Wissenschaft besteht eine einfache Erfahrungswissenschaft im bloßen Sammeln von Beobachtungsfakten ohne weitergehende systematische Verknüpfung oder theoretische Aussagen. Im Gegensatz zu theoriegeleiteten Empirikern erstellen spekulative Forscher durch gedankliche Konstruktionen Theorien, die sie, wenn überhaupt, nur an dem ihnen vorliegenden begrenzten Erfahrungsfeld »überprüfen« (meist bestätigen) wollen, die aber nicht die volle Breite der Erfahrungswelt systematisch untersuchen, um ihre Theorie zu prüfen.

Je weniger die Psychiatrie hypothesenorientiert ist, desto mehr wird sie zu einer reinen Erfahrungswissenschaft, je weniger sie sich einer empirischen Überprüfung von Hypothesen bedient, desto mehr wird sie zu einer spekulativen Wissenschaft. Für eine empirische bzw. realwissenschaftliche Psychiatrie in dem hier definierten Sinne bleibt die Verschränkung von Deduktion und Induktion, von Spekulation, Intuition und kontrollierter Beobachtung/experimenteller Erfahrung charakteristisch. Vor reinen Plausibilitätsannahmen, wie sie immer wieder gemacht werden, sei in dem Zusammenhang besonders gewarnt. Plausibilität sagt überhaupt nichts über die Richtigkeit einer Theorie. Als Beispiel sei die »broken home«-Theorie gestörten Verhaltens erwähnt, die zwar sehr plausibel scheint, die aber zu einer großen Zahl inkonsistenter empirischer Forschungsergebnisse geführt hat und deshalb nicht aufrechtzuerhalten ist (27).

Betont sei, daß solche realwissenschaftliche Psychiatrie nicht nur biologische Faktoren, sondern auch psychologische und soziologische Faktoren einbeziehen kann und muß, z.B. im Sinne eines multifaktoriellen Krankheitsmodells. Natürlich hat auch die so skizzierte realwissenschaftliche Psychiatrie mögliche Schattenseiten und birgt die Gefahr von Fehlentwicklungen in sich. Die Sorge älterer Kliniker (10, 11), daß eine so definierte empirische Ausrichtung der Psychiatrie eventuell zu eher oberflächlichen Erkenntnissen und gegebenenfalls sogar zu einem gedanken- und seelenlosen Zählen und Rechnen führt, ist nicht völlig von der Hand zu weisen, denn es gibt zweifellos solche Fehlentwicklungen. Sie beruhen aber zumeist auf einem mangelhaften Wissenschaftsverständnis (z. B. dem Fehlen von Intuition und Kreativität) oder auf schlichter Unkenntnis der Aussagekraft der verwendeten Methoden, z. B. bestimmter statistischer Verfahren.

Relativierung des realwissenschaftlichen Methodenideals

Auf der Basis wissenschaftshistorischer Untersuchungen wurde, insbesondere in den Arbeiten *Kuhns* (13), *Poppers* Falsifikationspostulat kritisiert, allerdings unter Verkennung des normativen Ansatzes von *Poppers* »Logik der Forschung«. *Popper* wollte logische Grundsätze einer realwissenschaftlichen Methodologie aufstellen, nicht aber die Realität wissenschaftlicher Forschung beschreiben. Auf der Basis von wissenschaftshistorischen Untersuchungen ergab sich eine Reihe von Fakten, die zeigen, daß der reale Gang der Wissenschaft von einer normativen Logik der Forschung abweicht (26). Nachfolgend die wesentlichen Punkte:

a) Im Vorfeld von wissenschaftlichen Theorien können Mythen und vorwissenschaftliche Spekulationen eine wichtige Bedeutung haben.
b) Im realen Wissenschaftsprozeß spielen nicht nur »rationale« Momente, wie z. B. Beobachtung einzelner Ereignisse, generalisierende Aussagen über das Beobachtete und kritische Prüfung dieser Aussagen, eine Rolle, sondern auch »irrationale« Momente, wie Vertrauen in bestimmte Methoden, metaphysische Positionen, Wertanschauungen usw.
c) Theorien sind nicht nur als modellhaftes Abbild der Realität zu sehen, sondern auch als Werkzeug, an dem man so lange festhält, wie man kein besseres Werkzeug gefunden hat. Bei diesem Festhalten wird auch von Verfahrensweisen Gebrauch gemacht, die zur Rettung der Theorie dienen (z. B. immunisierende Ad-hoc-Strategien). Wenn dieses Verfahren zu oft gebraucht wird, wird allerdings die Theorie schwerfällig und verliert an empirischem Gehalt.
d) Da alle Theorien nicht-falsifizierbare Bestandteile enthalten, können Theorien nicht in toto falsifiziert werden. Wenn sie nicht mehr ihre Aufgaben erfüllen können, werden sie durch brauchbare, bessere Theorien verdrängt. Die bessere Theorie kann das leisten, was die alte Theorie geleistet hat, kann aber darüber hinaus auch das leisten, was die alte Theorie nicht geleistet hat.
e) Falsifikationsprozesse sind zwar nicht bei der Verdrängung von Theorien, durchaus aber bei der im Zusammenhang mit Erweiterungen der Theorie durchgeführten Aufstellung und Überprüfung von Spezialgesetzen von Bedeutung. Auf der Ebene einfacher Gesetzesaussagen kann somit am Falsifizierbarkeitskriterium festgehalten werden.
f) Theorien sind wegen der theorieabhängigen Präformierung von theoretischen Begriffen nur unter besonders günstigen Umständen aufeinander reduzierbar. Besser als durch Reduktion läßt sich die Wertigkeit von Theorien durch Vergleich ihrer jeweiligen Problemlösungskapazität gegeneinander abschätzen.

Diese Gesichtspunkte können hier nicht weiter ausgeführt werden. Sie widerlegen nicht den normativen Ansatz *Poppers* im Sinne einer »Logik der Forschung«, sondern erweitern ihn realitätsbezogen.
Versucht man, diese Aspekte auf die psychiatrische Forschung zu übertragen, so ist festzustellen, daß es auch dort, wie schon erwähnt, eine Reihe von Strategien gibt, Falsifizierungen zu verhindern, solange eine Hypothese/Theorie von Bedeutung scheint. Wie schon *Kuhn* betonte, fällt es in der Psychologie und so auch in der Psychiatrie, den »soft sciences«, schwer, Paradigmen zu beschreiben. Man kann aber wohl den Begriff auf die verschiedenen psychiatrischen »Schulen« anwenden, nämlich als die Gesamtheit von Überzeugungen, Denkschemata, methodischen Ansätzen, denen man sich verschrieben hat und die im allgemeinen von den Anhängern der Schule nicht hinterfragt, sondern höchstens rationalisierend begründet und gegen Angriffe seitens anderer Schulen verteidigt werden.
In dem Zusammenhang und unter Bezugnahme auf das normative Wissenschaftsideal *Poppers* sei betont, daß in einer empirischen Psychiatrie die eigenen Paradigmen keine Dogmen sein dürfen, sich hinterfragen lassen und durch empirische Belege überwindbar sein müssen.

Schlußbemerkung

Ich weiß nicht, ob es mir gelungen ist, in den zugegebenermaßen und von der Sache her notwendigerweise abstrakten Ausführungen einen Begriff realwissenschaftlicher Psychiatrie zu verdeutlichen. Am Beispiel der nachfolgenden Beiträge müßte geprüft werden, ob sie dem Regelkanon der so definierten Psychiatrie als empirischer Wissenschaft folgen. Sollte das nicht der Fall sein, wäre dies Anlaß genug, die hier vorgelegte Begriffsexplikation oder aber die Forschungsstrategien der Psychiatrie in Frage zu stellen.

Literatur

1 Ackenheil M, Hippius H, Matussek N (1978) Ergebnisse der biochemischen Forschung auf dem Schizophrenie-Gebiet. Nervenarzt 49: 634–649

2 Baumann U, Stieglitz RD (1983) Testmanual zum AMDP-System. Empirische Studien zur Psychopathologie. Springer, Berlin Heidelberg New York Tokyo

3 Berger M, Klein HE (1984) Der Dexamethason-Suppressions-Test: Ein biologischer Marker der endogenen Depression? Eur Arch Psychiat Neurol Sci 234: 137–146

4 Carnap R (1966) Philosophical foundations of physics. Nymphenburger Verlagsbuchhandlung, New York London. Dt. Übers. W. Hoering, München

5 Davis KL, Kahn RS, Grant K, Davidson M (1991) Dopamine in schizophrenia: A review and reconceptualization. Am J Psychiat 148: 1474–1486

6 Emrich HM, v. Zerssen D, Möller HJ, Kissling W, Cording C, Schietsch HJ, Riedel R (1979) Action of d-propranolol in manic psychoses. Arch Psychiat NervKrankh 227: 301–317

7 Fritze J (1992) Zum Stand der Aminhypothesen depressiver Erkrankungen. Nervenarzt 63: 3–13

8 Greden JF, Gardner R, Kind D, Grunhaus L, Carroll BJ, Kronfol Z (1983) Dexamethasone suppression tests in antidepressant treatment of melancholia. Arch Gen Psychiat 40: 493–500

9 Häfner H (1978) Einführung in die psychiatrische Epidemiologie. Geschichte, Suchfeld, Problemlage. In: Häfner H (ed) Psychiatrische Epidemiologie. Springer, Berlin Heidelberg New York, pp 1–56

10 Huber G (1976) Zur Problematik quantitativer Verlaufsbeobachtungen bei Schizophrenen. Psychopathometrie 2: 61–66

11 Janzarik W (1989) Menschenkundliche Anmerkungen zu Wissenschaft und Wissenschaftsbetrieb. Nervenarzt 60: 612–618

12 Katschnig H, Simhandl Ch (1987) Neuere Ansätze in der Klassifikation und Diagnostik psychischer Krankheiten. In: Simhandl Ch, Berner P, Luccioni H, Alf C (eds) Moderne Psychiatrie, Klassifikationsprobleme in der Psychiatrie. Medizinisch-Pharmazeutische Verlagsgesellschaft, Purkersdorf

13 Kuhn TS (1970) Logic of discovery or psychology of research. In: Lakatos VI, Musgrave AE (eds) Criticism and the Growth of Knowledge. Cambridge University Press, Cambridge, pp 1–23

14 Möller HJ (1976) Methodische Grundprobleme der Psychiatrie. Kohlhammer, Stuttgart

15 Möller HJ (1978) Psychoanalyse – erklärende Wissenschaft oder Deutungskunst? Zur Grundlagendiskussion in der Psychowissenschaft. Fink, München

16 Möller HJ (1989) Standardisierte psychiatrische Befunderhebung. In: Kisker KP, Lauter H, Meyer J-E, Müller C, Strömgren E (eds) Psychiatrie der Gegenwart, vol 9: Brennpunkte der Psychiatrie, 3. Aufl. Springer, Berlin Heidelberg New York, pp 13–45

17 Möller HJ (1990) Probleme der Klassifikation und Diagnostik. In: Reinecker H (ed) Lehrbuch der Klinischen Psychologie, Modelle psychischer Störungen. Hogrefe, Göttingen Toronto Zürich, pp 3–24

18 Möller HJ (1991) Outcome criteria in antidepressant drug trials: Self-rating versus observer-rating scales. Pharmacopsychiatry 24: 71–75

19 Möller HJ, Piree S, v Zerssen D (1978) Psychiatrische Klassifikation. Nervenarzt 49: 445–455

20 Möller HJ, v Zerssen D, Emrich HM, Kissling W, Cording C, Schietsch HJ, Riedel R (1979) Action of propranolol in mania: Comparison of effects of the d- and l-stereoisomer. Pharmakopsychiatr Neuro-Psychopharmakol 12: 295–304

21 Möller, HJ, Benkert O (1980) Methoden und Probleme der Beurteilung der Effektivität psychopharmakologischer und psychologischer Therapieverfahren. In: Biefang S (ed) Evaluationsforschung in der Psychiatrie. Fragestellungen und Methoden. Enke, Stuttgart, pp 54–128

22 Möller HJ, Kissling W, Bottermann P (1986) The dexamethasone suppression test in depressive and schizophrenic patients under controlled treatment conditions. Eur Arch Psychiat Neurol Sci 235: 263–268

23 Möller HJ, Haug G (1988) Secondary and

meta-analysis of the efficacy on non-tricyclic antidepressants. Pharmacopsychiatry 21: 363–364
24 Mombour W (1972) Verfahren zur Standardisierung des psychopathologischen Befundes. Psychiat Clin 5: 73–120/137–157
25 Popper, KR (1969) Logik der Forschung, 3. Aufl. Mohr, Tübingen
26 Stegmüller W (1973) Probleme und Resultate der Wissenschaftstheorie und Analytischen Philosophie. Springer, Berlin Heidelberg New York
27 Welz R (1983) Drogen, Alkohol und Suizid. Enke, Stuttgart
28 Woggon B, Angst J (1978) Grundlagen und Richtlinien für erste klinische Psychopharmakaprüfungen (Phase I, II) aus der Sicht des klinischen Prüfers. Arzneimittel-Forsch 28: 1257–1259
29 v Zerssen D (1979) Klinisch-psychiatrische Selbstbeurteilungs-Fragebögen. In: Baumann U, Berbalk H, Seidenstücker G (eds) Klinische Psychologie. Trends in Forschung und Praxis. Huber, Bern Stuttgart Wien, pp 130–159
30 v Zerssen D (1986) Clinical self-rating-scales (CSRF) of the Munich Psychiatric Information System (PSYCHIS München). In Sartorius N, Ban TA (eds) Assessment of Depression. Springer, Berlin Heidelberg New York Tokyo, pp 270–303
31 v Zerssen D (1992) Normal and abnormal variants of premorbid personality in functional mental disorders. Conceptual and methodological issues. J Pers Disord: submitted
32 v Zerssen D, Möller HJ (1980) Psychopathometrische Verfahren in der psychiatrischen Therapieforschung. In: Biefang S (ed) Evaluationsforschung in der Psychiatrie: Fragestellungen und Methoden. Enke, Stuttgart, pp 129–166
33 v Zerssen, D (1982) Personality and affective disorders. In: Paykel ES (ed) Handbook of Affective Disorders. Churchill Livingstone, Edinburgh London Melbourne New York, pp 212–228
34 v Zerssen D, Pfister H, Koeller DM (1988) The Munich Personality Test (MPT) – a short questionnaire for self-rating and relatives' rating of personality traits: Formal properties and clinical potential. Eur Arch Psychiat Neurol Sci 238: 73–93

Diagnostik psychischer Störungen: Über die Optimierung der Reliabilität zur Verbesserung der Validität?[1]

H.-U. Wittchen
Max-Planck-Institut für Psychiatrie, München

Einleitung

In den 80er Jahren hat die klassifikatorische Diagnostik vor dem Hintergrund einer Vielzahl neuer Forschungsbefunde zu Ätiologie, Therapie und Verlauf psychischer Störungen sowie einer weiter fortschreitenden Differenzierung ambulanter, teilstationärer und stationärer Behandlungsangebote erheblich an Bedeutung gewonnen. Das wiedererwachte Interesse an einer verbesserten Klassifikation und Diagnostik psychischer Störungen manifestiert sich nicht nur in den rasch aufeinanderfolgenden Publikationen der neuen Klassifikationssysteme von DSM-III (1), über DSM-III-R (2) und ICD-10 (50) zu DSM-IV (Draft, APA 1993), sondern spiegelt sich vor allem in einem exponentiellen Anstieg von Arbeiten wider, die sich mit nosologischen Fragen, Fehlerquellen des diagnostischen Prozesses, der Entwicklung diagnostischer Instrumente sowie Untersuchungen zur Reliabilität und Validität befaßt haben. Darüber hinaus wird vielerorts, z. B. in der Klinischen Psychologie und speziell der Verhaltenstherapie, die traditionell Klassifikationssystemen psychischer Störungen skeptisch bis ablehnend gegenübersteht, eine neue Standortbestimmung erarbeitet (27, 35, 45), die psychiatrischen Diagnosen einen höheren Stellenwert zuordnet. Ist diese Entwicklung Ausdruck einer kreativen Forschungsszene mit neuen und vielversprechenden Paradigmen oder lediglich Hinweis auf eine Verselbständigung der klassifikatorischen Diagnostik im Sinne von Diagnostik als Selbstzweck? Der folgende Beitrag faßt einige neuere Entwicklungen in der Diagnostik psychischer Störungen zusammen und versucht über eine kritische Zwischenbilanz einen Ausblick auf die Zukunft.

Funktionen klassifikatorischer Diagnostik und Mängel traditioneller Klassifikationssysteme

Eine Hauptaufgabe der *Klassifikation* psychischer Störungen (53) besteht darin, die für die jeweilige Diagnose relevanten Merkmale zu definieren, sie in geeigneter Form zu ordnen, zu erfassen und gegebenenfalls zu gewichten, um damit verschiedenen wissenschaftlichen (epidemiologischen, ätiopathogenetischen, Therapieforschungs-) und praktischen Gesichtspunkten (Versorgungsplanung, Administration, Therapieindikation) soweit wie möglich gerecht zu werden. Unter *klassifikatorischer Diagnostik* versteht man darüber hinausgehend aber auch den Untersuchungs- und Entscheidungsprozeß, der zur Erhebung der Psychopathologie und zur Ableitung einer oder mehrerer Diagnosen (Komorbidität)

[1] Meinem verehrten Lehrer, *Herrn Prof. Dr. von Zerssen,* zum 65. Geburtstag in Dankbarkeit für die zahllosen Anregungen und die nachhaltige Unterstützung der letzten 15 Jahre gewidmet.

führt. Im Gegensatz zu vielen Bereichen der Organmedizin, in denen oft leichter zu objektivierende und quantifizierende labortechnische Aspekte im Vordergrund stehen, beruhen unsere derzeitigen Klassifikationssysteme psychischer Störungen fast ausschließlich auf sog. prototypischen Beschreibungen, bei denen die notwendigen und hinreichenden Auffälligkeiten im Verhalten, Denken und Erleben nach bestimmten inhaltlichen Kriterien (z. B. Merkmalsart, Schweregrad, Dauer, Verlauf etc.) spezifiziert werden. Die Zuordnung eines Patienten zu einer oder mehreren diagnostischen Kategorien ist mit wenigen Ausnahmen vorwiegend auf subjektiv-verbale Methoden (Befragung) sowie z. T. auf beobachtbare oder erschließbare Aspekte des Patientenverhaltens beschränkt. Labortechnische Untersuchungen, Fragebögen oder andere Formen psychologischer Tests spielen bislang allenfalls bei der Ausschlußdiagnostik eine wesentliche Rolle. Dieses deskriptive Vorgehen wird seit langem – unter anderem angesichts der bis vor kurzem verbreiteten Vielzahl nicht miteinander vergleichbarer Klassifikationssysteme (14) sowie ihrer mangelhaften Reliabilität – als unbefriedigend empfunden, ohne daß sich jedoch allseits akzeptable Alternativen haben durchsetzen können (vgl. (35)). Eine derartige klinisch-deskriptive Klassifikation kann als notwendiges Vorstadium angesehen werden, das durchlaufen werden muß, um allmählich auf der Grundlage systematischer empirischer Studien geeignetere Konzepte und Vorgehensweisen zu entwickeln, die z. B. hinsichtlich Ätiologie, Pathogenese, Indikation von Interventionsmaßnahmen, Vorhersage des Therapieverlaufs und des Langzeitverlaufs mehr Gültigkeit (Validität) besitzen. Erfolgversprechend ist eine derartige wissenschaftliche Strategie der Validierung allerdings nur dann, wenn die jeweilige Klassifikation psychischer Störungen auf der Ebene der Erfassung von Symptomen, Syndromen und ihrer Verrechnung zur Diagnose *zuverlässig, intersubjektiv überprüfbar* und *konsistent* erfolgt. Diese essentielle Grundbedingung erscheint jedoch für die immer noch gebräuchlichen älteren Klassifikationssysteme, wie die ICD-9 (7), aufgrund ihrer unzureichenden Spezifizierung der relevanten Entscheidungsmerkmale sowie den darauf aufbauenden klinischen Beurteilungsstrategien nicht erfüllt. In einer Konsensuskonferenz der Task Force on Classification and Diagnostic Instruments der Weltgesundheitsorganisation (WHO) und der US Alcohol, Drug Abuse and Mental Health Administration wurde 1984 festgestellt: »Die Reliabilität psychiatrischer Diagnosen liegt bei Anwendung zufallskorrigierter Übereinstimmungsmaße bei zwei in kurzem Abstand unabhängig voneinander durchgeführten Untersuchungen selten jenseits der Zufallsgrenze.« Da aus psychometrischer Perspektive die Validität einer diagnostischen Entscheidung nicht höher, sondern allenfalls niedriger als die Reliabilität sein kann, leitet sich aus dieser Beurteilung gleichzeitig die Hauptstoßrichtung für eine zukünftige Verbesserung der diagnostischen Klassifikation psychischer Störungen ab, nämlich die Verbesserung der *Reliabilität des diagnostischen Prozesses* (Abbildung 1). Letzteres erfordert zunächst als Grundvoraussetzungen eine exaktere Definition der relevanten Symptommerkmale, eine eindeutige Definition relevanter psychiatrischer Syndrome und eine klare Spezifizierung, wie eine Diagnose mit und ohne Berücksichtigung etwaiger hierarchischer Entscheidungsregeln vor dem Hintergrund nosologischer Konzepte zu erfolgen hat. Erst dann bzw. in enger Wechselwirkung mit einer derartigen Operationalisierung können entsprechend abgestimmte Erfassungs- und Beurteilungsstrategien konsensusfähig abgeleitet und überprüft werden. Nur der Vollständigkeit halber sei darauf hingewiesen, daß eine hohe Reliabilität natürlich nicht zwangsläufig eine gute Validität bedingt, sie ist aber als eine essentielle Voraussetzung dafür anzusehen (20, 22).

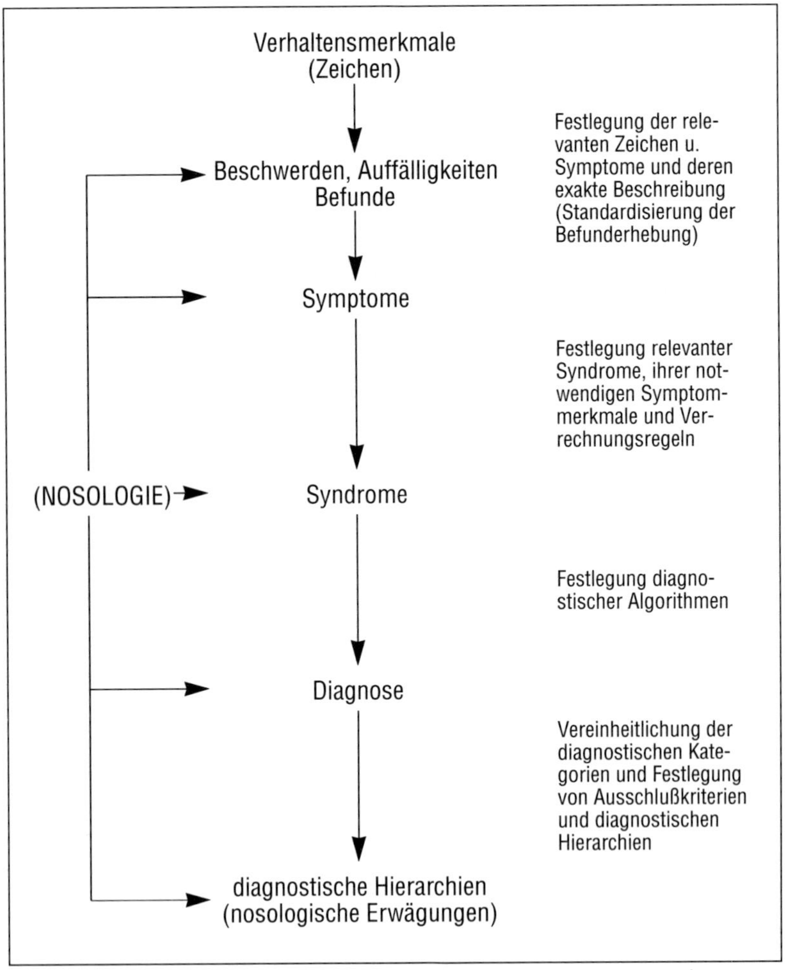

Abbildung 1. »Elemente« des diagnostischen Prozesses und Ansatzpunkte zu einer Verbesserung der Reliabilität (nach (45)).

Erfolgreiche Verbesserungen auf den ersten beiden Ebenen des diagnostischen Prozesses, nämlich der Spezifizierung der Symptom- und Syndromebene, wurden vor allem in der europäischen und speziell der deutschsprachigen Psychiatrie und Psychologie in den 70er und 80er Jahren eingeführt. In diesem Zusammenhang ist z. B. an die Entwicklung der Klinischen Selbstbeurteilungs-Skalen (52), die Entwicklung des Dokumentationssystems der Arbeitsgemeinschaft für Methodik und Dokumentation in der Psychiatrie (3) sowie auf der konzeptionellen Ebene an den Mehrebenen-Ansatz (29) zu erinnern. Weitergehende Bemühungen, auf der Grundlage der traditionellen psychiatrischen Klassifikationssysteme den diagnostischen Entscheidungsprozeß zu systematisieren, wie z. B. des US-amerikanischen Diagnosealgorithmus DIAGNO von *Spitzer* (32) sowie des englischen CATEGO-Systems im Zusammenhang mit der Present State Examination (PSE) (41), aber auch die originelle Diagnostische Sichtloch-Kartei (DiaSiKa) von *von Zerssen,* blieben entweder auf einer hybriden syndromalen Ebene stehen oder waren bezüglich ihrer Algorithmen nicht

konsensusfähig bzw. insgesamt zu wenig praktikabel.
Die Schwierigkeiten einer konsequenteren objektiven algorithmischen Übersetzung von Symptom- und Syndrommerkmalen in eine diagnostische Entscheidung ließen sich in erster Linie auf die mangelnde Sensitivität, Spezifität und das Fehlen eindeutiger Verrechnungsregeln der älteren Klassifikationssysteme (ICD-8/-9, DSM-II) zurückführen. Deswegen hat sich seit 1978 – zunächst nur im Forschungskontext – mit den Research Diagnostic Criteria (RDC) (32) und ab 1980 im US-amerikanischen Bereich mit dem DSM-III die sogenannte operationalisierte Diagnostik durchgesetzt. Dieser Ansatz wird auch in der neuen 10. Revision der ICD-10 aufgegriffen, die mit wenigen Ausnahmen psychische Störungen übereinstimmend mit den Prinzipien von DSM-III-R konzeptualisiert. Hauptcharakteristika des operationalisierten Ansatzes sind 1. explizit definierte diagnostische Kriterien auf der Symptom- und Syndromebene, 2. der Versuch der Beschränkung auf gut erfaßbare Merkmale, 3. der Verzicht auf interpretative und theoretische Einteilungsaspekte, wenn sie nicht nach Expertenmeinung hinreichend experimentell und klinisch fundiert sind, 4. spezifische Ein- und Ausschlußkriterien, 5. eine stärkere Berücksichtigung zeitlicher und Verlaufsaspekte sowie 6. die differenziertere Berücksichtigung von Schweregradkriterien, psychosozialen Merkmalen und anderen Entscheidungsgesichtspunkten. Letztere wird z. B. in DSM-III-R teilweise über den Versuch einer multiaxialen Klassifikation geleistet, bei der die Psychopathologie im engeren Sinne (Achse I) getrennt von Entwicklungs- und Persönlichkeitsstörungen (Achse II), körperlichen Erkrankungen und Bedingungen (Achse III), psychosozialen Auslösern (Achse IV) und der derzeitigen psychosozialen Integration und ihrer symptombedingten Einschränkung beurteilt wird.
Diese Grundprinzipien sind mit einer Reihe von Neuerungen verbunden, die für viele Forscher und Praktiker zum Teil einen Bruch mit zur Routine gewordenen diagnostischen Gepflogenheiten bedeuten. Eine stringente Operationalisierung der Klassifikation psychischer Störungen führt u. a. dazu, nicht formalisierbar erscheinende diagnostische Entscheidungskriterien und -prozesse unberücksichtigt zu lassen. Dies bedingt z. T. erhebliche Veränderungen von bestimmten Klassifikationsregeln- und modellen, wie es sich beispielsweise in der Relativierung des »Neurosen«-konzepts sowie einer Aufgabe der traditionellen Differenzierung »endogen« versus »neurotisch« niederschlägt. Darüber hinaus kommt es bei einer deskriptiven Spezifizierung von bislang eher vage beschriebenen breiten Störungsformen zu einer erheblichen Vermehrung diagnostischer Kategorien, die aus traditionellen nosologischen Perspektiven z. T. als artifiziell empfunden werden. So treten in der ICD-10 und in DSM-III-R anstelle der beiden Diagnosen »Angstneurose« und »Phobie« nun mehr als zehn verschiedene Angststörungen, wie z. B. Agoraphobie, Panikstörung, generalisierte Angststörung, einfache Phobie, soziale Phobie, posttraumatische Belastungsstörungen, verschiedene Formen gemischt ängstlich-depressiver bzw. somatoformer Beschwerdenbilder etc. Ferner bringt es die mit der Operationalisierung verbundene Spezifizierung und Relativierung diagnostischer Hierarchien mit sich, daß die Mehrzahl der Patienten mehr als eine Diagnose erhalten (Komorbidität); dies wird durch eine stärkere Betonung von Längsschnitt- und Lebenszeitcharakteristika bei der Diagnostik noch unterstrichen. Schließlich ist eine operationalisierte Diagnostik auch mit einer substantiellen Erweiterung der Klassifikationsmanuale zum Teil auf mehrere hundert Seiten verbunden, die auf den ersten Blick eine einfache praxisnahe Handhabung erschweren.
Nicht zuletzt ging deswegen die Entwicklung von DSM-III-R und ICD-10 Hand in Hand mit dem Versuch, gleichzeitig verbes-

serte *diagnostische Hilfsmittel* zu entwickeln, die nicht nur eine höhere Reliabilität in der Diagnostik, sondern auch das Erlernen der neuen Klassifikationssysteme mit ihren veränderten Prinzipien erleichtern sollen. Darüber hinaus ermöglichen die nach psychometrischen Kriterien entwikkelten Instrumente auch die schrittweise und wechselseitige empirische Überprüfung der Konsistenz, Reliabilität und Praktikabilität vorgeschlagener diagnostischer Klassifikationsregeln. Die besondere Bedeutung derartiger diagnostischer Hilfsmittel wird auch durch den Umstand unterstrichen, daß die WHO 1986 zusammen mit dem US National Institute of Mental Health (NIMH) eine internationale Arbeitsgruppe gebildet hat, deren Aufgabe es unter anderem ist, standardisierte diagnostische Instrumente zu entwickeln, um eine möglichst weltweite Vereinheitlichung der Diagnostik psychischer Störungen voranzutreiben (45).

Varianzquellen in der Diagnostik psychischer Störungen

Die Prinzipien der neuen operationalisierten Diagnostik erlauben nicht nur die Entwicklung diagnostischer Instrumente mit dem Ziel einer Verbesserung der Reliabilität diagnostischer Entscheidungen. Aus grundlagenorientierter Perspektive erscheint es ebenso wichtig darauf hinzuweisen, daß damit auch neue Möglichkeiten der experimentellen Prüfung relevanter Fehlerquellen im diagnostischen Prozeß eröffnet werden, die für die mangelhafte Reliabilität traditioneller diagnostischer Klassifikation verantwortlich zu machen sind bzw. auch in der operationalisierten Diagnostik z.T. noch zum Tragen kommen. Unter »Fehlerquellen« wird bei dieser Gruppe von Untersuchungen die Varianz im Urteil zweier unabhängig den Patienten untersuchenden Kliniker verstanden. Derartige Beurteilungsvarianz kann auf allen Entscheidungsstufen des in Abbildung 1 skizzierten diagnostischen Prozesses auftreten; bei der Auswahl sowie der Formulierung der Symptome über deren syndromatische Verrechnung bis hin zu deren algorithmischer Verarbeitung zu Diagnosen.

In Untersuchungen zur Prüfung bedeutsamer Varianzquellen des diagnostischen Prozesses mit einem dem üblichen klinischen Entscheidungsprozeß angepaßten Instrument, dem Strukturierten Klinischen Interview für DSM-III-R (SKID) (33, deutsch: 47), wurde in den vergangenen Jahren besonders die Rolle des verbalen und non-verbalen Diagnostikerverhaltens analysiert. Dabei wurden u.a. in einer computergestützten Videoanalyse Gemeinsamkeiten und Unterschiede des Diagnostikerverhaltens sowie ihr Einfluß auf die Symptom- und Diagnosereliabilität in einem Test-Retest-Design bei 110 Patienten untersucht (jeweils zwei voneinander unabhängige, klinisch erfahrene Diagnostiker untersuchen denselben Patienten in einem Ein- bis Drei-Tage-Abstand). Vor dem Interview erhielten dabei alle Untersucher einen einseitigen standardisierten Aufnahmebefund, der in narrativer Form – allerdings bereinigt von diagnosenspezifischen Informationen – einen kurzen Überblick über Einweisungsanlaß, Vorgeschichte und Hauptbeschwerden des Patienten gab. Diese Informationen konnten variabel als *Vorwissen* im darauffolgenden strukturierten Interview vom Diagnostiker eingebracht werden. Drei Fragenkomplexe standen dabei im Vordergrund des Interesses: 1. Inwieweit unterscheiden sich die Untersucher in bezug auf ihr *Frageverhalten?* Hier interessierte uns vor allen Dingen die Variabilität, in der die Interviewer *Vorwissen* nutzten, diagnosenspezifische Symptomfragen stellten, und inwieweit sie Ergänzungen und modifizierte Zusatzfragen einführten. Speziell wurde dabei auch geprüft, inwieweit die strikten Zeitkriterien von DSM-III-R beachtet wurden, inwieweit Suggestivfragen eingeführt und insbesondere wie häufig die diagnosenkritischen Fragen des SKID vollständig oder nur teilweise gestellt wurden. 2. Welche *Feedback*-Verhaltensweisen der Diagnostiker spielen eine entscheidende Rolle, z. B., wie häufig wird bei einer Ja- oder Nein-Antwort des Patienten eine Zusatzfrage gestellt, um so die Symptomatik individueller beurteilen zu können. Dabei wurde gesondert berücksichtigt, inwieweit der Interviewer auch auf Rückfragen und Bemerkungen des Patienten einging. 3. Inwieweit wirken sich Diskrepanzen zwischen zwei unabhängig den Patienten untersuchenden Interviewern bezüglich der Variablen Vorwissen, Frageverhalten und Feedback-Verhalten auf die Symptom- und diagnostische Reliabilität aus?

Die Test-Retest-Reliabilität von Symptomfragen erwies sich in diesen Untersuchungen als eindeutig abhängig von der Variabilität in den drei Kriterienvariablen (Abbildung 2). Bei Items mit einem Kappa-Wert von über 0,5 stellten wir nur selten Diskrepanzen der beiden Untersucher hinsichtlich der Interviewvariablen Vorwissen sowie Frage- und Feedback-Verhalten fest. Bei Items mit einem Kappa-Wert von weniger als 0,5 ergaben sich jedoch insbesondere in bezug auf das Frageverhalten und das Vorwissen hohe Diskrepanzwerte. Als häufigste Varianzquellen über alle diagnostischen Kategorien hinweg ergaben sich unterschiedliche Formulierungen der Untersucher bezüglich der Symptomfragen. Nur vergleichsweise selten wurden Inkonsistenzen in der Patientenantwort zwischen dem Erst- und dem Zweitinterview festgestellt. Weniger häufig als erwartet trugen ebenfalls die mangelnde Berücksichtigung von Zeitkriterien, die unterschiedliche Interpretation der klinischen Information bzw. der diagnostischen Kriterien sowie deren Gewichtung zur Fehlervarianz bei (43). Es ist ferner erwähnenswert, daß eine – von uns nicht erwartete – bedeutsame Fehlerquelle »menschliche Fehler und Schwächen« seitens der Interviewer waren, wie z. B. das Vergessen einer Kodierung bzw. mangelnde Aufmerksamkeit bei wichtigen verbalen und non-verbalen Reaktionen des Patienten.

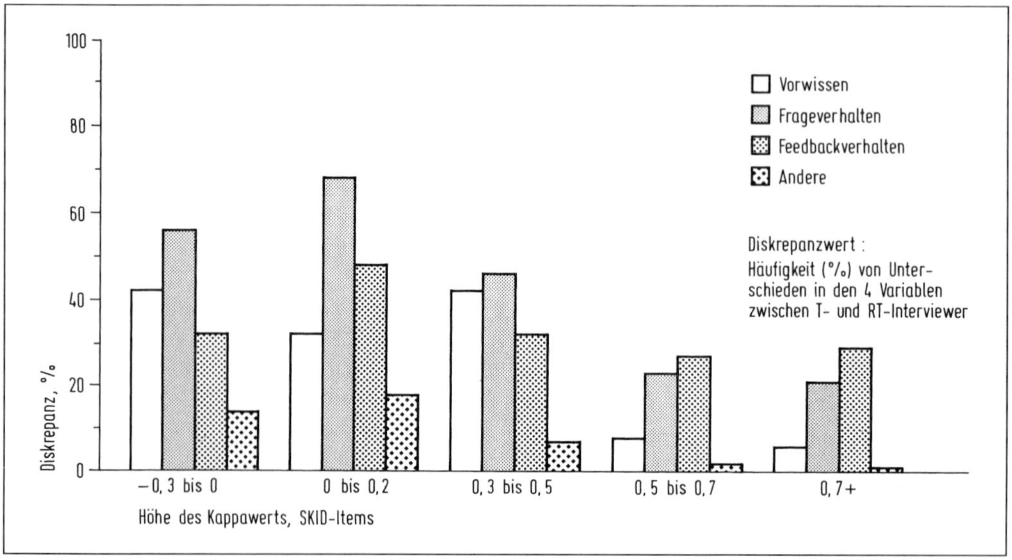

Abbildung 2. Der Einfluß von Diskrepanzen hinsichtlich Vorwissen, Frage- und Feedback-Verhalten auf die T-RT-Reliabilität der Symptombeurteilung.

Neue diagnostische Instrumente und Hilfsmittel: Verbessern sie die Reliabilität diagnostischer Entscheidungen?

Als diagnostische Hilfsmittel lassen sich Checklisten, strukturierte Interviews, standardisierte Interviews und Expertensysteme bezeichnen. Sie geben grob vereinfachend dem Interviewer je nach Verfahren entweder einen Gesamt- oder Teilüberblick über die Struktur und den Inhalt der umfangreichen und komplexen Entscheidungsregelung bei der Diagnostik psychischer Störungen nach DSM-III-R oder ICD-10. Obwohl die vier Arten diagnostischer Hilfsmittel letztendlich alle eine Erhöhung der Reliabilität des diagnostischen Prozesses anstreben, unterscheiden sie sich erheblich hinsichtlich der verwendeten Mittel und Methoden sowie ihrer Zielsetzung. *Checklisten*-Ansätze geben lediglich stichwortartig die notwendigen Symptome, Syndrome und Verrechnungsregeln zur Ableitung von Diagnosen an, ohne den Wortlaut, die Fragenreihenfolge und Erhebungsbedingungen festzulegen. *Computerisierte Expertensysteme* (z. B. DSM-III-R) (19) gehen nur insofern darüber hinaus, als sie dem Beurteiler die Entscheidung über die Anwendung bestimmter logischer Sprungregeln sowie die Verrechnung zur Diagnose abnehmen. Sie sind somit gegenüber Checklisten-Ansätzen auf der Kriterienebene in der Anwendung ökonomischer und fehlerfreier. *Strukturierte* und – noch stärker als diese – *standardisierte Interviews* versuchen darüber hinaus den Prozeß der Informationssammlung vollständig zu systematisieren, indem sie im voraus Erhebungsbedingungen, Ablauf, Wortlaut der Fragen sowie Antwort und Beurteilungskategorien spezifisch festlegen. Damit wird im Gegensatz zu den Checklisten- und Expertensystemen der gesamte diagnostische Prozeß von der Exploration bis zur diagnostischen Entscheidung festgelegt und somit versucht, die Hauptursachen der oben gezeigten Fehlervarianz umfassender zu reduzieren.

Die Tabelle I gibt einen Überblick über neuere diagnostische Instrumente, das Ausmaß ihrer Standardisierung und das Ausmaß ihrer Prüfung hinsichtlich psychometrischer Gütekriterien. Da computerisierte Expertensysteme bislang noch nicht bezüglich der Reliabilität überprüft wurden, sind sie in dieser Aufschlüsselung nicht enthalten. Im folgenden sollen kurz einige der aufgeführten Verfahren charakterisiert und es soll geprüft werden, ob sie tatsächlich befriedigende Reliabilitäten aufweisen. Dabei wird als Indikator bevorzugt auf die Test-Retest-Reliabilität mit kurzem (1–3 Tage) Abstand zwischen zwei unabhängig durchgeführten Patientenuntersuchungen eingegangen. Als »hartes« Kriterium wird jeweils der Kappa-Koeffizient berichtet, der Werte zwischen –1,0 (vollständige Nicht-Übereinstimmung), 0 (nach Zufall zu erwartende) und 1,0 (perfekte Übereinstimmung) annehmen kann.

Checklistenansätze für DSM-III und ICD-10

Checklisten sind traditionsgemäß stark auf den psychopathologischen Querschnittsbefund bezogen und spezifizieren nicht das konkrete diagnostische Vorgehen. Erfahrungsgemäß ist ihre Reliabilität (Interrater- und Retest-Reliabilität) wesentlich vom Training des Klinikers bzw. der Güte und der Homogenität des psychopathologischen Vorwissens der jeweiligen Nutzergruppe abhängig. Wegen ihrer Nähe zum gewohnten klinisch-psychiatrischen Vorgehen werden Checklisten allerdings im klinischen Bereich nach wie vor bevorzugt. Zu dieser Gruppe von Verfahren gehört die Münchner Diagnose-Checkliste (MDCL) für DSM-III-R und ICD-10 (11). Sie gibt Kriterien an für 30 psychopathologische Syndrome und Störungen sowie für 14 Persönlichkeitsstörungen zusammen mit den jeweiligen Verrechnungsregeln übersichtlich in Form

Tabelle I. Überblick über die einzelnen Verfahren.

Kurzbez.	Autoren (Jahr)	Name	Diagnosenbereich (Voraussetzung)	Standardisierung			Gütekriterien
				Fragen	Zeitraum	Auswertung	
PSE	*Wing* et al., 1974	Present State Examination	9 ICD-9 kompatible Syndromklassen (Klinikertraining (3))	+	4 Wochen	comput. CATEGO	+
DIS	*Robins* et al.,1981	NIMH Diagnost. Interview Schedule	Feighner, RDC DSM-III, (Laien/ 1 Woche Training)	++	Querschn. und Lebensspanne	comput.	+
SADS-LA	*Fyer* et al., 1985	Schedule for Affective Disorders & Schizophrenia-Lifetime	DSM-III, DSM-III-R und RDC	(+)	Lebensspanne	Interviewer Zusatzinfo. strukturiert	(+)
ADIS-R	*Margraf* et al., 1991	Diagn. Interv. für psych. Störungen	DSM-III-R (Kliniker/ 2 Tage Training)	+	Querschn. und Lebensspanne	strukt.	+
SKID	*Wittchen* et al., 1990	Strukt. Klin. Interview für DSM-III-R	DSM-III-R (Kliniker/ 2 Tage Training)	+	Querschn. und Lebensspanne	strukt.	+
MDCL	*Hiller* et al., 1989; 1990	Münchner Diagn. Checklisten für DSM-III-R	DSM-III-R, ICD-10 unspezifiziert	(+)	Querschn.	strukt.	(+)
SCAN	*WHO,* 1991d	Schedules for Clin. Assessmt. in Neuropsych.	PSE-Klassen ICD-10, DSM-III-R (Kliniker/ 1 Woche Training)	+	Querschn. und Lebensspanne	strukt.+ comput.	(in Vorb.)
CIDI	*Wittchen, Semler,* 1991	Composite International Diagn. Interview	DSM-III-R und ICD-10 (Laien/ 1 Woche Training)	++	Querschn. und Lebensspanne	comput.	+

einer farbigen Loseblatt-Sammlung. Der Untersucher kann so seine Verdachtsdiagnosen anhand der jeweiligen Symptomlisten und Verrechnungsregeln für jede einzelne Diagnose überprüfen. Bezüglich der Symptomdefinition muß, da keine spezifischen Fragen vorgegeben werden, auf das DMS-III-R-Manual zurückgegriffen werden. Bei Berücksichtigung aller Diagnosebögen ist dieses Verfahren allerdings zeitaufwendig und möglicherweise umständlich. Die Test-Retest-Reliabilität wurde bei einer Studie an 60 ambulanten psychiatrischen Patienten mit homogenen Untersuchergruppen (Kliniker des Max-Planck-Instituts für Psychiatrie) mit Werten zwischen Kappa von 0,6 bis 0,8 als befriedigend bis sehr gut eingeordnet (12). Bei der Interpretation dieser relativ hohen Reliabilitätswerte ist allerdings zu berücksichtigen, daß im Unterschied zu den meisten der anderen, in der Tabelle zitierten Arbeiten die Kliniker alle aus der gleichen Abteilung stammten und so durch die alltägliche Arbeit vermutlich ein hohes Ausmaß an Kongruenz hinsichtlich der Erfassung und Beurteilung psychopathologischer Phänomene bestand, das bei einem Vergleich über verschiedene Institutionen in der Regel fehlen dürfte.

Strukturiertes Klinisches Interview für DSM-III-R – SKID

Das SKID (47) ist ein klinisches Interview, d.h., es setzt ebenso wie Checklisten-Ansätze und Expertensysteme die Kenntnis des DSM-III-R-Manuals sowie klinisch-psychiatrische Erfahrung voraus. Es ermöglicht nach einem relativ kurzen Training (1–2 Tage) die Bestimmung von 43 wesentlichen Hauptklassen der Achse I von DSM-III-R (ca. 50 Minuten) sowie in einem zusätzlichen Untersuchungsteil von 30 Minuten die Erfassung der DSM-III-R-Persönlichkeitsstörungen. Das SKID beginnt mit einem kurzen, halbstrukturierten Interview anhand eines Explorationsleitfadens, das dem Untersucher zunächst einen groben Überblick über die Lebenssituation und die selbstgeschilderte Problematik des Patienten geben soll. Daran schließt sich eine nach Ende des Interviews auszufüllende Gesamtbeurteilung mit den Kodierungsoptionen aller abgefragten Diagnosenbereiche sowie Zusatzinformationen nach Alter bei Beginn der Störung, Schweregrad etc. an. Dabei können auch die Diagnosen auf der Achse III (körperliche Erkrankungen) sowie Achse V (psychosoziales Funktionsniveau) kodiert werden. Das SKID ist alphanumerisch in diagnostische Sektionen untergliedert. Besondere Schwerpunkte sind dabei die Erfassung und Differentialdiagnostik affektiver, psychotischer und Substanzstörungen. Der Text ist mit Ausnahme weniger Abschnitte dreispaltig aufgebaut, wobei in der linken Spalte immer die explizit ausformulierten Einstiegsfragen, in der Mitte des Blattes die jeweiligen DSM-III-R-Kriterien und in der dritten Spalte die jeweiligen Kodierungsoptionen angegeben werden. Kodiert wird ausschließlich die klinische Beurteilung des Klinikers, ob das jeweilige Kriterium erfüllt wird. Dabei sind in der Regel vier Kodierungsoptionen vorgesehen: ? = unsicher/zu wenig Information, 1 = nicht vorhanden, 2 = vorhanden, aber nicht kriteriumsgemäß ausgeprägt und 3 = sicher vorhanden, kriteriumsgemäß. Der Ablauf des Interviews ist durch Entscheidungskästen und Sprungregeln ökonomisiert.

Die Reliabilität des SKID wurde u.a. von unserer Arbeitsgruppe im Rahmen eines internationalen Kollaborativprojekts des NIMH unter Beteiligung sechs verschiedener Zentren (New York, Boston, Yale, München, Long Island) untersucht (40). Dies bedeutet eine extrem breite Variation sowohl des untersuchten Patientengutes (ambulant vs stationär, Suchteinrichtungen, Spezialambulanzen) wie auch des professionellen und diagnostischen Erfahrungshintergrunds der Untersucher. Angesichts dieser Variation ist als bedeutsam hervorzuheben, daß für die meisten Symptome und diagnostischen Kategorien befriedigende bis hohe Kappa-Werte ermittelt wurden. Für die verschiedenen Formen affektiver Störungen lagen die Kappa-Werte zwischen 0,7 und 0,8, für psychotische Störungen (Schizophrenie, kurze reaktive Psychose, schizoaffektive Störungen, wahnhafte Störungen, psychotische Störungen NNB) zwischen 0,6 und 0,9, für Substanzmißbrauch und -abhängigkeit, somatoforme und Angststörungen zwischen 0,5 und 0,9 (48).

In den USA gehört das SKID zu den populärsten Instrumenten. Es wurde in zahlreichen klinisch-therapeutischen und experimentellen Studien bereits vor der Veröffentlichung von DSM-III-R eingesetzt. Parallel zur ersten Entwicklungsphase des SKID und an ähnliche Prinzipien angelehnt entwickelten *DiNardo* und *Barlow* (8) eine auf Belange der klinisch-psychologischen Angstforschung optimierte Fassung mit einer Fülle von ergänzenden therapierelevanten Fragen. Deren aktuelle Fortschreibung wurde kürzlich von *Margraf* et al. (21) übersetzt und in einer Reliabilitätsstudie mit insgesamt positivem Resultat überprüft.

Schedules for Clinical Assessment in Neuropsychiatry – SCAN

Als ein weiteres klinisch-psychiatrisches Instrument strukturierter Art können die im Vergleich zum SKID psychopathologisch wesentlich differenzierteren Schedules for Clinical Assessment in Neuropsychiatry (SCAN) (51) bezeichnet werden. Die SCAN beruhen in ihrem Kernbereich auf ähnlichen Konstruktionsprinzipien wie ihr Vorläufer, das PSE in seiner 9. Revision. Allerdings ist eine Reihe von Neuerungen zu beachten: 1. Das SCAN-System ermöglicht nicht nur die Beurteilung des Present State (=Vierwochen-Querschnittsbefund), sondern es bestehen auch Optionen, vergangene längere Zeitabschnitte oder sogar die gesamte Lebensspanne des Patienten zu erfassen und psychopathologisch zu quantifizieren. Damit wird nun auch im Gegensatz zu PSE-9 eine direkte Ableitung von spezifischen Diagnosen möglich. Dabei bleibt die Kompatibilität mit dem älteren PSE-9-Auswertungsprogramm CATEGO erhalten. 2. Die Beurteilungsskalen wurden ebenso wie die abgedeckte Psychopathologie erheblich erweitert und ermöglichen nun für viele Bereiche eine vierstufige Skalierung nach Schweregrad sowie Zusatzkodierungen. 3. Die zu beurteilenden diagnostischen Bereiche wurden zum Teil durch Einbeziehung von Sektionen aus anderen Instrumenten (z.B. dem CIDI) erheblich erweitert. Somit können fast alle in der ICD-10 und DSM-III-R abgedeckten Störungsgruppen erfaßt und quantitativ auf Symptom-, Syndrom- und Diagnoseebene beschrieben werden. 4. Die Gliederung des SCAN wurde vollständig umgestellt und ist nun vierteilig. Im ersten Teil werden primär nicht-psychotische und nicht organisch bedingte Störungsformen beurteilt, im zweiten Teil werden in sehr differenzierter Form diejenigen psychopathologischen Merkmalsbereiche aufgeführt, die zur Diagnostik verschiedener psychotischer Störungen sowie möglicherweise bestehender hirnorganischer Auffälligkeiten relevant sind. Beide Teile werden durch eine Reihe von Skalen ergänzt, in die im Zeitverlauf Beginn und Ende von Episoden kodiert werden können. Der dritte Teil wird gebildet durch eine zusammenfassende Symptomgruppen-Checkliste, die auch zur Diagnoseableitung per Hand benutzt werden kann. Der letzte, vierte Teil des SCAN-Systems enthält Fragen zur Beurteilung von Intelligenz, psychosozialer Beeinträchtigung und von Persönlichkeitsstörungen.

Der modulare Aufbau des SCAN-Systems sowie die Einbeziehung von Schweregradskalen ermöglicht einen sehr variablen Einsatz. Die Durchführungszeit beträgt allerdings mehr als zwei Stunden, gewöhnlich mindestens drei Stunden. Es fällt auch angesichts der Vielgestaltigkeit des Systems schwer, das Gesamtverfahren als ein Instrument im traditionellen Sinne einzuordnen. Das SCAN-System erfordert ein aufwendiges, einwöchiges Training, das für erfahrene Nutzer des PSE-Systems gekürzt werden kann. Trainingskurse werden durch die im Aufbau befindlichen WHO-Trainingszentren für diagnostische Instrumente durchgeführt (in Deutschland München, Mannheim und Lübeck). Die Auswertung des SCAN-Systems ist zwar über eine Handauswertung möglich, sollte aber aus zeitökonomischen Gründen mittels eines Computerprogramms erfolgen. Zu dem SCAN-Modul liegen bislang noch keine veröffentlichten Gütekriterien vor. Die ersten Ergebnisse einer internationalen Kollaborativstudie ergeben aber ähnlich vielversprechende Interrater-Reliabilitätswerte wie das oben besprochene SKID.

Standardisierte Interviews:
Composite International Diagnostic Interview (CIDI) (46)

Das CIDI wird – ähnlich wie das ältere Diagnostic Interview Schedule (DIS) (25) – als Interview der dritten Generation bezeichnet. Hier sind mit wenigen Ausnahmen alle Symptome und klinisch relevanten Zusatzfragen explizit vorgegeben, so daß fast ausschließlich die Antworten des Patienten und nicht die klinische Erfahrung des Untersuchers einfließen und kodiert werden sollen. Nach der Durchführung sollen die Daten am Computer eingegeben werden, um über ein computerisiertes Auswertungsprogramm standardisiert und objektiv die Diagnosen ableiten zu können (23). Die Anwendungsdauer beträgt im Durchschnitt 60 Minuten, die Eingabe- und Auswertungszeit 10–15 Minuten. Mit dem Auswertungsprogramm können 64 Diagnosen nach ICD-10 sowie 43 DSM-III-R-Diagnosen gestellt werden. Ähnlich wie die SCAN ermöglicht das CIDI eine sehr differenzierte Charakterisierung von Störungen im Verlauf des gesamten Lebens (Lifetime), sowie verschiedene Möglichkeiten einer Querschnittsdiagnostik (zwei Wochen, ein Monat, sechs Monate, ein Jahr). Damit eignet es sich in besonderer Weise zur Erfassung von Komorbidität und zur retrospektiven Rekonstruktion der Störungsentwicklung. Die klinische Relevanz kritischer Symptomfragen wird durch eine standardisierte Prüffragen-Prozedur ermittelt, bei der verschiedene Aspekte von Schweregrad, Verursachung durch Medikamente, Drogen oder Alkohol bzw. die Verursachung durch organische Faktoren (wie körperliche Erkrankung) berücksichtigt werden sollen.
Das CIDI wurde, wie die SCAN, im Rahmen eines Projekts der WHO und der US Alcohol, Drug Abuse and Mental Health Administration (ADAMHA) entwickelt. Es bietet vielfache stationäre, ambulante und epidemiologische Einsatzmöglichkeiten und ist in unterschiedlichen Kulturen anwendbar und überprüft. Es liegt derzeit in 16 verschiedenen Sprachen vor. Darüber hinaus kann es ergänzt werden durch verschiedene differenziertere psychopathometrische Module für andere Diagnosenbereiche, die nicht in der Standardversion enthalten sind. Ferner ist das CIDI in einer computerisierten Fassung zur Selbstbeantwortung durch den Patienten erhältlich (erhältlich beim Autor). Das CIDI in seiner Kernversion erfordert ein einwöchiges standardisiertes Training auf der Grundlage eines Nutzermanuals, des Trainingsmanuals, des Dateneingabeprogramms und des Computerprogramms für ICD-10 und DSM-III-R; die Trainingszeit für die computerisierte Version beträgt einen Tag.
Während der fast achtjährigen Entwicklungszeit ist das CIDI-Vorgehen intensiv von verschiedenen Arbeitsgruppen in multizentrischen Studien an repräsentativen Bevölkerungsstichproben, ambulanten und stationären Einrichtungen untersucht worden. Es weist sowohl auf Symptom- wie auch Diagnosenebene eine hohe Interraterreliabilität (Abbildung 3) und für die meisten der berücksichtigten diagnostischen Kriterien auch eine gute bis befriedigende Test-Retest-Reliabilität auf. Die prozentuale Übereinstimmung bei Test-Retest-Untersuchungen mit einem bis drei Tagen Abstand liegt zumindest über 90%, die Kappa-Koeffizienten als Maß für die zufallskorrigierte Übereinstimmung liegen je nach diagnostischen Gruppierungen zwischen 0,6 und 0,9 und sind somit als zufriedenstellend bis sehr gut zu bewerten (49).
Trotz der guten Reliabilität und befriedigenden Validität in den meisten diagnostischen Bereichen und trotz der außerordentlich differenzierten Teilinformationen über die Störungsentwicklung findet das CIDI speziell im klinischen Bereich nur zögernd Aufnahme. Dies liegt sicherlich einerseits am Trainingsaufwand, andererseits daran, daß viele Kliniker bemängeln, daß das hohe Ausmaß an Standardisierung z. T. einen »Bruch« mit ihrer üblichen Explo-

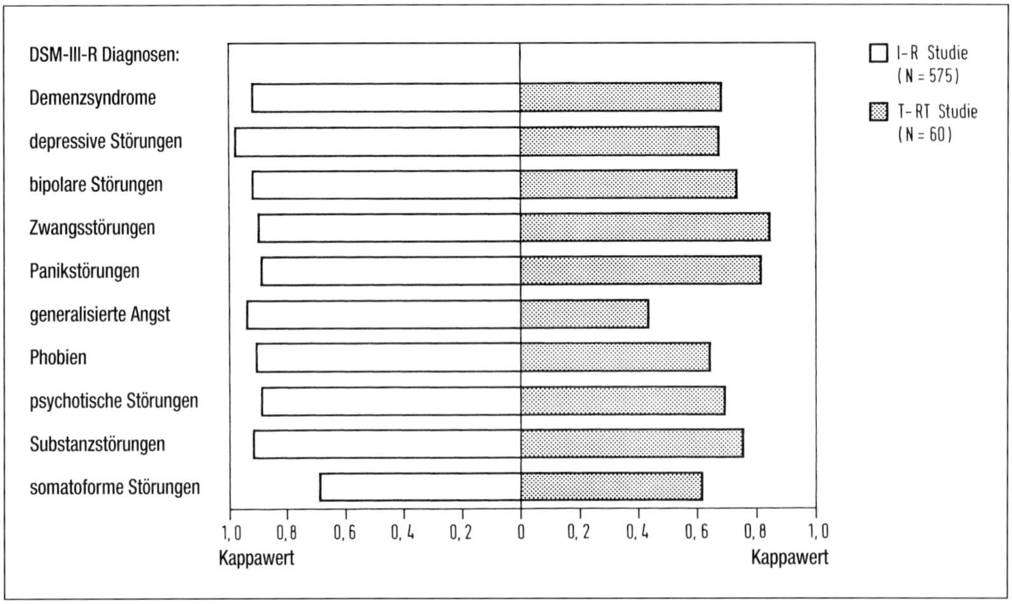

Abbildung 3. Test-Retest- und Interrater-Reliabiltät eines standardisierten diagnostischen Interviews.

rationstechnik bedeutet. Zudem nehmen vor allem die im stationären Bereich arbeitenden Kollegen verschiedentlich Anstoß daran, daß das CIDI ihnen wenig Spielraum bei einer differenzierteren Beurteilung psychopathologischer Symptome läßt, die nicht in ICD-10 oder DSM-III-R spezifiziert sind. Diesen Kritikpunkten wird derzeit durch die Entwicklung einer computerisierten CIDI-Version (CIDI-A) (erhältlich beim Autor) sowie die Einbeziehung eines gesonderten Kodierungsteils für den Kliniker Rechnung getragen, der in die nächste Version des CIDI eingeführt werden wird.

Diagnostische Instrumente: Zwischenbilanz und Ausblick

Die Neuerungen in der diagnostischen Klassifikation psychischer Störungen sowie die darauf basierenden neuen diagnostischen Instrumente erleichtern das Erlernen der neuen Klassifikationsprinzipien und -regeln und haben in vielen Diagnosebereichen das Reliabilitätsproblem auf Symptom-, Syndrom- und Diagnosenebene effizient gelöst. SKID und CIDI erfordern in der Regel lediglich eine Stunde Untersuchungszeit, um die wesentlichen diagnostischen Bereiche abzufragen und zur diagnostischen Entscheidung zu kommen. Somit können diagnostische Instrumente sich zwischenzeitlich hinsichtlich Zeitökonomie, Effizienz und Reliabilität durchaus mit anderen sog. objektiven labortechnischen Untersuchungsmethoden und ihren Fehlerquellen messen. Gezeigt werden konnte auch, daß mit wenigen Ausnahmen die Reliabilität vom Ausmaß der Standardisierung abhängig ist; d. h. je spezifischer die Einstiegsfragen und Verrechnungsregeln im diagnostischen Interview spezifiziert sind, um so höher fällt die Reliabilität aus. Ausnahmen sind lediglich bei Patienten mit akuter psychotischer Symptomatik sowie bei Patienten mit erheblichen Einschränkungen der Kommunikation gegeben. Probleme sind möglicherweise auch, wie neuere Studien gemeinsam mit Frau *Knäuper* an unserem Haus gezeigt haben, bei älteren Probanden jenseits des 65. Lebensjahres zu erwarten (6, 17). Ein weiterer Vorteil diagnostischer Instrumente besteht darin, daß durch den Einsatz spezieller kognitiver Techniken die Erfassung von simultaner und sukzessiver Komorbidität und eine detaillierte Erfassung der Störungsentwicklung in reliabler Form ermöglicht wird.

Welche Entwicklungen sind in den nächsten Jahren zu erwarten? 1. Statt neuer Instrumente werden wir wohl in der Zukunft eher auf den oben skizzierten Instrumenten aufbauen oder ergänzende Module erwarten können; d. h. die bisher vorliegenden Instrumente, deren Konstruktion erstmalig über einen internationalen Konsens vieler Experten zustande gekommen ist, werden vermutlich nur hinsichtlich einzelner Aspekte verändert und nicht in vollkommen neue Instrumentenentwicklungen einmünden. 2. Erweiterungen sind bezüglich forschungsrelevanter Symptombereiche zu erwarten, die diesen Kerninstrumenten angefügt werden können. Dies gilt z. B. für die stärkere Berücksichtigung non-verbaler Merkmale, die getrennte Kodierungen von Patientenantworten und klinischer Beurteilung sowie die Erfassung spezieller psychopathologischer Auffälligkeiten, die z. B. im Zusammenhang mit der Untersuchung biologischer Variablen von besonderem Interesse sein könnten. Erweiterungen sind auch bezüglich weiterer diagnostischer Kategorien und insbesondere der Erfassung der sog. Persönlichkeitsstörungen zu erwarten. 3. Noch stärker als es beispielsweise in den SCAN jetzt schon angedeutet ist, wird eine Betonung dimensionaler Symptom- und Syndromkategorien in Ergänzung zu der derzeit noch stärkeren kategorialen Diagnosenerfassung zu erwarten sein. Dabei werden expliziter als bisher zeitbezogene Aspekte, nämlich die Differenzierung von Querschnitt und verschiedenen Aspekten des Längsschnitts bis zu einer lebenslangen Ausdifferenzierung der Störungsentwicklung im Vordergrund stehen. Dies ließe auch eine verläßlichere Charakterisierung von Störungsbildung hinsichtlich Persistenz, Phasen und Phasenwechsel erwarten. 4. Besondere Forschungsbemühungen sind derzeit auch zu der Frage zu konstatieren, inwieweit durch strukturierte Erinnerungshilfen eine Verbesserung des »Retrieval«-Prozesses möglich wird und somit den Probanden eine bessere Erinnerung an vergangene Krankheitsphasen sowie eine bessere Einordnung zeitlicher Charakteristika der Störung ermöglicht werden kann (5). In diesem Zusammenhang ist vor allem von prozeduralen Validitätsstudien (49), bei denen diagnostische Instrumente mit verschiedenen Konstruktionsprinzipien bei den gleichen Patienten eingesetzt werden, Aufschluß darüber zu erwarten, welche Methoden für welche störungsbezogenen Fragestellungen am geeignetsten sind (6). Inwieweit der in DSM-III-R vorgeschlagene multiaxiale Klassifikationsansatz zukünftig auch in die Konstruktion entsprechender multiaxialer Interviews einmünden wird, bleibt abzuwarten.

Über die Optimierung der Reliabilität zur Verbesserung der Validität der Diagnostik psychischer Störungen

So fruchtbar die oben skizzierten Entwicklungen auf dem Gebiet des diagnostischen Prozesses auch für die Verbesserung der Reliabilität waren, so schwierig fällt nach wie vor die Beantwortung der Frage, in welchem Ausmaß damit auch eine Verbesserung verschiedener Validitätsaspekte erzielt wurde. Diese Unsicherheit läßt sich auf Grundsatzprobleme zurückführen, die z. T. in unterschiedlicher Weise und Akzentuierung für drei häufige Vorgehensweisen der Validierungsforschung gelten:

1. Probleme der *klinischen Validierung* traditioneller, jedoch zwischenzeitlich erheblich modifizierter Diagnosekategorien (z. B. die Neufassung schizophrener und affektiver Störungen) sowie

neu eingeführter Kategorien (z. B. Panikstörung, somatoforme Störungen).

2. Probleme bei der Suche nach *alternativen Validierungsstrategien*, die versprechen, über den Einsatz »objektiverer« *labortechnischer Methoden* z. B. auf der Grundlage neurobiologischer Paradigmen oder *experimentell psychologischer* Konstrukte neue Einteilungsgesichtspunkte und diagnostische Störungskategorien abzuleiten. Dabei beschränken sich die Ausführungen auf die Frage, inwieweit über eine Optimierung der psyschopathometrischen und diagnostischen Vorgehensweisen Verbesserungen erzielt werden können. Die jeweiligen fachimmanenten methodischen und konzeptuellen Probleme z. B. der neuroendokrinologischen Forschung bleiben dabei unberücksichtigt (5).
3. Probleme bei der Validierung diagnostischer Instrumente zur Erfassung und Quantifizierung der Psychopathologie (*kognitive* Validierungsstrategien).

Tabelle II. Validierung klinischer Syndrome.

1. Identifikation und Beschreibung der Syndrome (klinische Intuition, Clusteranalyse, Faktorenanalyse)
2. Abgrenzung der Syndrome von anderen Syndromen (Diskriminanzanalyse, latent class analysis etc.)
3. Follow-up-Untersuchungen zur Feststellung unterschiedlicher Verlaufs- und Outcome-Muster
4. Studien zur Feststellung unterschiedlicher Therapieeffekte
5. Studien zur Feststellung, ob das Syndrom familiengenetische Assoziationen aufweist
6. Studien zur Identifikation von Assoziationen der Syndrome mit Befunden oder Konstrukten der Grundlagenforschung (histologische Befunde, psychologische Konstrukte, biochemische und molekulare Parameter)

Klinische Validierung

Klinische Validierungsstrategien orientieren sich in der Regel am traditionellen nosologischen, von *Robins* und *Guze* (24) vorgestellten Phasen-Modell der diagnostischen Validierung. Dies ist in Anlehnung an das von *Kraepelin* vorgeschlagene nosologische Modell psychischer Störungen formuliert. Es fordert zum Nachweis der diagnostischen Validität einer Störungskategorie (Tabelle II) sechs verschiedene Untersuchungsschritte, die vereinfacht den üblichen psychometrischen Formen der Validität zugeordnet werden, nämlich der Inhaltsvalidität, die vor allen Dingen die Ebene der klinischen Beschreibung betrifft, der kriterienbezogenen Validität, die entweder im Sinne der konkurrenten Validität (wie beim gleichzeitigen Einsatz konstruktähnlicher Meßverfahren) oder im Sinne der prädiktiven Validität (z. B. über Verlaufs- und Follow-up-Studien) interpretiert werden kann und schließlich der Konstruktvalidität (z. B. der Untersuchung der Assoziation von Syndromen mit Konstrukten der Grundlagenforschung, z. B. psychologischer oder biochemischer Art). Diese Strukturierung erscheint auf den ersten Blick sowohl aus klinischer Perspektive erfolgversprechend wie in konzeptueller Hinsicht umfassend und bedeutsam. Denn einerseits orientiert sie sich letztlich an der praktisch-klinischen Nützlichkeit, der sog. prädiktiven »Power« (15) spezifischer Störungsformen, andererseits unterstreicht sie auf der theoretischen Ebene die wechselseitige Abhängigkeit der ersten (d. h. Identifikation klinisch möglichst homogener Syndrome) und der folgenden Stufe (z. B. Follow-up-Untersuchungen, Therapieeffekte etc.) des Validierungsprozesses.

Allerdings sind in den letzten Jahren auch eine Reihe von Nachteilen speziell bei Validierungsbemühungen der neuen operationalen Diagnostik deutlich geworden: a) Der Ansatz orientiert sich am traditionellen nosologischen Modell (Krankheitseinheit), das aufgrund der multikausalen Genese fast aller psychologischer Störungen (9), der häufig fließenden Übergänge zwischen »gesund« und »krank« auf der einen sowie zwischen den einzelnen Kategorien auf der anderen Seite als wenig plausibel bezeichnet wird (10). b) Die diesem Validierungsmodell folgenden Studien benutzen in der Regel die klinisch getroffene Zuordnung zu einer diagnostischen Klasse/Kategorie als Ausgangspunkt (Klinikerdiagnose als »Gold Standard«) (18), z. B. für die Untersuchung des Zusammenhangs mit Verlauf, Ausgang, Therapieeffekt etc. Da diese Zuordnung wegen der oben erwähnten Grundsatzprobleme des diagnostischen Prozesses in schwer kontrollierbarer Weise fehlerbehaftet ist (z. B. unreliabel im Sinne einer niedrigen Interraterübereinstimmung), wird auch die Höhe des Zusammenhangs des klinischen Syndroms mit den jeweiligen Validierungskriterien erniedrigt bzw. konfundiert sein und so die Fehlschlußgefahr erhöhen. c) Dieser Ansatz vernachlässigt im Zusammenhang damit auch häufig (vgl. zusammenfassend (26)), daß Diagnosen lediglich durch Expertenkonsens gestützte deskriptive Festlegungen (und nicht Krankheitseinheiten) darstellen. Die so formulierten expliziten diagnostischen Kriterien auf der Symptom- und Syndromebene sind jedoch vielfach durchaus als fragwürdig zu bezeichnen. So sind z. B. die in DSM-III-R beschriebenen dimensionalen und/oder prototypischen Schwellenwerte (z. B. »mindestens 3 von 12 Symptomen müssen erfüllt sein«) bislang ebensowenig empirisch überprüft wie die Auswahl der Symptome, ihre Gruppierung, die Annahme ihrer Gleichwertigkeit sowie ihre impliziten Schweregradkriterien (z. B. zwei Wochen lang, ständig). d) Die Anzahl der zu validierenden diagnostischen Kategorien im DSM-III-R und ICD-10 hat sich durch die Operationalisierung der Diagnostik vervielfacht. Dies macht die konsequente Anwendung eines Fünfphasen-Modells forschungspragmatisch leicht ineffizient. e) Für das komplexe Phasenmodell mit seinen wechselseitigen Abhängigkeiten gilt in besonderem Maße, daß Validierungsversuche durch eine Vielzahl z. T. ungelöster Design- und Analyseprobleme erschwert werden. Diese betreffen die Stichprobenziehung für die Untersuchungs- und Kontrollgruppen, eine bezüglich der sensiblen Erfassung von kausalen Zusammenhängen adäquate Wahl der Datenerfassung auf der psychologischen, sozialen und biologischen Ebene, die Beachtung unterschiedlicher Verteilungscharakteristika der Daten sowie die Beachtung der Abhängigkeit von Sensitivität, Spezifität und prädiktivem Wert dieser Merkmale. Ferner sind viele der mit einer Operationalisierung von Diagnosen verbundenen methodischen Komplikationen (z. B. adäquate Analysestrategien) im Zusammenhang mit dem nosologischen Validierungsmodell noch ungelöst. So fehlen bislang Modelle, die eine adäquate Berücksichtigung von Querschnitts-, Längsschnitts- und Lifetime-Komorbidität ermöglichen.

Angesichts dieser Situation wäre es vermutlich erfolgversprechender, zusätzlich zu einer kategorialen klinischen Diagnose, *unabhängig* und *standardisiert* das Gesamtspektrum psychopathologischer Symptome und Syndrome dimensional zu beurteilen. Unabhängig bedeutet hierbei zur Vermeidung der o.e. Konfundierungsgefahr, daß die psychopathologischen Merkmale getrennt von der klinischen Diagnose erhoben werden und nicht, wie oft üblich, vom Kliniker selbst mittels einer auf das interessierende Zielsyndrom »fokussierten syndromalen klinischen Bestätigungsdiagnostik« mit einer Checkliste erfolgen. Je nach Fragestellung kann dieses Vorgehen durch multiaxiale Gesichtspunkte (psychosoziale Einschränkungen, biologische Indikatoren, Auslöser, Verlauf, Dauer etc.) ergänzt werden. So kann empirisch ermittelt werden, bei welcher Ausprägung und Merkmalskombination eine optimale Übereinstimmung mit dem jeweils interessierenden Außen- bzw. Validitätskriterium besteht. Ansonsten scheint, wie vielfach aufgezeigt wurde, die Fehlschlußgefahr, wie sie *van Praag* anspricht, groß zu sein: »The nosological tradition, I dare say, is largely a construct of wishful thinking, not of empirical data. It is kept alive by the ineradicable hope that mental pathology is organized in neat 'packages' practically handy and esthetically pleasing ... If a biological variable does not significantly correlate with a particular disease entity, it is disqualified as being nonspecific« (36). Dieses Zitat leitet zugleich auf den zweiten Validierungsansatz über.

Labortechnische und Konstruktvalidierung

Obwohl dieser Ansatz als ein Spezialfall der klinischen Validierung angesehen werden kann und viele, insbesondere die Design- und statistischen Analyseprobleme, in gleicher Form relevant sind, sollte er wegen der Grundsatzprobleme des Sechsphasen-Modells gesondert betrachtet werden. Labortechnische Methoden haben im wesentlichen drei Aufgaben im Zusammenhang mit der Diagnostik psychischer Störungen: a) Ausschluß primär somatischer pathogenetischer Mechanismen bei psychischen Störungen (z. B. Schilddrüsenfunktionsdiagnostik bei affektiven Erkrankungen, Drogenscreening, kardiovaskuläre Erkrankungen bei Paniksyndromen), b) allgemein die Aufklärung biologischer Prozesse bei psychischen Störungen und, spezifischer, c) die Bestätigung (Validierung) psychiatrischer Syndrome mittels labortechnischer diagnostischer Verfahren. Die sich exponentiell beschleunigende Entwicklung neuer laborchemischer Methoden und insbesondere psychoneurobiologischer Paradigmen in den 80er und beginnenden 90er Jahren (»Decade of the Brain«) hat in einer nur mehr schwer zu überschauenden Vielfalt dazu geführt, nicht nur vermeintlich störungsspezifische pathogenetische Mechanismen zu identifizieren, sondern darüber hinaus einzelne Methoden auch auf ihre Eignung als Labormarker (diagnostische Marker) zu überprüfen. Selbst bei den wohl am besten untersuchten Störungsgruppen, den affektiven Störungen und bestimmten Formen von Angststörungen, bleiben jedoch nach wie vor »Erkenntnisdurchbrüche« im Hinblick auf die Validierung einzelner diagnostischer Kategorien aus (18). Ein wesentlicher Grund für diese unbefriedigende Situation kann in der Kluft zwischen den neuen Prinzipien und Vorgehensweisen der Diagnostik und Psychopathometrie psychischer Störungen auf der einen und den Vorgehensweisen der neurobiologischen, psychophysiologischen und experimentellen kognitiven Paradigmen auf der anderen Seite gesehen werden.

Die derzeitige Situation bietet uns auf der klinischen Klassifikationsebene ein komplexes phänomenologisch-deskriptives Gerüst mit verläßlichen Erfassungsstrategien sowie höchst differenzierte psychopathometrische Ansätze zur Evaluation von Symptomen und Syndromen. Dem gegenüber stehen vielfältige psychoneurobiologische Grundlagen- und Methodenerkenntnisse sowie experimentelle Paradigmen, die uns eine Vielzahl von neuen Einblicken in die komplexen Regulations- und Steuerungsmechanismen von einzelnen Verhaltens- und Erlebnisweisen gegeben haben, wie sie möglicherweise für einzelne Formen psychischer Störungen (z. B. Major Depression) vermutlich aber eher für größere Gruppen vermeintlich unterschiedlicher Störungen (depressives Syndrom) typisch sind. Dies gilt z. B. für psycho-neuroendokrinologische Regulationsmechanismen bei Schlafstörungen als einem Kernsymptom des depressiven Syndroms (13), bei Appetit- und Sättigungsverhalten im Falle von Eßstörungen sowie für psychophysiologische, neuroendokrine und kognitive Regulationsabläufe bei Panikstörungen und der Agoraphobie mit Panikattacken.

Der Stellenwert dieser Erkenntnisse scheint dabei weniger darin zu bestehen, »Marker« für eine diagnostische Kategorie zu liefern, als vielmehr verläßlichere neuroendokrine oder psychophysiologische »Marker« für einzelne Symptome oder Symptomenkomplexe anzugeben. Diese können über den Nachweis, ob es sich um »state«- bzw. »trait«-Marker handelt, Hinweise auf möglicherweise kritische Stufen im pathogenetischen Prozeß geben. Dabei disqualifiziert die Eigenschaft eines biologischen Markers als »state marker« keineswegs seine mögliche Relevanz für diagnostische Fragen, da Erkenntnisse über state-abhängige Auffälligkeiten in einer Variablen durchaus relevant für die Spezifizierung psychopathologischer Prozesse sein können.

Unter dem Blickwinkel der Validierung liegt die Bedeutung labortechnischer und konstruktbezogener Untersuchungen also primär in der empirisch begründeten Spezifizierung diagnostisch relevanter Merkmale. Als Beispiele lassen sich anführen: die Auswahl und phänomenologische Differenzierung von Symptomen (z. B. Schlafstörungen), die Spezifizierung von Symptomschwellen und zeitlichen Kriterien für Persistenz, Dauer und Verlaufsgesichtspunkte sowie die Spezifizierung der Bedeutung psychopathologischer Symptome und Syndrome in Abhängigkeit von Geschlecht, Alter und Entwicklung. Darüber hinausgehend könnten derartige psychoneurobiologische Validierungsstrategien in weiteren Untersuchungsstufen auch Aufschluß über die Gewichtung einzelner Symptome geben, beispielsweise über die Identifikation von zeitlich primären, sekundären und tertiären Symptomsequenzen.

Um eine derartige Validierungsstrategie sinnvoll zu gestalten, ist es allerdings notwendig, stärker und konsequenter als bisher in der neurobiologischen und experimentellen Forschung die neuen Prinzipien einer verläßlichen psychopathologischen Diagnostik zu berücksichtigen. Dabei ist trotz höheren Aufwands eine Doppelstrategie in Form einer Kombination standardisierter diagnostischer Instrumente (z. B. CIDI oder SCAN) mit einer auf das jeweilige Paradigma experimentell abgestimmten funktionalen psychopathometrischen Erfassung zu empfehlen. Da die neuen diagnostischen Instrumente z. T. über optionale Beurteilungsmodule (Komorbiditätsmodule, Schweregrads- und Verlaufsmodule, computerisierte Tagebücher) flexible und reliable Ergänzungen bereitstellen, ist eine fragestellungsbezogene flexible Optimierung des Studiendesigns ohne designkritische Komplikationen möglich. Einer derartig angelegten Suche nach »pathophysiologischen Markern« als Validitätskriterien für die Symptomebene kann eine Schlüsselstellung eingeräumt werden. Auf der Seite der biologischen Indikatoren wird dabei dem gleichzeitigen Gebrauch multipler Indikatoren anstelle einzelner Marker der Vorrang zu geben sein (18). Gleichzeitig werden angesichts der Interdependenz der Verhaltens-, kognitiven- und biologischen Ebene bei Berücksichtigung funktioneller Labormaße eher interpretierbare Befunde zu erwarten sein als bei einmaligen »Baseline«-Erhebungen.

Vor diesem Hintergrund erscheint es übrigens folgerichtig wenig erfolgversprechend zu sein, routinemäßig im Sinne einer sog. multiaxialen Diagnostik, »biologische« Daten zu sammeln. Das entscheidende Element einer grundlagenorientierten biologischen Validierung diagnostischer Aspekte scheint in der zeitnahen experimentellen Variation der abhängigen und unabhängigen Variablen zu liegen, während ein bloßes »Nebeneinander« von Messungen auf verschiedenen Meßebenen kaum wertvolle Aufschlüsse geben können wird.

Kognitive Validierungsstrategien

Im Zusammenhang mit der Lösung des Reliabilitäts-Validitäts-Dilemmas ist abschließend auf die Notwendigkeit der weiteren Verbesserung der Erfassung psychopathologischer Symptome über die subjektiv-verbale Ebene hinzuweisen. Hier stehen vor allem ungelöste Probleme mit

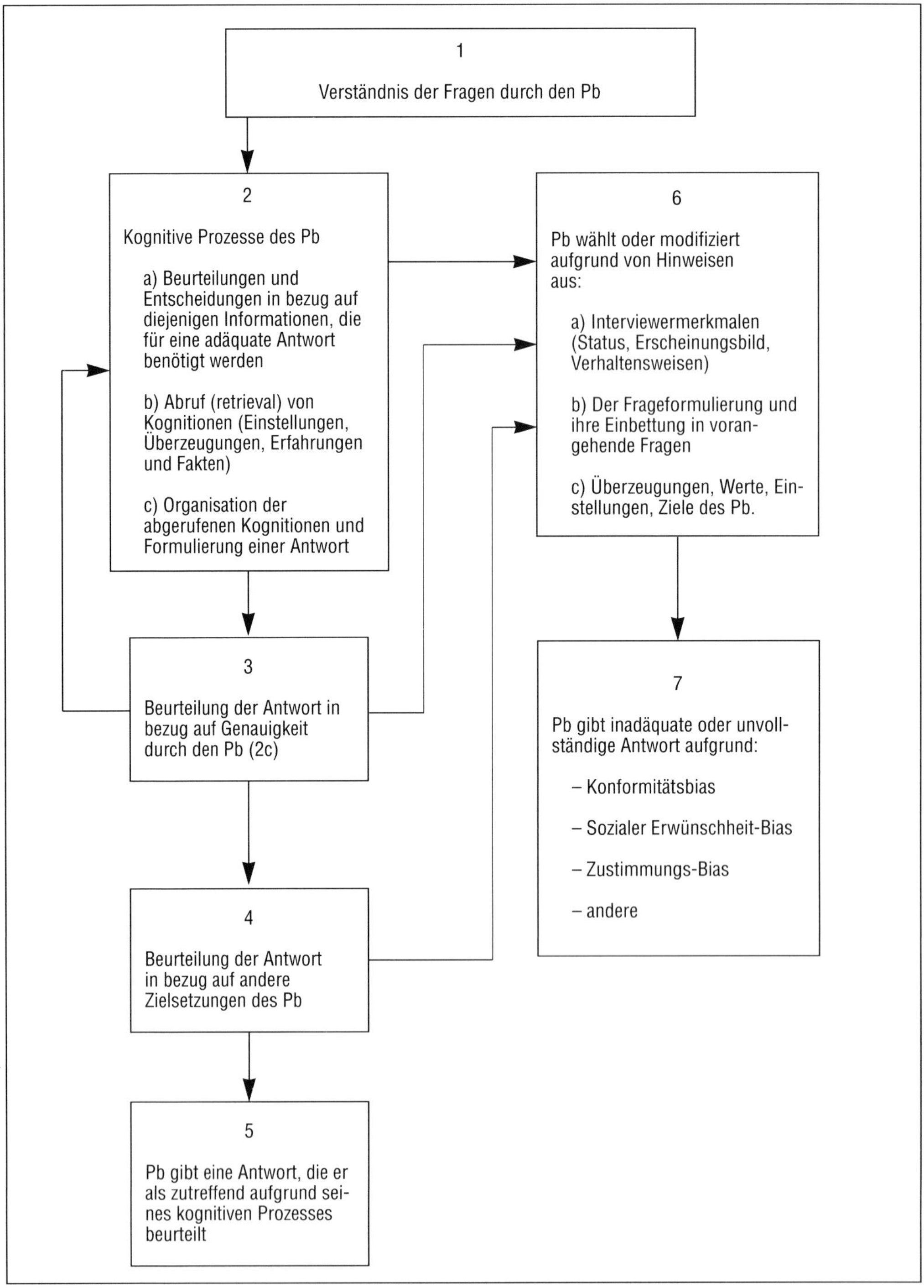
1
Verständnis der Fragen durch den Pb
2
Kognitive Prozesse des Pb
a) Beurteilungen und Entscheidungen in bezug auf diejenigen Informationen, die für eine adäquate Antwort benötigt werden
b) Abruf (retrieval) von Kognitionen (Einstellungen, Überzeugungen, Erfahrungen und Fakten)
c) Organisation der abgerufenen Kognitionen und Formulierung einer Antwort
3
Beurteilung der Antwort in bezug auf Genauigkeit durch den Pb (2c)
4
Beurteilung der Antwort in bezug auf andere Zielsetzungen des Pb
5
Pb gibt eine Antwort, die er als zutreffend aufgrund seines kognitiven Prozesses beurteilt
6
Pb wählt oder modifiziert aufgrund von Hinweisen aus:
a) Interviewermerkmalen (Status, Erscheinungsbild, Verhaltensweisen)
b) Der Frageformulierung und ihre Einbettung in vorangehende Fragen
c) Überzeugungen, Werte, Einstellungen, Ziele des Pb.
7
Pb gibt inadäquate oder unvollständige Antwort aufgrund:
– Konformitätsbias
– Sozialer Erwünschheit-Bias
– Zustimmungs-Bias
– andere

Abbildung 4. Diagramm des Frage-Antwort-Prozesses (nach (4)).

adäquaten Validitätsstandards im Vordergrund. Ist die klinisch-psychiatrische Expertendiagnose (klinische Validierung) angesichts ihrer wohldokumentierten Schwäche überhaupt ein geeigneter Standard? Kann durch den sog. LEAD-Standard in Verbindung mit Konsensusentscheidungen, das heißt die Einbeziehung von Verlaufsdaten (**L**ongitudinal), externer **E**xperteneinschätzungen, sowie aller verfügbarer Patienteninformation (**A**ll **D**ata) ein sog. Gold Standard erreicht werden? Oder sollten nicht etwa verstärkt im Rahmen eines multimethodalen Vorgehens klinische Beurteilung und strukturierte Selbstbeschreibung des Patienten getrennt betrachtet werden (prozedurale Validierung). Letzteres legt angesichts der wohl auch in der fernen Zukunft bestehenden überaus starken Abhängigkeit von der subjektiv-verbalen Ebene vor allem eine Intensivierung kognitiver Validierungsstrategien nahe.

Die Diagnostik psychischer Störungen beruht zu mehr als 90% auf der Befragung des Probanden. Selbst wenn mimische und andere Ausdrucksmerkmale oft eine Eindrucksdiagnostik ermöglichen oder wenn in Zukunft labortechnische diagnostische Marker bereitstehen, wird die Differentialdiagnostik immer eine Zusatzbefragung durch den Kliniker erfordern. Dabei geht es sowohl um die Erfassung des Querschnittsbefundes als auch um die Beurteilung der Symptom- und Lebensentwicklung, um so zu einer diagnostischen Entscheidung zu kommen, z. B. welche Auffälligkeiten primär, welche sekundär, und welche Merkmale Auswirkungen von möglicherweise basalen Störungen sind. Angesichts der Abhängigkeit der Diagnostik psychischer Störungen von der subjektiv-verbalen Ebene ist es überraschend, daß trotz der intensiven Suche nach Gold Standards der Validität bisher kaum Erkenntnisse der Kognitionspsychologie, der Sozialpsychologie und der Umfrageforschung in den klinischen Bereich eingeführt wurden (4). Dabei ergeben sich gerade bei der Befragung von Patienten mit psychischen Erkrankungen Probleme, von denen anzunehmen ist, daß Antworten systematisch durch z. B. motivationale oder kognitive Auffälligkeiten des Befragten sowie den sozialen Kontext der Untersuchungssituation beeinflußt werden. Die klinisch-diagnostische Untersuchung kann als komplexe Interaktionssituation charakterisiert werden. Dabei hat der Untersucher die klassifikatorischen Entscheidungsgesichtspunkte verbal sachgerecht und an das Verständigungsvermögen des Patienten anzupassen und zudem eine hilfreiche Gesprächsatmosphäre aufrechtzuhalten. Die befragte Person hat gleichzeitig eine außerordentlich komplexe kognitive Aufgabe zu bewältigen. Die Person muß verstehen, was mit einer Frage des Diagnostikers gemeint ist und dann relevante Informationen aus dem Gedächtnis abrufen oder – falls das nicht möglich ist – eine Antwort z. B. unter Zuhilfenahme subjektiver Theorien konstruieren. Diese abgerufene bzw. konstruierte Information muß dann zur Bildung eines Urteils herangezogen werden. Die befragte Person muß die generierte Antwort schließlich berichten und sie dazu in ein von dem fragenden Kliniker vorgegebenes Antwortformat oder eine Antwortstruktur einpassen (34). Dabei sind von der befragten Person z. B. auch Aspekte der sozialen Erwünschtheit bzw. der Motivation zu berücksichtigen.

Daraus ergibt sich im Zusammenhang der Validierung des diagnostischen Prozesses die Notwendigkeit, zu überprüfen, wie die relevanten Schritte, nämlich das Verstehen der Fragen, der Abruf relevanter Informationen aus dem Gedächtnis und das Berichten der Informationen, bei Patienten mit psychischen Störungen abläuft, und welche Optionen und Beschränkungen sich aus derartigen Erkenntnissen ergeben. Speziell im Zusammenhang mit der Entwicklung diagnostischer Interviews fehlen bislang weitgehend Erkenntnisse über die Bedeutung derartiger Faktoren für die Validität (17). Aus der Umfrageforschung ist bekannt, daß die Wahl und die Präsentationsreihenfolge der Antwortvorgaben die Antworten beeinflussen können. Im klinischen Bereich werden z. B. die Häufigkeit und Persistenz des Auftretens bestimmter Symptome innerhalb eines bestimmten Zeitraums oder deren Schweregrad über verbale Ankerreize (mehr als zwei Wochen, durchgängig etc.) oder über Ratingskalen erfaßt. Die Auswahl der Skalenpunkte und ihre Benennung führt aber zu systematischen Antwortveränderungen, da sie dem Befragten implizit Informationen über die Erwartungen des Untersuchers vermitteln (28). Auch die Auswahl der numerischen Benennung von Skalenpunkten kann vom Befragten zur Interpretation einer Frage herangezogen werden. Beispielsweise kann angenommen werden, daß Befragte die Schwere ihrer Symptomatik auf einer Vierpunkt-Skala anders einschätzen als auf einer Zehnpunkt-Skala. Ferner stehen Fragen immer im Kontext anderer Fragen und Antworten auf vorausgehende Fragen. Nachfolgende Fragen können durch die Informationen beeinflußt werden, die durch vorausgegangene Fragen aktiviert werden. Über diesen methodologischen Validierungsaspekt hinaus fehlen bislang (Ausnahme: DFG-Schwerpunkt Interozeptionsforschung) wissenschaftliche Erkenntnisse dazu, wie es überhaupt zum Symptombericht bei körperlicher oder psychischer Symptomatik kommt, wie und unter welchen Umständen Betroffene Symptome als leicht, schwer und einschneidend bewerten, wie und unter welchen Umständen sie Krankheitsepisoden und Krankheitsmerkmale erinnern und in welchem Ausmaß sie über Lern- bzw. Konditionierungsprozesse durch psychopathologische Fragestrategien beeinflußt werden.

Abschließende Bemerkungen

Die Diskussion einzelner Validierungsprobleme verdeutlicht, warum in den letzten Jahren u. a. der laute Ruf nach dem Validitätsnachweis neuerer standardisierter Interviews unter neueren Klassifikationssystemen unbeantwortet blieb. Durch die Entwicklung und weltweite Anwendung reliabler und praktikabler diagnostischer Instrumente und darauf abgestimmter differenzierterer psychopathometrischer Strategien konnten praxis- und forschungsrelevante Aspekte entscheidend verbessert werden. Dies hat 1. die Kommunikation über Patienten und wissenschaftliche Befunde erleichtert, 2. die Aggregierung von Ergebnissen über verschiedene Studien und Länder hinweg ermöglicht und 3. über die empirische Untersuchung des diagnostischen Prozesses zur Identifikation relevanter Fehlerquellen der Diagnostik psychischer Störungen beigetragen. Damit werden wichtige Grundvoraussetzungen einer verbesserten Validität von Diagnosen psychischer Störungen erfüllt. Eine Verbesserung der verschiedenen Validitätsaspekte erfordert auf der Seite der Verfahrensentwicklung vor allem eine Intensivierung der Forschung im Zusammenhang mit kognitiven Validierungsstrategien, auf der Seite der klinischen, labortechnischen und Konstruktvalidierung ein Umdenken. Für die klinische und labortechnische Validierung wäre nachdrücklicher eine weniger stark nosologisch orientierte Strategie zu empfehlen. Diese sollte in Ergänzung zu den kategorialen operationalisierten Klassifikationsregeln verstärkt flexible, dimensional beurteilte Symptom- und Syndromerfassungsstrategien berücksichtigen, die spezifischer im Hinblick auf die jeweilige Zielsetzung (Genetik, Verlauf) optimiert werden können. In diesem Zusammenhang erscheint es vor allem in bezug auf eine empirisch gestützte Kriterienformulierung besonders vielversprechend, grundsätzlich die ersten beiden Stufen der diagnostischen Prozesse, nämlich die differenzierte Symptom- und Syndrombeschreibung, direkt mit der Untersuchung und Erfassung der Außenkriterien zu verbinden (funktionale

Diagnostik). Hier ist besonders auf die Eignung des SCAN sowie des CIDI hinzuweisen, die sich für eine zugleich reliable wie auch flexible Erfassung dieser Art besonders eignen. Ein weiterer impliziter Vorteil dieser Strategie besteht darin, daß mit einem derartigen reliablen, gleichermaßen kategorialen und dimensionalen Ansatz Fragestellungen gleichzeitig in verschiedenen Zentren beantwortet werden können, und so Erkenntnisfortschritte schneller zu erwarten sind.

Literatur

1 American Psychiatric Association (1980) Diagnostic and statistical manual of mental disorders (3rd ed.). APA, Washington DC. Deutsche Bearbeitung: Koehler K, Saß H (1984) Diagnostisches und Statistisches Manual Psychischer Störungen. DSM-III. Beltz, Weinheim

2 American Psychiatric Association (1987) Diagnostic and statistical manual of mental disorders (3rd ed. revised). APA, Washington DC. Deutsche Bearbeitung: Wittchen H-U, Saß H, Zaudig M, Koehler K (1989) Diagnostisches und Statistisches Manual Psychischer Störungen. DSM-III-R. Revision. Beltz, Washington

3 Arbeitsgemeinschaft für Methodik und Dokumentation in der Psychiatrie (eds) (1979) Das ADMP-System: Manual zur Dokumentation psychiatrischer Befunde (3. Aufl). Springer, Heidelberg

4 Cannell CF, Miller PV, Oksenberg L (1981) Research on interviewing techniques. In: Leinhardt CS (ed). Sociological methodology, pp 389–437. Jossey-Bass, San Francisco

5 Cowen PJ, Wood AJ (1991) Biological markers of depression (editorial). Psychol Med 21: 831–836

6 Cross National Collaborative Group (1992) The changing rate of major depression: Cross National Comparisons. J Am Med Ass 268 (21): 3096–3105

7 Degkwitz R, Helmchen H, Kockott G, Mombour W (eds) (1980) Diagnosenschlüssel und Glossar psychiatrischer Krankheiten. Fünfte Auflage, korrigiert nach der 9. Revision der ICD. Springer, Berlin

8 DiNardo P, Barlow DH (1988) Anxiety disorder interview schedule – revised (ADIS-R). Unpublished

9 Eisdörfer C, Cohen D, Kleinmann A, Maxim P (1981) Models for clinical psychopathology. Spectrum, New York

10 Gorenstein EE (1984) Debating mental illness: Implications for science, medicine, and social policy. Am Psychol 39: 50–56

11 Hiller W, Zaudig M, Mombour W (1989) Münchener Diagnose Checklisten for DSM-III-R. Max-Planck-Institut für Psychiatrie, München

12 Hiller W, Zaudig M, Mombour W (1990) Development of diagnostic checklists for use in routine clinical care. Arch Gen Psychiat 47: 782–784

13 Holsboer F (1993) Hormones and brain functions. In: Decade of the brain. Karger, Basel

14 Jablensky A (1988) An overview of the prospects for ICD-10. In: Mezzich JE, v Cranach M (eds) International classification in psychiatry. Unity and diversity. Cambridge University Press, Cambridge

15 Kendell RE (1989) Clinical validity. Psychol Med 19 (1): 45–55

16 Klein DF (1978) A proposed definition of mental illness. In: Spitzer RL, Klein DF (eds) Critical issues in psychiatric diagnosis. Raven Press, New York, pp 41–71

17 Knäuper B (1993) Depression im Alter: Verständnis und Verständlichkeit standardisierter diagnostischer Interviewfragen. Dissertation, Mannheim (eingereicht)

18 Kupfer DJ, Thase ME (1989) Laboratory studies and validity of psychiatric diagnoses: Has there been progress? In: Robin LN, Barrett JE (eds) The validity of psychiatric diagnosis. Raven Press, New York, pp 1–7

19 Langner R, Wittchen H-U, Sass H, Zaudig M, Koehler K (eds) (1989) DSM-III-X: Experten- und Lehrsystem zur psychiatrischen Diagnostik auf der Grundlage des DSM-III-R, Version 2.00 (Manual). Beltz-Test GmbH, Weinheim

20 Matarazzo JD (1983) The reliability of psychiatric and psychological diagnosis. Clin Psychol Rev 3: 103–145

21 Margraf J, Schneider S, Ehlers A, DiNardo P, Barlow DH (1991) Diagnostisches Interview für psychische Störungen. Springer, Berlin

22 Mischel W (1968) Personality and Assessment. John Wiley & Sons, New York

23 Pfister H, Wittchen H-U, Weigel A (1991) WHO-CIDI Computer Programme. Computergestützte Diagnostik nach ICD-10 und DSM-III-R mit dem Composite International Diagnostic Interview (CIDI). Beltz-Test, Weinheim
24 Robins E, Guze SB (1989) Establishment of diagnostic validity in psychiatric illness: its application to schizophrenia. In: Robins LN, Barrett JE (eds) The validity of psychiatric diagnosis. Raven Press, New York, pp 1–7
25 Robins LN, Helzer JE, Orvaschel H, Anthony JC, Blazer D, Burman MA, Burke JD jr,. Eaton WW (1985) The diagnostic interview schedule. Academic Press, New York
26 Robins LN, Barrett JE (eds) (1989) The validity of psychiatric diagnosis. Raven Press, New York, pp 1–7
27 Schulte D (1993) Lohnt sich eine Verhaltensanalyse? Verhaltenstherapie 3 (1): 5–13
28 Schwarz N, Knäuper B, Hippler H-J, Noelle-Neumann E, Clark L (1991) Rating Scales. Numeric values may change the meaning of scale labels. Publ Opinion Q 55: 570–582
29 Seidenstücker G, Baumann U (1978) Mutimethodale Diagnostik. In: Baumann U, Berbalk H, Seidenstücker G (eds) Klinischer Psychologie – Trends in Forschung und Praxis. Huber, Bern, pp 134–182
30 Spitzer RL (1980) Introduction. In: Williams JBW (ed) American Psychiatric Association. Diagnostic and statistical manual of mental disorders (3rd edition). APA, Washington DC
31 Spitzer RL, Endicott J (1969) Diagno II. Further developments in a computer program for psychiatric diagnoses. Am J Psychiat 125: 746–756
32 Spitzer RL, Endicott J, Robins E (1978) Research diagnostic criteria. Arch Gen Psychiat 35: 773-782
33 Spitzer RL, Williams JBW, Gibbons M, First MB (1990) Ther Structured Clinical Interview for DSM-III-R (SCID-II, Version 1.0). American Psychiatric Press, Washington DC
34 Strack F, Martin LL (1987) Thinking, judging, and communicating: a process account of context effects in attitude surveys. In: Hippler H-J, Schwarz N, Sudman S (eds) Social Information Processing and Survey Methodology. Springer, New York, pp 123–148
35 Themenheft Diagnostica (1988) Diagnostik psychischer Störungen. Hogrefe, Göttingen
36 van Praag HM (1990) Two-tier diagnosing in psychiatry. Psychiat Res 34 (1) 1–11
37 Wakefield JC (1992) The concept of mental disorder: On the boundary between biological facts and social values. Am Psychol 47: 373–388
38 Wakefield JC (1993) Limits of operationalization: a critique of Spitzer and Endicott's (1978) proposed operational criteria for mental disorder. J Abnorm Psychol 102 (1): 160–172
39 Widiger TA, Trull TJ (1991) Diagnosis and clinical assessment. Annu Rev Psyschol 42: 109–133
40 Williams JBW, Gibbon M, First MB, Spitzer RL, Davies M (1992) The structured clinical interview for DSM-3-R (SKID). II. Multisite test-retest reliability. Arch Gen Psychiat 49: 630–636
41 Wing JK, Cooper JE, Sartorius N (1974) Measurement and classification of psychiatric symptoms: An instruction manual for the PSE and CATEGO program. Cambridge University Press, Cambridge
42 Wittchen H-U (1991a) CIDI-Manual: Einführung und Durchführungsbeschreibung. Beltz Test, Weinheim
43 Wittchen H-U (1991b) Varianzquellen diagnostischer Beurteilungen bei strukturierten diagnostischen Interviews zur Erfassung psychischer Störungen – Reliabilität, Varianzquellen, Analysemethoden. DFG-Abschlußbericht (AZ: Wi709/2-1; Wi 709/2-2)
44 Wittchen H-U, Burke SD, Semler G, Pfister H, von Cranach M, Zaudig M (1989) Recall and dating reliability of psychiatric symptoms. Arch Gen Psychiat 46: 437–443
45 Wittchen H-U, Schulte D (1988) Diagnostische Kriterien und operationalisierte Diagnosen. Grundlagen der Klassifikation psychischer Störungen. Diagnostica 34 (1): 3–27
46 Wittchen H-U, Semler G (1991) Composite International Diagnostic Interview (CIDI, Version 1.0). Beltz Test, Weinheim
47 Wittchen H-U, Zaudig M, Schramm E, Spengler P, Mombour W, Klug J, Horn R (1990) Strukturiertes Klinisches Interview für DSM-III-R. Beltz Test, Weinheim
48 Wittchen H-U, Zaudig M, Spengler P, Mombour W, Hiller W, Essau CA, Rummler R, Spitzer RL, Williams J (1991) Wie zuverlässig ist operationalisierte Diagnostik? – Die Test-Retest Reliabilität des Strukturierten Interviews für DSM-III-R. Z Klin Psychol XX (2): 136–153

49 Wittchen H-U (1993) Reliability and validity of the WHO-Composite International Diagnostic Interview (CIDI): A critical review. J Psychiat Res: im Druck
50 World Health Organisations (ed) (1991a) ICD-10, Chapter V. Mental and behavioural disorders (including disorder of psychopathological developement): a) Diagnostic guidelines, b) Diagnostic criteria for research. WHO, Geneva
51 World Health Organisations (ed) (1991b) Schedule for the clinical assessment in neuropsychiatry. WHO, Geneva
52 von Zerssen D (1976) Klinische Selbstbeurteilungsskalen (KSb-S) aus dem Münchner Psychiatrischen Informationssystem (Psychis München). Beltz, Weinheim
53 von Zerssen D, Monbour W, Wittchen H-U (1988) Der aktuelle Stand der Definition und Klassifikation affektiver Störungen. In: von Zerssen D, Möller H-J (eds) Affektive Störungen. Springer, Berlin

Persönlichkeitsforschung in der Psychiatrie[1]

U. Baumann
Institut für Psychologie der Universität Salzburg

Einleitung

Im folgenden Beitrag möchte ich beschreibend und bewertend auf die Frage eingehen, wie Persönlichkeitsforschung in der Psychiatrie betrieben wird. Für diese Diskussion sind die Konzepte der Persönlichkeitsstörungen und der prämorbiden Persönlichkeit als Beispiel besonders geeignet.

Das Konzept der *Persönlichkeitsstörungen* hat in neuerer Zeit vermehrt Beachtung gefunden, nachdem zuerst die durch Achse I des DSM-Systems repräsentierten Störungen im Vordergrund standen. Da in ICD-10 (42) und DSM-III-R (WHO, 1989) Persönlichkeitsstörungen als erstarrte Formen der Persönlichkeit verstanden werden, ermöglichen sie eine Diskussion der psychiatrischen Persönlichkeitsforschung.

Auch im Konzept der *prämorbiden Persönlichkeit,* das methodisch und inhaltlich unter anderem durch *von Zerssen* intensiv bearbeitet wurde, wird die psychiatrische Persönlichkeitsforschung ersichtlich. *Blankenburg* (7, p. 505) versteht dabei unter der prämorbiden Persönlichkeit die »Eigenart der Persönlichkeitsstruktur vor dem Einsetzen einer Erkrankung«; meist wird dabei auch die Persönlichkeitsentwicklung hinzugenommen.

Für die Bewertung der psychiatrischen Persönlichkeitsforschung ist es erforderlich, zuerst einen Blick auf die psychologische Persönlichkeitsforschung, die Persönlichkeitspsychologie zu werfen; dies soll im folgenden Abschnitt erfolgen.

Persönlichkeitsforschung in der Psychologie

Aufgaben der Persönlichkeitspsychologie bzw. der differentiellen Psychologie – die Begriffe sollen hier synonym verwendet werden – sind nach *Herrmann* (18) die Beschreibung (Deskription) und Erklärung (Explikation) intraindividueller und interindividueller Unterschiede. Dieser Aufgabe ist die Persönlichkeitspsychologie auf unterschiedliche Weise nachgekommen; einige Stichworte von Theoriengruppen sollen ohne Anspruch auf Vollständigkeit darauf hinweisen (1): Typologien (*Kretschmer, Sheldon* etc.), psychodynamische Modelle (*Freud, Adler* etc.), Eigenschaftstheorien (*Eysenck, Cattell* etc.), kognitive Ansätze (*Kelly, Rotter* etc.), Selbstkonzepte (*Rogers* etc.). Die Vielzahl an Theorien hat nicht dazu geführt, daß wir heute einen allgemein verbindlichen Persönlichkeitsbegriff haben. Dennoch finden wir – wie *Amelang* und *Bartussek* (1, pp. 53–54) zeigen – mit dem Wort

[1] Diese Arbeit resultiert aus einer langjährigen Zusammenarbeit mit *Herrn Prof. Dr. von Zerssen.* Für die vielen Impulse und die freundschaftlichen Gespräche bin ich ihm zu großem Dank verpflichtet. Der Wissenschaft wünsche ich, daß sie weiterhin an seinem Ideenreichtum partizipieren darf.

Persönlichkeit meist die Aussage verknüpft, daß darunter eine relativ überdauernde Struktur zu verstehen ist. Dabei impliziert die Konstanzaussage, wie *Cattell* zeigte, keine absolute Konstanz, da es auch eine Verlaufskonstanz geben kann (Trait versus State):

Eysenck: »Persönlichkeit ist die mehr oder weniger feste und überdauernde Organisation des Charakters, des Temperamentes, des Intellektes und der Physis eines Menschen...«

Guilford: »Die Persönlichkeit eines Individuums ist seine einzigartige Struktur von Persönlichkeitszügen (Traits)... Ein Trait ist jeder abstrahierbare und relativ konstante Persönlichkeitszug, hinsichtlich dessen eine Person von anderen Personen unterscheidbar ist.«

Pawlik: »Gesamtheit reliabler inter- und intraindividueller Unterschiede im Verhalten, sowie deren Ursachen und Wirkungen.«

Persönlichkeit ist nicht mit Temperament gleichzusetzen, wie *Cattell* bereits seit langem betont hat und auch in den neueren psychiatrischen Diskussionen wieder bestätigt wird (35). Verkürzt gesagt, beinhaltet eine Temperamentsaussage die Frage, »wie jemand etwas macht«; Motivationsfaktoren verweisen auf das »Warum«. Neben Temperaments- und Motivationsfaktoren werden vielfach kognitive Faktoren, Rollen und auch Stimmungsfaktoren als weitere Bereiche angeführt.

Die unterschiedlichen methodischen Zugänge zur Persönlichkeit hat *Cattell* in einer Datenmatrix dargestellt, die die Achsen Person, Merkmal, Situation umfaßt (1, p. 45). Besonders wichtig ist die Matrixseite Person/Merkmal sowohl für die Psychologie als auch die Psychiatrie geworden (Abbildung 1).

In der in Abbildung 1 dargestellten Matrix sind zwei Betrachtungsebenen möglich:

1. Analyse der Kovariation von Merkmalen: Eigenschaften bzw. im Rahmen der Faktorenanalyse Eigenschaftsfaktoren und
2. Analyse der Kovariation von Personen: Typen bzw. im Rahmen der Faktorenanalyse Typusfaktoren.

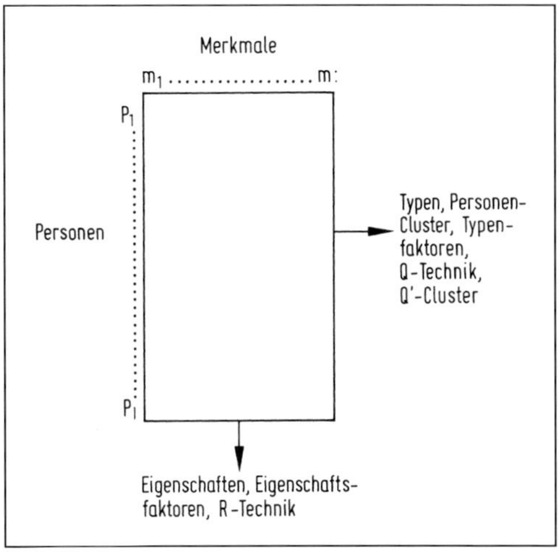

Abbildung 1. Zwei Klassifikationsrichtungen der Persönlichkeitsforschung.

Die Unterscheidung zwischen Eigenschaftsfaktoren und Typusfaktoren hat sich in der Psychologie eingebürgert, wobei diese terminologische Unterscheidung bei *Eysenck* mit dem Begriff des Type-Level für Eigenschaftsfaktoren höherer Ordnung wieder relativiert wurde. *Von Zerssen* (46) hat in seiner umfassenden und brillanten Analyse des Typusbegriffes auf die Fragwürdigkeit der terminologischen Unterscheidung zwischen Eigenschaften und Typen hingewiesen. Zu Recht betont er, daß sowohl die Eigenschafts- als auch die Personenfaktoren Abstraktionen darstellen, die Typuscharakter haben. Trotz dieser Kritik an der Terminologie sind aber die beiden Ansätze methodisch unterschiedlich, wenn sie auch ineinander überführt werden können (4).

In der Psychologie wird der typologische Ansatz im Sinne der Personengruppen seit langem nicht mehr in der Breite verfolgt wie der Eigenschaftsansatz (Merkmalskovariation); daran haben auch die taxometrischen Verfahren (Clusteranalysen) (3) nichts geändert. Manche klassischen Personentypologien haben sich fruchtbarer in Form von

Eigenschaftsfaktoren darstellen lassen, wie die beiden folgenden Beispiele belegen:

1. Das *Jung'*sche Personen-Typus-Konzept hat *Eysenck* in ein Eigenschaftskonzept Extraversion/Introversion überführt.
2. *Von Zerssen* hat die *Kretschmer'*sche Körperbautypologie in einem dimensionalen System repräsentiert (46, 47). Auf die umfassenden konstitutionstypologischen Forschungen *von Zerssens,* die diesem Konzept zugrunde liegen, kann hier nicht näher eingegangen werden.

Der sogenannte Eigenschaftsansatz (Merkmalsfaktoren) hat sich seit den 40er Jahren relativ lange Zeit ungestört entfaltet. Daran haben auch die Lerntheoretiker oder Situationisten wenig geändert. Erst in den 70er Jahren begann eine Relativierung des Eigenschaftsansatzes, hervorgerufen unter anderem durch die Kritik von *Mischel.* Diese Person/Situation-Debatte, oft auch unter dem Stichwort der Konsistenz oder des Interaktionismus abgehandelt, hat zu umfangreichen Kontroversen geführt (30), die aber im Laufe der 80er Jahre (9) abflauten. Die Dichotomie «Person versus Situation« hat sich nicht halten lassen, ebenso hat sich der varianzanalytische Interaktionsbegriff als zu grob und einseitig für die Person/Situation-Debatte erwiesen.

Nach Blütezeiten der Persönlichkeitsforschung in den 40er bis 60er Jahren und einer Stagnation in den 70er und 80er Jahren, in denen eher konzeptuelle Diskussionen um den Interaktionismus geführt wurden, hat sich in neuerer Zeit die Persönlichkeitsforschung und damit auch die diagnostische Psychologie revitalisiert. Einige Stichworte sollen auf die Felder der Persönlichkeitsforschung hinweisen, die zur Zeit bearbeitet werden:

Der *Eigenschaftsansatz,* wie er seit ca. 60 Jahren vor allem von *Guilford, Eysenck,* und *Cattell* vertreten wurde, hat mit den sogenannten »Big-five«-Faktoren eine Renaissance erlebt (2, 25) Autoren wie *Norman, Costa, McCrae* haben aufgrund umfangreicher Analysen fünf Faktoren als kulturunabhängig und als unabhängig von Fremd-/Selbstbeurteilung postuliert (2, pp. 19, 23; vgl. Fragebogen NEO-PI):

Extraversion: gesprächig, freimütig, unternehmungslustig, gesellig etc.

Emotionale Labilität/Neurotizismus: nervös, ängstlich, erregbar, wehleidig etc.

Freundlichkeit (agreeableness): gutmütig, wohlwollend, freundlich, kooperativ etc.

Gewissenhaftigkeit (conscientiousness): sorgfältig, zuverlässig, genau, beharrlich etc.

Aufgeschlossenheit (culture openess): kunstverständig, intellektuell, kultiviert, phantasievoll (Umschreibung von culture).

Trotz verschiedenster Studien, die die Fünferlösung unterstützen, wird z. T. diskutiert, ob Freundlichkeit und Gewissenhaftigkeit zusammengehören (vgl. *Eysenck:* Psychotizismus) und in welcher Relation der Faktor Aufgeschlossenheit zum Konzept Intelligenz steht. Auf den vergleichbaren Ansatz *von Zerssens* wird im Rahmen der prämorbiden Persönlichkeit eingegangen.

Die *Intelligenzfaktoren* sind weiterhin in den Intelligenztests repräsentiert, obwohl die Methode der Kognitionswissenschaften (37) in ganz andere Richtungen gehen. Es wird anstelle der Produktfeststellung (z. B. IQ-Höhe) eine Prozeßanalyse gefordert. Diese Forderung ist aber bislang zuwenig in der Persönlichkeitsforschung eingelöst worden, da differentielle Aspekte in den Prozeßmodellen eingeführt werden müßten. Wir haben daher eine deutliche Kluft zwischen Erkenntnissen der allgemeinen Psychologie und Konzepten der Persönlichkeitspsychologie bzw. diagnostischen Psychologie. Die Forderung nach Modellen der Kognitionswissenschaften bedeutet nicht, daß die klassischen Intelligenzfaktoren unbrauchbar geworden sind. Eher ist an eine Ergänzung der Intelligenzforschung durch Problemlösungsansätze zu denken (19).

In der Persönlichkeitsforschung sind aber nicht nur Eigenschaften wie die »Big-five«- und die Intelligenzfaktoren von Bedeutung.

Eigenschaften, Merkmalsfaktoren im Sinne der klassischen Ansätze finden wir auch in weiterhin wichtigen Konzepten der *Kontrollüberzeugung (Rotter)* und *Attribution* (zum Zusammenhang s. (17)). Deren theoretische Einordnung erfolgt – im Gegensatz zu den »Big-five«-Faktoren – eher über kognitive Modelle, d. h. Konzepte, in denen Erwartungen, Erklärungen, Pläne, Ziele, Umsetzungen handlungsleitend sind (13, 24). Dynamische Modelle, in denen die Selbstbeobachtung wieder wichtig wurde, suchen den Weg von den Motiven bis hin zur abgeschlossenen Handlung zu analysieren. Auch hier findet sich – wie in der Intelligenzforschung – eine Überschneidung zwischen traditionellen Gebieten der Psychologie, nämlich der allgemeinen Psychologie und der Sozialpsychologie einerseits und der Persönlichkeitspsychologie andererseits. Im Gegensatz zur Intelligenzforschung ist es aber hier zu einer aktiven Verknüpfung gekommen, die Impulse in die verschiedenen Teilgebiete gibt.

Das klassische Konzept des *Selbst* – vgl. z. B. C. G. *Jung, Rogers* – hat seit längerer Zeit größere Beachtung gefunden. Auch hier haben wir im Schnittbereich zwischen Persönlichkeitspsychologie und Sozialpsychologie eine Vielzahl an Forschungsaktivitäten, die sich dem Konstrukt *Selbst* gewidmet haben. In dieses Forschungsfeld sind auch die Bemühungen der Arbeitsgruppe um *von Zerssen* einzuordnen, den Selbstbegriff als Trait *und* State zu konzipieren (33). Diese Unterscheidung entspricht der klassischen Unterteilung in Trait und State bei den Temperamentseigenschaften; am bekanntesten ist dabei diese Unterteilung beim Konstrukt Angst geworden (vgl. *Spielbergers* STAI). Der Traitanteil wird durch eine Selbstwertskala, der Stateanteil durch eine Selbsterlebensskala operationalisiert; die beiden Skalen des Selbsterlebens- und Selbstbewertungstests (SST) sollen durch je zwei Items illustriert werden (33, pp. 673–674; Itemantworten: trifft ausgesprochen zu, trifft überwiegend zu, trifft etwas zu, trifft gar nicht zu):

Selbstwertskala: Item 9 »Ich bin ein Individualist; alles, was ich mache, hat meine persönliche Note«. Item 24 »Die meisten Menschen mögen mich, und ich hinterlasse im allgemeinen einen guten Eindruck«.

Selbsterlebensskala: Item 6 »Öfters erlebe ich unendliche Zeiten«. Item 23 »Meine Stimme kommt mir öfters fremdartig vor«.

Mit dem SST wird ein methodisch und inhaltlich fundierter Test vorgelegt, der sowohl für den Normalbereich als auch den klinischen Bereich von Bedeutung ist und gleichzeitig Trait- und Statekomponenten umfaßt. Wenn auch die Validierungsstudien einige Fragen offenlassen, so liegt hier ein interessanter Beitrag zur Selbstkonzeptforschung vor, der weiterführende Studien sinnvoll erscheinen läßt.

Wie bereits oben angetönt, hat die *Konsistenzdebatte* die Persönlichkeitsforschung der 70er und 80er Jahre stark beschäftigt (41). Besonders bedeutsam sind die Agglutinationsstudien von *Eppstein,* der Wesentliches zum Stellenwert der Persönlichkeitsfragebögen beigetragen hat. Die heutige Konsistenzdebatte geht einen Schritt weiter und fragt sich nach übergeordneten Organisatoren, die Einheitlichkeit und Kohärenz der Persönlichkeit bedingen (8). Die zunehmende Bedeutung der *biographischen Forschung* (20) ist mit diesen Forschungsfragen in Verbindung zu bringen. Die Beiträge *v. Zerssens* zur biographischen Forschung werden im Abschnitt zur prämorbiden Persönlichkeit abgehandelt.

Die neuere Persönlichkeitsforschung hat sich in ihrem Bemühen um dynamische Modelle auch dem Thema *Belastung/Bewältigung* (28) verstärkt zugewandt. Hier haben wir komplexe Modelle, in denen neben den zentralen Merkmalen Belastung und Bewältigung auch weitere Konzepte integriert werden. So hat z. B. *Cohen* (11) die Konstrukte soziales Netzwerk und soziale Unterstützung mit dem Lazarus-Modell verknüpft. Auf Modellebene haben wir sehr komplexe Aussagen, zu denen aber

die adäquaten Operationalisierungen bisher noch ausstehen.
Als letzter neuerer Zweig sollen *Sozialkonstrukte* genannt werden, d.h. Konstrukte der sozialen Datenebene, bei denen interindividuelles Geschehen in Form eines Individualmerkmals erfaßt wird. Diese Konzepte haben in den letzten Jahren einen großen Aufschwung erlebt, insbesondere im Rahmen der Forschung zur sozialen Unterstützung (40). Bei den Diskussionen um Vulnerabilität, Protektion, aber auch Verlaufsausgang im klinischen Sektor haben sich diese Konstrukte als wichtig erwiesen. Im Normalbereich sind verschiedenste Aussagen im Zusammenhang zwischen Belastung, Befindlichkeit und Unterstützung gewonnen worden. Der Vielzahl an Operationalisierungsvarianten (40) steht aber nicht die entsprechende Anzahl an Arbeiten zur Konstruktpräzisierung gegenüber (23), was auch für andere Sektoren gilt.
Die Entwicklung der Persönlichkeitspsychologie läßt sich daher nicht nur an den Inhalten, sondern auch an den Methoden zeigen. Nach *Craik* (12) dominieren in der Persönlichkeitsforschung weiterhin Selbstbeurteilungsfragebögen und Laborstudien. Zwei Methodengruppen haben aber in neuerer Zeit vermehrt Beachtung gefunden: *biographische Analysen* (s. auch den Beitrag *von Zerssens* zur prämorbiden Persönlichkeit) und *Feldmethoden*. Letztere umfassen kontinuierliche Datenerhebungen in der Alltagssituation; Tagebücher und Kleincomputer sind die entsprechenden Methoden (29). Die Ergebnisse aus diesem Feld sind sehr ermutigend und bringen neue Erkenntnisse in die Forschung.
Zusammenfassend ist zu sagen, daß die Persönlichkeitspsychologie nach der Dominanz der Eigenschaftskonzepte lange stagniert hat. Nur wenige – darunter auch *von Zerssen* – haben in diesem Sektor kontinuierlich weitergearbeitet. In neuerer Zeit haben sich die Forschungsaktivitäten in diesem Sektor verstärkt. Komplexere, dynamische Konzepte sind aufgestellt worden; die Faktorenanalyse hat dabei weiterhin oft eine hilfreiche Funktion, ist aber nicht mehr die Via Regia der Theorienbildung. Besonders beachtenswert erscheint mir, daß die Persönlichkeitspsychologie – nicht zuletzt unter dem Einfluß der Interaktionismus-Debatte – in die Nähe der Sozialpsychologie gerückt ist (vgl. den Zeitschriftennamen: Journal of Personality and Social Psychology): aber auch zur allgemeinen Psychologie weist die Persönlichkeitspsychologie verschiedene Bezüge auf.
Bisher nicht eingelöst wurden die Operationalisierungen der dynamischen Modelle (vgl. z.B. Copingmodell von *Lazarus*, Abwehrmodelle der Psychoanalyse). Hier sind in den nächsten Jahren wichtige Entwicklungen notwendig; gerade die Felddiagnostik mittels Kleincomputer könnte dazu wesentliche Beiträge leisten.

Persönlichkeitsforschung in der Psychiatrie

Syndromskalen in Analogie zu den Merkmalsfaktoren

Die psychiatrische Forschung hat für die psychische Datenebene – ihrer Aufgabe gemäß – primär klinische Konzepte zu systematisieren gesucht, die aber wenig Verbindung zur Persönlichkeitsforschung hatten. Parallel zum Eigenschaftsansatz der Persönlichkeitspsychologie wurde in der Psychiatrie in den 60er und 70er Jahren die empirische Beschreibung der Syndromatik mittels Verfahren der Selbst- und Fremdbeurteilung vorangetrieben. Die Notwendigkeit zur Entwicklung klinischer Skalen ergab sich vor allem daraus, daß die normalpsychologischen Verfahren zuwenig im klinischen Bereich differenzieren. Zur Erfassung der Syndromatik wurde eine Vielzahl an Fragebögen und Ratings entwickelt. Kaum ein Verfahren wurde aber so elaboriert wie die klinischen Selbstbeurteilungsskalen *von Zerssens* (45). Mit den Verfahren Befindlichkeitsskala, Beschwerdenliste, Paranoid-Depressivitäts-Skala wurde eine klinische Testsammlung vorgelegt, die sowohl im klinischen als auch im unauffälligen Bereich (Normalbevölkerung) verankert ist. Die klinischen Selbstbeurteilungsskalen *von Zerssens* haben sowohl im deutschsprachigen Raum als auch international aufgrund ihrer methodischen und klinischen Güte zu Recht große Verbreitung gefunden. Die Syndromskalen, in Form der Selbst- oder Fremdbeurteilung, haben trotz ihrer großen Bedeutung für die Psychiatrie, insbesondere für Verlaufsstudien, in den letzten zehn bis 15 Jahren wenig neue Impulse erhalten. Dafür hat die exakte Erfassung der DSM- und ICD-Diagnosen zu einer Vielzahl an Verfahren geführt, die reliable Diagnosen ermöglichen (44). Während in der Persönlichkeitsforschung die Personenklassifikation (Typologien) durch den Eigenschaftsansatz abgelöst wurde, finden wir in der empirischen psychiatrischen Forschung fast einen umgekehrten Weg. Die Syndromskalen als Eigenschaftsansatz sind zugunsten der Diagnoseinstrumente als Personenklassifikation in den Hintergrund getreten. Trotz allem Verständnis für den Bedarf an einer einheitlichen Diagnostik ist diese Entwicklung nicht nur positiv zu bewerten. Es ist daher zu hoffen, daß die neueren Ansätze zur Personenklassifizierung (Diagnosesysteme) ergänzt werden durch neue Verfahren zur Symptom- und Syndromerfassung (s. Beitrag *Wittchens* in diesem Band); der Symptom- und der Syndromansatz sind unverzichtbar zur genaueren Patientenbeschreibung im Querschnitt und Verlauf und als Elemente der Diagnosesysteme.

Brücken zwischen gestörter und ungestörter Persönlichkeit

Sowohl für den Syndrom- als auch den Diagnoseansatz gilt, daß es sich um klinische Ansätze handelt, die keine Berührungen zu Konzepten der Persönlichkeitspsychologie haben; sie stellen primär Konzepte zur Erfassung der ungestörten Persönlichkeit dar. Dies führt insbesondere bei Verlaufsstudien zu Schwierigkeiten, als der Patient im Rahmen der Besserung sein Bezugssystem vom Syndrombereich zum normalpsychologischen Bereich wechseln muß. Eine Brücke zwischen klinischem und nichtklinischem Bereich zu schlagen, ist daher Aufgabe der klinischen und nichtklinischen Persönlichkeitsforschung.

Es liegen unterschiedliche Ansätze vor, in denen die Brücke zumindest für Teilbereiche der Psychiatrie gesucht wird:

1. Konzept der *Persönlichkeitsstörungen*;
2. Konzept der *prämorbiden* Persönlichkeit und
3. auch die *Sozialkonstrukte* (22, 40) – z. B. soziale Ressourcen, soziale Integration, soziale Anpassung, soziales Netzwerk, soziale Unterstützung – ermöglichen eine Verbindung zwischen gestörter und ungestörter Persönlichkeit. Diese Konstrukte suchen einerseits Möglichkeiten, andererseits aber auch Defizite zu erfassen; eine damit vergleichbare Polarität findet sich auch bei den protektiven und vulnerabilisierenden Faktoren. Die simultane Betrachtung von Möglichkeiten *und* Defiziten ist besonders in der Verhaltenstherapie diskutiert worden (21) und hat sich für die Therapie als sehr fruchtbar erwiesen.
4. Mit dem Begriff der *gesunden* Persönlichkeit (36) haben wir ein weiteres Rahmenkonzept, das die gestörte und ungestörte Persönlichkeit beinhalten könnte. Gesundheitskonzepte müssen auch den gestörten Zustand mit einschließen, sofern sie ein umfassendes Modell darstellen wollen.

Persönlichkeitsstörungen

Besonders wichtig als Brückenkonzept zwischen gestörter und ungestörter Persönlichkeit ist das Konzept der *Persönlichkeitsstörungen*. Die umfangreiche Literatur zu diesem Themenkomplex kann hier nicht abgehandelt werden und läßt noch viele Fragen offen. In diesem Forschungsfeld stellt sich das Problem, den Zusammenhang zwischen Eigenschaftsfaktoren/Dimensionen als Basis der ungestörten Persönlichkeit und Personenklassifikationen/Diagnosen als Basis der gestörten Persönlichkeit herzustellen (15). Da die eine Seite quantitativ (Intervallskala), die andere kategorial (Nominalskala) konzipiert wird, erhöht dies die Schwierigkeit. Die Verbindung wird meist durch univariate Cutoff-Werte bei Einzelskalen hergestellt; ein Überschreiten des Cutoff-Wertes wird dann mit einer bestimmten Diagnose gleichgesetzt. Persönlichkeitsstörungen in Persönlichkeitsmodellen der ungestörten Persönlichkeit zu verankern, finden wir in den Eigenschaftsmodellen *Eysencks* und *Cattells,* im interpersonellen Modell *Learys* (s. (14)), im kognitiven Modell *Becks* (6). Zu erwähnen ist aber auch das tiefenpsychologische Persönlichkeitsmodell *Freuds,* in dem Persönlichkeitsstörungen eingeordnet werden können. *Cloninger* (10) hat ein dreidimensionales Modell der ungestörten und gestörten Persönlichkeit aufgestellt, das die Dimensionen »novelty«, »harm avoidance« und »reward dependence« mit biologischen Parametern verknüpft. Besondere Beachtung hat das System von *Millon* (26) erfahren, dessen dreidimensionales System (aktiv/passiv; Orientierung gegen Selbst/andere; Belohnungssystem positiv/negativ orientiert) als Basis für Persönlichkeitsstörungen diskutiert wird. Sein System wurzelt einerseits in der Tiefenpsychologie *Freuds,* andererseits aber auch in der sozialen Lerntheorie. Die verschiedenen Systeme haben auch entsprechende dimensionale Operationalisierungen hervorgebracht (34), deren Güte häufig an der Treffsicherheit bezüglich Diagnosen gemessen wurde (16, 39).

Von den Konzepten her sind die Ansätze von *Cloninger* und *Millon* eher einer sozialen Lerntheorie verpflichtet. Die Operationalisierung der Theorie von *Millon* im Millon Clinical Multiaxial Inventory (27) erscheint aber nicht sehr konstruktvalide zu sein. Zum einen werden die drei Grunddimensionen nicht stringent miteinander kombiniert, zum anderen werden nicht die Grunddimensionen erfaßt, sondern das Ergebnis der Kombinatorik in Form von Temperamentszügen, deren Extremausprägungen in Verbindung mit Persönlichkeitsstörungen gebracht werden.

Die bisherigen Bemühungen um einen Brückenschlag zwischen ungestörter und gestörter Persönlichkeit im Konzept der Persönlichkeitsstörungen weisen nach meiner Meinung folgende Schwächen auf:

1. Häufig wird das DSM-System als Validierungskriterium für das jeweils propagierte Persönlichkeitsmodell genommen (43). Solange die DSM-Einheiten nur einen Expertenkonsens darstellen, ist aber diese Kriterienorientierung problematisch.
2. Bei der Validierung werden vielfach univariate anstelle multivariater Cutoff-Werte genommen; in der Regel sind bei mulitvariaten Vorgehensweisen höhere Kriterienübereinstimmungen zu erreichen als bei univariaten Prozeduren.
3. Die Persönlichkeitsmodelle sind meist nicht dynamisch und interaktiv konzipiert bzw. operationalisiert (siehe oben), so daß das jeweilige persönlichkeitspsychologische Modell als Basis für den Brückenschlag zu eng ist.

Prämorbide Persönlichkeit

Das Konzept der prämorbiden Persönlichkeit ist insofern von großem Interesse, da damit Persönlichkeit, Persönlichkeitsstörung und Psychosen miteinander verknüpft werden. Methodisch ist die prämorbide Persönlichkeit prospektiv oder retrospektiv zu erfassen. Letzteren Ansatz hat *von Zers-*

sen gewählt und durch verschiedenste Studien angereichert; auf die prospektiven Bemühungen und ihre methodischen Probleme kann ich hier nicht eingehen. Der Ansatz *von Zerssens* bezieht sich zum einen auf Krankengeschichten, zum anderen auf Selbst- und Fremdbeurteilung und als drittes bezieht er die biographische Analyse mit ein.

Ausgangspunkt der Bemühungen *von Zerssens* sind klinisch-theoretische Konzepte, die im Typus Melancholicus von *Tellenbach* ihren Niederschlag fanden. Mittels komplexer Analysen von *Krankengeschichten* (31, 32) hat *von Zerssen* vor allem den Typus Melancholicus und den Typus Manicus begrifflich und empirisch präzisiert; ergänzt werden die zwei Typen durch den ängstlich-unsicheren und den nervös-gespannten Typus (49). Typen werden dabei als Extremausprägung der Persönlichkeit verstanden, die sich in Extremwerten einer oder mehrerer Persönlichkeitsdimensionen äußern. Wenn auch dieser Ansatz sowohl durch seine theoretische als auch empirische Stringenz besticht, so sind doch folgende kritische Bemerkungen anzubringen: Die Krankengeschichten enthalten keine ungefilterten Persönlichkeitsbeschreibungen, da vermutlich die potentielle Diagnose die Informationsaufnahme leitet. Daher nützt die Eliminierung von Krankheitsaussagen bei der Auswertung nicht so viel, da der mögliche implizite Zusammenhang zwischen Diagnose und Krankengeschichte nicht verhindert wird. Die Zuordnung von Krankengeschichten zu vorgegebenen Typen – dies stellt eine Form der empirischen Typenüberprüfung dar – wäre nicht nur durch zwei Extremtypen vorzunehmen, sondern durch mehrere Typen (vergleichbar mit »Kontrolltypen«). Die forcierte Wahl überzeichnet mögliche Zusammenhänge, die in dieser Stärke bei Vorlage mehrerer Typen weniger stark sein könnten. Zusätzlich wäre es wünschenswert, wenn die Typenzuordnung durch einen Ähnlichkeitskoeffizienten getroffen würde, da es vermutlich unterschiedliche Nähegrade zum (Ideal-) Typ gibt.

Neben der Analyse von Krankengeschichten hat *von Zerssen* als weiteren Ansatz die *Selbst- und Fremdbeurteilung* gewählt. Er hat einen Fragebogen konstruiert, der Bezug auf die »Zeiten körperlicher und seelischer Gesundheit« nimmt. Dieser Fragebogen basiert auf umfangreichen Testanalysen und wurde als Münchner Persönlichkeits-Test (MPT) publiziert (48). Der MPT umfaßt 51 Items und enthält sechs Persönlichkeitsfaktoren: Extraversion, Neurotizismus, Frustrationstoleranz, Rigidität, Isolierungstendenz, esoterische Neigung; daneben liegen noch zwei Kontrollskalen vor: Normorientierung und Motivation. Wieweit die sechs Skalen in der Normalbevölkerung unabhängige Bereiche repräsentieren, müßte in der Normalbevölkerung deutlicher geklärt werden, da z. T. Skaleninterkorrelationen vorliegen (48).

Die sechs Persönlichkeitsskalen stehen im engen Zusammenhang mit den oben angeführten »Big-five«-Faktoren der synoptischen Persönlichkeitsforschung. Da nicht alle Skalen der »Big-five«-Faktoren vollständig im MPT repräsentiert sind, hat *von Zerssen* als weitere Fragebogenversion den SFT konzipiert, der Extraversion, Neurotizismus, Gewissenhaftigkeit, Offenheit, Aggressivität (als Gegenpol von Freundlichkeit) und Frömmigkeit neben der Kontrollskala Motivation enthält (Publikation durch *von Zerssen* in Vorbereitung). Der SFT ist als Fragebogenversion, aber auch als Analogskala vorhanden. Durch die Instruktion sind im MPT und SFT die Gegenwart, aber auch die Vergangenheit abbildbar (Bezug auf Zeiten körperlicher und seelischer Gesundheit).

Als weiteren Baustein zur Erfassung der prämorbiden Persönlichkeit ist durch *von Zerssen* ein *biographisches Persönlichkeits-Interview* entwickelt worden, das die äußere und innere Lebensgeschichte bis zur Erkrankung zu erfassen sucht (Publikationen durch *von Zerssen* in Vorbereitung). Der

Interviewtext wird von einem unabhängigen Rater im Hinblick auf prämorbide Persönlichkeitszüge ausgewertet.
Durch dieses Arsenal an unterschiedlichen Methoden und Instrumenten hat *von Zerssen* den retrospektiven Zugang zur prämorbiden Persönlichkeit so umfassend wie bisher kein anderer Forscher in diesem Feld gestaltet. Es sind durch die Kombination dieser Verfahren wichtige und umfassende Ergebnisse zu erwarten, die die bereits vorliegenden Befunde ergänzen können. *Von Zerssen* hat durch dieses Vorgehen methodische Standards gesetzt, die für die weitere Erforschung der prämorbiden Persönlichkeit beachtet werden müssen.
In Anbetracht der Wichtigkeit dieses Forschungszweiges wären aber zusätzliche methodische Studien wichtig. Wie *Jüttemann* und *Thomae* (20) in ihrem Buch zeigen, ist die biographische Forschung erst in neuerer Zeit wieder zum Leben erwacht und hat daher noch verschiedene methodische Probleme zu lösen. *Strube* und *Weinert* (38) weisen in ihrem Beitrag zum autobiographischen Gedächtnis darauf hin, daß wir bis heute wenig darüber wissen, wie die Autobiographie abgespeichert wird und welchen Gedächtniseffekten sie unterzogen wird. Wir müssen mit entsprechenden Bearbeitungen rechnen, die zu Differenzen zwischen früher erlebten Situationen und heutigem Bereich führen. Die äußere Lebensgeschichte ist vermutlich weniger davon betroffen als die innere Lebensgeschichte, die Bewertungen, Einstellungen etc. enthält. Die Reproduktion der Daten ist nicht nur von der Speicherung abhängig, sondern auch vom aktuellen Zustand der Befragten. Kongruente Ereignisse (Kongruenz bezüglich damals und heute) werden eher erinnert als nichtkongruente Ereignisse. Bereits kurzfristig werden entsprechende Ereignisse nicht exakt reproduziert, wie unsere Untersuchungen zur direkten Veränderungserfassung belegen (5). Auch die Studien zur Felderfassung der Daten mittels Computer weisen auf Diskrepanzen zwischen aktuellen Ereignissen und deren Bericht in Fragebögen, die ein Zeitintegral darstellen, hin.
Bilanzierend muß man sagen, daß man über die Güte der retrospektiven Persönlichkeitserfassung noch wenig weiß: dies gilt um so mehr für Patienten mit psychischen Störungen, bei denen differentielle biographische Gedächtniseffekte zu überlegen sind. Wünschenswert wären daher – ergänzend zum Ansatz *von Zerssens* – entsprechende Grundlagenforschungen, die den retrospektiven Persönlichkeitsansatz präzisieren würden. Dabei sollte der Ansatz der »big five« ergänzt werden durch andere Konzepte, so z. B. kognitive Ansätze der Attribution, dynamische Ansätze zur Belastungsverarbeitung, Analyse von typischen Situationserfordernissen mit entsprechenden Lösungswegen etc. Im jetzigen Zeitpunkt können wir vermutlich nur grobe Zusammenhänge zwischen Persönlichkeit, Persönlichkeitsstörung und Psychosen erwarten, sofern wir über die methodischen Probleme nicht mehr Bescheid wissen.

Schlußbemerkungen

Die Ausführungen haben gezeigt, daß in der Persönlichkeitspsychologie unterschiedliche Ansätze diskutiert werden, wir aber weiterhin keine allgemein akzeptierten Theorien der Persönlichkeit haben. Dies gilt trotz der Konvergenz einzelner Themen. Es ist daher für die Psychiatrie schwierig, Persönlichkeitskonzepte für ihren Bereich als Basis zu nehmen, da unterschiedliche Ansätze zur Diskussion stehen. Im Moment scheint der Eigenschaftsansatz, wie er mit den »Big-five«-Faktoren diskutiert wird, in der Psychiatrie zu dominieren; damit ist auch eine Methodenpräferenz für Fragebögen in Form der Selbst- oder Fremdbeurteilung ausgesprochen. Andere Ansätze und Methoden sind weniger stark in der psychiatrischen Persönlichkeitsforschung vertreten, so daß ein intensiver Dialog zwischen Persönlichkeitspsychologie und Psychiatrie wünschenswert erschiene, um zu breiteren Ansätzen zu gelangen. Bei diesem Dialog könnten beide Seiten voneinander profitieren, da die Persönlichkeitsforschung die ungestörte und die gestörte Persönlichkeit umfassen sollte. Daß dieses Anliegen keine Utopie darstellt, zeigt das Werk *von Zerssens,* das durch psychologische Konzepte, methodische Strenge und klinisch-psychiatrische Breite charakterisiert ist.

Literatur

1 Amelang M, Bartussek M (1990) Differentielle Psychologie und Persönlichkeitsforschung. 3. Aufl. Kohlhammer, Stuttgart

2 Bartussek D (1991) Sechzig Jahre faktorenanalytische Persönlichkeitsforschung: Ein Überblick über die vier Gesamtsysteme der Persönlichkeit. Trier Berichte 18 (5)

3 Baumann U (1971) Psychologische Taxometrie. Huber, Bern

4 Baumann U (1987) Psychiatrische Klassifikation und Interpretation. In: Simhandl Ch, Berner P, Luccioni H, Alf C (eds) Klassifikationsprobleme in der Psychiatrie. Medizinisch-pharmazeutische Verlagsgesellschaft, Purkersdorf

5 Baumann U, Sodemann U, Tobien H (1980) Direkte versus indirekte Veränderungsdiagnostik. Z Differ Diagn 1: 201–221

6 Beck AT, Freeman A et al (1990) Cognitive therapy of personality disorders. Guilford, New York

7 Blankenburg W (1986) Persönlichkeit, prämorbide. In: Müller Ch (ed) Lexikon der Psychiatrie, 2. Aufl. Springer, Berlin

8 Buss DM, Cantor N (eds) (1989) Personality psychology. Springer, Berlin

9 Carson RC (1989) Personality. Annu Rev Psychol 40: 227–248

10 Cloninger CR (1986) A systematic method for clinical description and classification of personality variants. Arch Psychiat 44: 573–588

11 Cohen S (1992) Stress, social support, and disorders. In: Veiel HOF, Baumann U (eds) The meaning and measurement of social support. Hemisphere, New York

12 Craik KH (1986) Personality research methods: A historical perspective. J Pers 54: 18–51

13 Emmons RA (1989) Exploring the relations between motives and traits: The case of narcissism. In: Buss DM, Cantor N (eds) Personality psychology. Springer, Berlin pp 32–45

14 Frances A (1982) Categorical and dimensional systems of personality diagnosis: A comparison. Compreh Psychiat 23: 516–527

15 Frances A, Widiger TA (1986) Methodological issues in personality disorder diagnosis. In Millon T, Klerman GL (eds) Contemporary directions in psychopathology. Guilford, New York pp 381–400

16 Hart SD, Forth AE, Hare RD (1991) The MCMI-II and psychopathy. J Pers Disord 5: 318–327

17 Heckhausen H (1980) Motivation und Handeln. Springer, Berlin

18 Herrmann TH (1972) Lehrbuch der empirischen Persönlichkeitsforschung, 2. Aufl. Hogrefe, Göttingen

19 Jäger AO (ed) (1991) Intelligenz und komplexes Problemlösen. Themenheft. Diagnostica: 47 (4)

20 Jüttemann G, Thomae H (eds) (1987) Biographie und Psychologie. Springer, Berlin

21 Kanfer FH, Reinecker H, Schmelzer D (1991) Selbstmanagement-Therapie. Springer, Berlin

22 Laireiter A, Baumann U (1988) Klinisch-psychologische Sozialdiagnostik: Protektive Variablen und Soziale Anpassung. Diagnostica 34: 190–226

23 Laireiter A, Baumann U (1992) Network structures and support functions – theoretical and empirical analysis. In: Veiel HOF, Baumann U (eds) The meaning and measurement of social support. Hemisphere, New York

24 Little BR (1989) Personal projects analysis: Trivial pursuits, magnificent obsessions, and the search for coherence. In: Buss DM, Cantor N (eds) Personality psychology. Springer, Berlin, pp 15–32

25 McCrae RR (1989) Why I advocate the five-factor model: Joint factor analyses of the NEO-PI with other instruments. In: Buss DM, Cantor N (eds) Personality psychology. Springer, Berlin, pp 237–246

26 Millon T (1986) A theoretical derivation of pathological personalities. In: Millon T, Klerman GL (eds) Contemporary Directions

in Psychopathology. Guilford, New York, pp 639–669
27 Millon T (1992) Millon clinical multiaxial inventory: I & II. J Counsel Dev 70: 421–426
28 Moos RH (1986) Coping with Life Crisis. Plenum, New York
29 Perrez M, Reicherts M (1989) Belastungsverarbeitung: Computerunterstützte Selbstbeobachtung. Z Differ Diag Psychol 10: 129–139
30 Pervin LA (1985) Personality: Current controversies, issues, and directions. Annu Rev Psychol 36: 83–114
31 Pössl J, v Zerssen D (1990 a) Die prämorbide Entwicklung von Patienten mit verschiedenen Psychoseformen. Nervenarzt 61: 541–549
32 Pössl J, v Zerssen D (1990 b) A case history analysis of the »manic type« and the »melancholic type« of premorbid personality in affectively Ill patients. Eur Arch Psychiat Neurol Sci 239: 347–355
33 Pössl J, Emrich HM, Avenarius R, v Zerssen D (1990) Störungen im Selbsterleben und in der Selbstbewertung bei psychiatrischen Patienten. Nervenarzt 61: 667–675
34 Renneberg B (1991) Personality disorders and interactional behavoir of agoraphobic outpatients. Unveröff Diss Marburg
35 Rutter M (1987) Temperament, personality and personality disorder. Br J Psychiat 150: 443–458
36 Schmidt LR, Schwenkmezger P (eds) (1992) Gesundheitspsychologie. Themenheft. Z Klin Psychol 21 (1)
37 Spada H, Reimann P (1988) Wissensdiagnostik auf kognitionswissenschaftlicher Basis. Z Differ Diag Psychol 9: 183–192
38 Strube G, Weinert FE (1987) Autobiographisches Gedächtnis: Mentale Repräsentation der individuellen Biographie. In: Jüttemann G, Thomae H (ed) Biographie und Psychologie. Springer, Berlin
39 Torgersen S, Alnaes R (1990) The relationship between the MCMI personality scales and DSM-III, axis II. J Pers Assess 55: 698–707
40 Veiel HOF, Baumann U (eds) The meaning and measurement of social support. Hemisphere, New York
41 West S (ed) (1983) Personality and prediction: Nomothetic and idiographic approaches (special issue). J Pers 51 (3)
42 WHO (1991) Internationale Klassifikation psychischer Störungen ICD-10 Kapitel V (F). Huber, Bern
43 Widiger TA, Williams JBW, Spitzer RL, Frances A (1985) The MCMI as a measure of DSM-III. J Pers Assess 49: 366–378
44 Wittchen HU, Semler G, Schramm E, Spengler P (1988) Diagnostik psychischer Störungen mit strukturierten und standardisierten Interviews: Konzepte und Vorgehensweisen. Diagnostica 34: 58–84
45 v Zerssen D (1976) Klinische Selbstbeurteilungsskalen (KSb-S). Allgemeiner Teil. Manual. Beltz, Weinheim
46 v Zerssen D (1977) Konstitutionspsychologische Forschung. Die Psychologie des 20. Jahrhunderts. Kindler, Zürich pp 546–616
47 v Zerssen D (1980) Konstitution. In: Kisker KP, Meyer JE, Müller C, Strömgren E (eds) Psychiatrie der Gegenwart (Bd I/2, 2. Aufl.). Springer, Berlin, pp 619–692
48 v Zerssen D, Pfister H, Koeller DM (1988) The Munich Personality Test (MPT) – a short questionnaire for self-rating and relatives' rating of personality traits: Formal properties and clinical potential. Eur Arch Psychiat Neurol Sci 238: 73–94
49 v Zerssen D, Pössl J (1990) Structures of premorbid personality in endogenous psychotic disorders. Lett Magist Rel 257–279
50 v Zerssen D (1991) Zur prämorbiden Persönlichkeit des Melancholikers. In: Mundt C, Fiedler P, Lang H, Kraus A (eds) Depressionskonzepte heute. Springer, Berlin, pp 76–94

Epidemiologie affektiver Erkrankungen unter Berücksichtigung der leichteren Formen

J. Angst
Psychiatrische Universitätsklinik Zürich

Einleitung

International hat sich durch die Einführung von DSM-III und DSM-III-R (5) das Konzept der Major Depressive Episodes durchgesetzt; auch in der ICD-10 (9) sind vergleichbare Konzepte enthalten. Die relativ gute Definition dieser Syndrome hat naturgemäß die Forschung nach komplementären unterschwelligen (non-major) Syndromen stimuliert. Zu diesen gehören im wesentlichen drei Formen, nämlich die Dysthymien, die kurzen und rezidivierenden kurzen Depressionen (RKD) und die milden Depressionen (Minor Depression) (1).

Die Dysthymien sind ein Überbleibsel des ehrwürdigen Konzepts der neurotischen Depression und relativ unscharf definiert durch eine im Vergleich zur Major Depression unterschwellige Zahl von depressiven Syndromen sowie relativ großer Chronizität, da die Symptomatik über mindestens die Hälfte der Zeit während zwei Jahren vorhanden sein muß. Verschiedene Untersuchungen haben ergeben, daß die meisten Probanden mit Dysthymien im Längsschnitt auch die diagnostischen Kriterien der Major Depressive Episodes erfüllen (2).

Es gibt aber auch Hinweise darauf, daß besonders im höheren Alter längergezogene depressive Syndrome in Form von Dysthymien gehäuft auftreten. Inwieweit es sich auch hier um Residualzustände abgelaufender Major Depression handelt ist offen, da prospektive Daten fehlen.

Die Untersuchungen aus Zürich (3) und aus Mainz (8) haben gezeigt, daß durch die beiden Diagnosen Major Depressive Episode und Dysthymie in der Praxis nur etwa die Hälfte der behandelten depressiven Fälle erfaßt werden. Es bleibt also ein weites ungeklärtes Feld für diagnostische Differenzierungen offen. Die Bemühungen um eine Vermehrung des operational definierten Anteils depressiver Störungen gingen in zwei Richtungen, nämlich in die Richtung der Definition rezidivierender kurzer Depressionen sowie milderer, sog. Minor Depression. Die diagnostische Schwelle wird im ersten Fall zeitlich herabgesetzt, in dem Episoden von kürzerer Dauer als zwei Wochen bei Präsenz der vollen Symptomatik diagnostiziert werden. Im zweiten Fall, der milden Minor Depression, wird eine niedrigere Symptomzahl, z. B. drei bis vier von neun DSM-III-R-Kriterien für eine Diagnose akzeptiert (Tabelle I).

In Zürich wurde das Konzept der rezidivierenden kurzen Depressionen geschaffen. Neben der vollen, wenn auch kurz dauernden depressiven Symptomatik macht vor allem deren Periodizität das Wesen der Störung aus. Immer wieder auftretende kurze krankhafte Episoden erhalten einen relativ hohen Krankheitswert und führen zum Hilfesuchen. Wir halten diese Krankheitsgruppe für valide und praxisrelevant.

Mildere depressive Störungen (Minor Depression) sind natürlich in der Bevölkerung sehr häufig vorhanden. Sie scheinen aber

Tabelle I. Diagnostische Kriterien für affektive Untergruppen.

	Major Depression DSM-III-R	Milde Depression ZH-Kriterien	Rezidivierende Depression ZH-Kriterien
Episodenlänge	lang ≥2 Wochen	lang ≥2 Wochen	kurz <2 Wochen
Häufigkeit			mind. monatlich
Depressive Stimmung	+	+	+
Anzahl Symptome DSM-III-R	≥5/9	3 oder 4/9	≥5/9
Subjektive Arbeitsbehinderung			nötig

nach unseren bisherigen Untersuchungen eher nur Vorstadien einer schweren depressiven Erkrankung zu bilden und keine eigenständige Verlaufsform zu sein.

Im gesamten halten wir alle diese depressiven Störformen für Varianten unterschiedlicher Ausprägung, Intensität und Zeit und halten an einem Spektrumkonzept depressiver Syndrome fest. Zu trennen davon sind nur die bipolaren Störungen.

Es werden im folgenden kurz einige Resultate der »Zürich-Studie« präsentiert, die diagnostisch auf DSM-III-R – Symptomkriterien für Major Depressive Disorders beruhen; mit den gleichen Symptomkriterien wurden rezidivierende kurze Depressionen und milde (minor) Depressionen definiert.

Es wurde eine hierarchische Klassifikation vorgenommen, um disjunkte Gruppen zu erhalten. Bipolare Störungen wurden den depressiven übergeordnet, die Major Depression den Dysthymien, diese den rezidivierenden kurzen Depressionen, letztere den milden Depressionen; es blieb schließlich die Gruppe der nicht näher spezifizierten (NNS) Syndrome. Im folgenden werden diese sechs Gruppen bezüglich verschiedenster Merkmale miteinander verglichen und die Ergebnisse kurz diskutiert. Die Diagnosen beruhen summativ auf einer Längsschnittanalyse über zehn Jahre und beziehen sich auf vier semistrukturierte Interviews mit dem SPIKE.

Die Zürcher Kohorten-Studie ist eine prospektive epidemiologische Studie über 292 Männer und 299 Frauen aus dem Kanton Zürich und begann mit einem ersten Interview im Alter von 20–21 Jahren. Die Stichprobe wurde aus einer repräsentativen Kohorte von 2201 19jährigen Männern und 2346 20jährigen Frauen ausgewählt, wobei Personen mit hohen Werten auf der 90-Item-Hopkins-Symptom-Checkliste (SCL-90-R) (6) überrepräsentiert wurden. Zwei Drittel der Stichprobe für die prospektive Studie bestand aus Probanden mit hohen Scores (über 85. Perzentil). Die übrigen Probanden wurden zufällig aus der Population unter der 85-Perzentil-Grenze auf der SCL-90-R ausgewählt. Bei den Probanden wurde ein semistrukturiertes persönliches Interview (SPIKE) durchgeführt, welches bis zum Alter von 29–30 viermal wiederholt wurde. Die Ausfallrate nach dem dritten Interview (sieben Jahre nach dem ersten) betrug 23% und nach neun Jahren 30%. Die Stichprobengröße betrug 457 beim dritten und 424 beim vierten Interview.

Resultate

Tabelle II zeigt die Lebenszeitprävalenzen depressiver Störungen getrennt nach Geschlecht sowie die Behandlungsprävalenzen bis zum 30. Altersjahr. Hypomanien und bipolare Störungen zusammen finden sich in 7,5% der Bevölkerung. Die höchste Lebenszeitprävalenz zeigt sich für Major Depression (12,3%), gefolgt von den rezi-

Tabelle II. Geschlechtsverhältnisse depressiver Untergruppen (disjunkte Klassen).

	Lebenszeitsprävalenzen (%)	Geschlechtsverhältnis f:m
Milde Depression	7,3	0,75
Rezidivierende kurze Depression	11,6	1,1
Major Depression	11,3	1,5
Major + Rezidivierende kurze Depression	4,9	3,5

Bipolare nicht ausgeschlossen.

divierenden kurzen Depressionen (10,3%) und den milden Depressionen. Das Geschlechtsverhältnis zeigt systematische Unterschiede im Sinne eines sehr starken Überwiegens der Frauen unter den schweren Depressionen, hingegen ein annähernd gleiches Geschlechtsverhältnis bei den übrigen Formen.

Über die gesamte Lebenszeit sind in den meisten Gruppen knapp 50% mindestens je einmal professionell ärztlich oder psychologisch wegen Depressionen behandelt worden, im Falle der milden Depressionen in einem Drittel der Fälle (Tabelle III).

Milde Depressive waren nie hospitalisiert. Hospitalisierungen erfolgten am häufigsten bei den bipolaren Störungen und beunruhigenderweise bei den nicht näher spezifizierten Zuständen. Der höchste Anteil von Probanden mit Suizidversuchen, begünstigt durch den Einschluß vieler komorbider Fälle, findet sich bei Major Depression (21,1%); die übrigen Gruppen zeigen etwas niedrigere, annähernd gleich hohe Raten um 11–14%, einzig die milden Depressionen unterscheiden sich nicht signifikant von den Kontrollen.

Unter den Verwandten ersten Grades sind

Tabelle III. Klinische Charakteristika.

	Kontrolle (n=262)	MDD[a] (n=74)	MDD Komb. (n=40)	RKD[b] (n=92)	MD[c] (n=28)	Dysthymie (n=9)	NNS[d] (n=24)	Bipolar + Hypomanie (n=62)
Geschlecht (n)								
Männer	150	27	9	42	15	6	10	33
Frauen	112	47	31	50	13	3	14	29
f:m	0,75	1,7	3,4	1,2	0,9	0,5	1,4	0,9
Lebenszeit-prävalenz (%)		8,4	3,9	10,3	7,0	1,1	4,1	7,5
Männer		6,9	1,5	8,9	6,8	1,3	3,2	5,8
Frauen		9,8	6,3	11,6	7,2	1,0	5,0	9,2
Folgen (%)								
behandelt		34	68	49	32	44	100	48
hospitalisiert		5,4	5,0	4,4		11,1	8,3	8,1
Suizidversuch	2,7	16,2	30,0	13,0	3,6	11,1	12,5	14,5
Familie 1. Grades (%)								
Depression	34	60	65	61	58	67	47	49
Dep. behandelt	11,7	23,8	16,2	20,8	16,7	33,3	15,8	17,5
Hypomanie	5,9	12,7	5,4	10,4	8,3	11,1	0,0	22,5

[a] Major Depressive Disorder; [b] rezidivierende kurze Depression; [c] milde Depression; [d] nicht näher spezifizierte Syndrome.

vor allem die Behandelten von Bedeutung. In allen Krankheitsgruppen findet sich eine annähernd doppelt so häufige Rate von Behandelten im Vergleich zu den Kontrollen, was auf eine gewisse Homogenität hinweist. Familiär ist einzig bei der bipolaren Gruppe die Hypomanie stark gehäuft. Diese ist aber operational bei Verwandten nicht näher definiert; es handelt sich also um weiche Daten.

Unsere früheren Untersuchungen haben gezeigt, daß die Komorbidität zum Beispiel von Major Depression mit rezidivierenden kurzen Depressionen oder mit Dysthymien von großer klinischer Bedeutung ist. Es ist sehr zweckmäßig, diese Doppeldiagnosen im Längsschnitt zu stellen, da sie einen höheren Schweregrad, höhere Behandlungsraten und höhere Suizidversuchsraten vorhersagen. Tabelle IV gibt vereinfacht einen Vergleich von reinen mit komorbiden Fällen von Major Depression.

Tabelle IV. Reine Major Depression und Major Depression mit Komorbidität. Ein Vergleich.

	Reine MDD	Komorbide MDD
Anzahl (n)	74	40
Verhältnis f:m	1,7	3,4
Behandelt (%)	34	68
Hospitalisiert (%)	5,4	5,0
Suizidversuche (%)	16	30

Komorbidität

Die Komorbidität Depressiver mit anderen psychiatrischen Syndromen ist in Tabelle V dargestellt.

Tabelle V. Komorbidität (in %).

	Kontrolle (n=262)	MDD reine (n=74)	MDD komb. (n=40)	RKD (n=92)	MD (n=28)	Dysthymie (n=9)	NNS (n=24)	Bipolar (n=62)
Panik DSM-III	1,5	5,4	20,0	14,1		33,3		11,3
Generalisierte Angst	2,3	9,4	8,1	2,5		11,1	5,0	14,0
Recurrent Brief Anxiety	1,2	4,7	27,0	24,1		11,1	10,0	12,3
Agoraphobie	4,2	12,2	12,5	7,6	7,1	22,2	12,5	8,1
Soziale Phobie	2,3	13,5	20,0	12,0	10,7	33,3	4,2	6,5
Simple Phobie	9,2	31,3	13,5	12,7		44,4	30,0	12,3
Alkoholismus	2,3	4,7	13,5	2,6	4,2	11,1		8,8
Cannabis wöchentlich	7,3	20,3	12,5	14,1	10,7	11,1	12,5	29,0
Substanzabusus	12,2	27,0	30,0	25,0	14,3	22,2	16,7	37,1
Neurasthenie	12,2	45,6	50,0	42,4	17,9	55,6	25,0	40,3
Insomnie	40,5	75,7	72,5	65,2	57,1	66,7	66,7	82,3
Menstruations-beschwerden (f)	37,5	61,7	64,5	56,0	38,5	66,7	50,0	48,3
Migräne	22,5	34,0	35,5	27,0	26,3	42,9	31,3	22,9
Spannungskopf-schmerzen	17,6	9,4	12,9	14,3	10,5	14,3	43,8	20,8
Andere Kopfschmerzen	14,8	17,0	22,6	12,7	15,8	14,3		14,6

Die Gruppe der Dysthymien kann aufgrund des geringen Umfangs (n = 9) nicht interpretiert werden. Die bipolaren Störungen zeigen die höchste Rate von generalisierten Angsterkrankungen und Insomnie, vor allem aber die höchsten Raten für Substanzabusus, Alkoholismus, wöchentlichen Cannabiskonsum und »Abusus allgemein« einschließlich anderer mindestens wöchentlich eingenommener psychotroper Stoffe, zum Beispiel Tranquilizer oder Analgetika. Ein Drittel der bipolaren Fälle weist einen Substanzabusus auf, im Vergleich zu 1/8 bei den Kontrollen. Unter den 62 bipolaren Fällen figurieren 25 Hypomanien, welche nicht die diagnostischen Kriterien für eine Depression im Längsschnitt erfüllen.

Die Gruppe der Major Depression sticht im Vergleich zu den übrigen Gruppen durch hohe Raten von Phobien (Agoraphobie, soziale Phobie und simple Phobie) heraus, ferner durch neurasthenische Beschwerden, Alkoholismus, Menstruationsbeschwerden, Migräne. Bei den rezidivierenden kurzen Depressionen finden sich vor allem Panikerkrankungen und kurze Attacken von rezidivierenden Angstzuständen gehäuft. Im Vergleich zu den Kontrollen weicht diese Gruppe aber auch noch in vielen anderen Belangen signifikant ab. Die milden Depressionen zeigen auffallend wenige Beziehungen zu anderen Störungen, einzig die sozialen Phobien sind etwas gehäuft. Aus dieser Sicht handelt es sich bei den milden Depressionen um eine klinisch relativ wenig relevante Gruppe.

Die Restgruppe der nicht näher spezifizierten depressiven Syndrome ist durch gehäuftes Auftreten von Agoraphobien, einfachen Phobien sowie erstaunlicherweise von Spannungskopfschmerzen charakterisiert. Die klinische Relevanz dieser Gruppe ist durch die Tatsache der Behandlung und der Hospitalisierungsrate gegeben und bedarf sicher weiterer diagnostischer Analysen.

Longitudinaler Verlauf

In der »Zürich-Studie« können wir den Diagnosewechsel über fünf bis sieben Jahre vom 20.–22., bis zum 28.–30. Altersjahr verfolgen. Dabei erweist sich die milde Depression als ein unstabiles Krankheitskonzept; kein einziger der 28 Fälle erhielt später wieder dieselbe Diagnose. Die Mehrzahl heilte ab, die übrigen entwickelten sich zu Major Depression oder Recurrent Brief Depression.

Unter den rezidivierenden kurzen Depressionen heilte ein Teil erwartungsgemäß ab; 29% blieben diagnostisch stabil und 19% entwickelten sich zu Major Depressions. Der Wechsel dieser Diagnose ist nicht häufiger als der umgekehrte von der Major Depression zur Recurrent Brief Depression (15%). Die diagnostische Stabilität von rezidivierenden kurzen Depressionen (29%) entspricht annähernd derjenigen der Major Depression (37%).

Zusammenfassung

Neben den bipolaren Erkrankungen, den Major Depressions und den Dysthymien lassen sich vor allem rezidivierende kurze Depressionen als valide Gruppe herausschälen. Die Validität wurde in Form folgender Kriterien nachgewiesen: Symptome, soziale Folgen, subjektives Leiden, familiäre Häufung von Depressionen und durch Verlaufsuntersuchung (4). Vergleichsweise erscheint das Konzept der milden Depressionen von geringerer klinischer Bedeutung. Die Entwicklung der operationalen Diagnostik im Bereich der Non-Major-Depression ist noch in vollem Gange. Die Bestrebungen z. B. von *Montgomery* (mündliche Mitteilung 1992) gehen dahin, rezidivierende kurze Depressionen durch Herabsetzung des Zeitkriteriums weiter zu definieren und u. a. auf die subjektive Störung der Arbeitsfähigkeit als diagnostisches Kriterium im Falle von Behandlungs-

fällen zu verzichten. Die diagnostischen Arbeiten einer Gruppe aus Mainz (7) gehen ebenfalls in Richtung auf eine Definition kurzer Depressionen, wobei, wie im Konzept der rezidivierenden kurzen Depressionen, die diagnostische Schwelle bezüglich Symptomatik hochgehalten, auf das zeitliche Kriterium aber verzichtet wird. Methodisch gibt es viele ungelöste Probleme, die weitere Studien erfordern; zum Beispiel ist die Frage ungeklärt, ob es bei rezidivierenden kurzen Depressionen genügt, wenn eine Phase den vollen diagnostischen Kriterien entspricht, oder ob gefordert werden muß, daß die Mehrheit oder alle Phasen das volle Symptomenbild aufweisen. Wir haben uns in Zürich mit mindestens einer vollen Phase begnügt.
Eine weitere offene Frage ist bei kurzen Depressionen deren Periodizität. Wie häufig müssen sie vorkommen, um klinisch relevant und valide zu sein? Diese Frage ist noch offen; die bisherige Definition von mindestens 12 Episoden über die vergangenen 12 Monate ist selbstverständlich nur ein Schätzwert, beruht auf relativ unzuverlässigen Angaben der Probanden und schließt naturgemäß eine relativ große Irrtumswahrscheinlichkeit mit ein. Es erscheint uns aber zweifelhaft, ob einmalige, kürzer als zwei Wochen dauernde depressive Syndrome großen Krankheitswert haben.
Im gesamten zeigt die Entwicklung, daß die Aufrechterhaltung der üblichen Symptomschwelle, das heißt die Präsenz von fünf von neun Symptomen, für die Definition einer klinisch relevanten Depression von großer Bedeutung ist. Diskutabel bleiben die Dauer und die Häufigkeit solcher Manifestationen als diagnostische Kriterien. Besonders störend und unklar bleibt die Gruppe der nicht näher spezifizierten Depressiven; sie bedarf besonderer prospektiver Studien.

Projekt Nr. 32-33580.92 des Schweizerischen Nationalfonds.

Literatur

1 Angst J (1993) Minor depression and recurrent brief depression. In: Akiskal HS, Cassano GB (eds) Chronic depressions and their treatment. Guilford Press, New York, in press
2 Angst J, Wicki W (1991) The Zurich Study. XI. Is Dysthymia a Separate Form of Depression? Results of the Zurich Cohort Study. Eur Arch Psychiat Clin Neurosci 240: 349–354
3 Angst J (1990) Recurrent Brief Depression. A New Concept of Depression. Pharmacopsychiatry 23 (2): 63–66
4 Angst J, Merikangas K, Scheidegger P, Wicki W (1990) Recurrent brief depression: a new subtype of affective disorders. J Affective Disord 19: 87–98
5 American Psychiatric Association (1987) Diagnostic and Statistical Manual of Mental Disorders. APA, Washington DC
6 Derogatis LR (1977) Administration, scoring, and procedures. Manual for the R (revised) version and other instruments of the Psychopathology Rating Scale Series. Johns Hopkins Univ Sch Med, Baltimore
7 Philipp M, Buller R, Delmo CD, Maier W, Schwarze H, Winter P, Benkert O (1992) Differentiation between Major and Minor Depression. Psychopharmacology 106: 75
8 Winter P, Philipp M, Buller R, Delmo CD, Schwarze H, Benkert O (1991) Identification of minor affective disorders and implications for psychopharmacotherapy. J Affective Disord 22: 125–133
9 World Health Organization (1992) The ICD-10 Classification of Mental and Behavioural Disorders. WHO, Geneva

Epidemiologie und ihre Rolle für die Planung der psychiatrischen Versorgung

H. Dilling
Klinik für Psychiatrie, Medizinische Universität zu Lübeck

Die Gestaltung eines effektiven psychiatrischen Versorgungssystems setzt neben der Einschätzung erwarteter Veränderungen die Analyse der in einer zu versorgenden Bevölkerung Behandlungsbedürftigen voraus (16). Um eine Planung der psychiatrischen Versorgung zu realisieren, müssen somit Informationen über die Epidemiologie psychischer Störungen vorliegen. Die Bedarfsermittlung kann auf verschiedenen Ebenen erfolgen. Auf einer institutionellen, spezialisierten Ebene können psychiatrische Einrichtungen untersucht werden, z. B. mit der Fragestellung, ob ausreichende Kapazität vorgehalten wird oder ob Fehlplazierungen festzustellen sind, mithin, ob eine Umstrukturierung des Versorgungssystems erforderlich ist. Eine weitere, mehr generelle Ebene kann in der Untersuchung von Institutionen gesehen werden, die als Primärversorgung von der gesamten Bevölkerung weitgehend repräsentativ beansprucht werden, wie die Praxen von Allgemeinärzten oder Internisten. Hier kann der Anteil von Patienten mit psychischen Störungen ermittelt werden, und es kann die Frage analysiert werden, ob der dort vorhandene Behandlungsbedarf ausreichend abgedeckt wird. Schließlich können auf einer dritten Ebene direkt in der Bevölkerung epidemiologische Feldstudien durchgeführt werden, die dann erlauben, das Bedürfnis nach Behandlung, den bereits erfüllten Bedarf und den Fehlbedarf in einer Population einzuschätzen (18). Der Frage, ob der in den einleitenden Sätzen geforderte Zusammenhang zwischen epidemiologischen Erhebungen und Versorgungsplanung Wunschdenken oder Realität ist, soll in dieser Arbeit nachgegangen werden.

Anlaß der in diesem Band publizierten Arbeiten war ein *Detlev von Zerssen* gewidmetes Symposium; so sollte dieses auf dem entsprechenden Referat basierende Kapitel auch einigen Bezug zur Arbeit von *von Zerssen* haben. Ich werde daher auf die Entwicklung der Versorgungsplanung in Bayern und der Bundesrepublik, auf unsere damit parallel laufenden epidemiologischen Studien und schließlich auch auf gegenwärtig noch bestehende Probleme der epidemiologischen Forschung eingehen.

1966, also vor mehr als 25 Jahren, wurden *von Zerssen* und ich als sein Mitarbeiter in die Planungskommission der Bayerischen Bezirkstagspräsidenten berufen. Diese Kommission sollte eigentlich die Voraussetzungen für eines oder mehrere neue psychiatrische Krankenhäuser in Bayern schaffen, die damals nur in Form von großen Bezirkskrankenhäusern denkbar waren, in einer Zeit, in der in der Bundesrepublik weder epidemiologische Studien noch Grundsätze einer psychiatrischen Versorgungsplanung existierten. *Von Zerssen* hatte Kenntnis von einigen ausländischen Planungen, er hatte sich theoretisch mit modernen Gedanken zu psychiatrischen Versorgungsproblemen beschäftigt und war besonders beeindruckt gewesen von einer Tagung, die in Liestal in der Schweiz stattgefunden hatte, und auf der die Grundsätze gemeindenaher Versorgung expliziert wurden. *Von Zerssen* stellte seine Arbeit in der Kommission von Anfang an unter die Devise, daß diese Kommission kein neues Landeskrankenhaus planen dürfte, sondern daß aufgrund von Ist-Erhebungen bezüglich der bayerischen stationären Versorgung mit psychiatrischen Betten ein neuer Plan zu erstellen sei, der gemeindenähere Akzente zu setzen hatte (27). Auf Veranlassung von *von Zerssen* besuchte ich zunächst die elf damaligen Bezirkskrankenhäuser und die psychiatrischen Kliniken einschließlich der Würzburger Universitätsklinik mit dem Ziel, zusammenfassende Statistiken und Berichte wie auch persönliche Eindrücke und Bewertungen der stationären Einrichtungen zu sammeln (Abbildung 1). Wir unterschieden Erwachsenen- und Kinderpsychiatrie, Krankenhaus- (1,6‰) und Heimbetten (1,6‰) und versuchten, durch eine Umfrage Fehlplazierungen auszumachen. Insbesondere die Abgrenzung und Größenschätzung des Heimsektors war schwierig, da der Anteil psychisch Kranker unter den Pflegefällen kaum abgrenzbar war. – 1971 führten *Kunze und Kunze-Turmann* (20) in den von mir besuchten Krankenhäusern eine ausgiebige Qualitätsbeurteilung durch, indem sie zahlreiche operationalisierte Merkmale der Krankenhäuser und der einzelnen Stationen miteinander verglichen.

Parallel zu meiner Erhebungstätigkeit in Bayern hatte ich ebenfalls auf Veranlassung von *von Zerssen* Reisen nach England, Holland und Skandinavien unternommen und einige Anschauung über die zeitgemäße

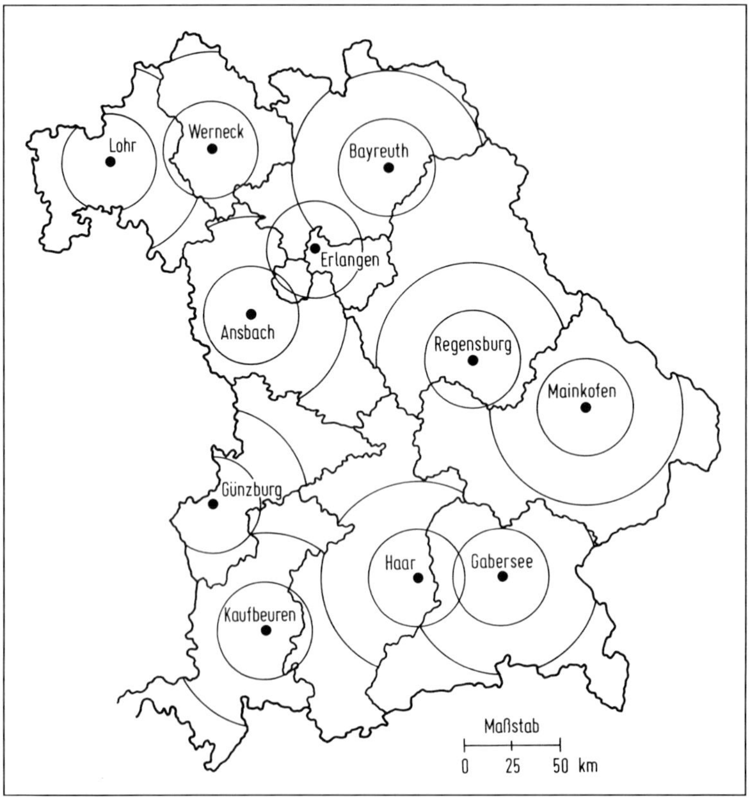

Abbildung 1. Bayerische Bezirksnervenkrankenhäuser 1966 und ihre Einzugsbereiche; die jeweiligen Entfernungskreise entsprechen 25 und 50 km.

Versorgungswirklichkeit gewonnen. Das Ergebnis dieser Überlegungen und Erfahrungen floß in unsere redaktionelle Arbeit am Bericht der Planungskomission der Arbeitsgemeinschaft der Bayerischen Bezirkstagspräsidenten ein (1). In dieser 1971 erschienen Denkschrift wurden alle erwähnten Versorgungsfakten dargestellt. Entscheidender Fortschritt war, daß die Kommission einen denkbaren, wenngleich zunächst utopisch erscheinenden Plan akzeptiert hatte, der eine Anzahl von gemeindenah gelegenen psychiatrischen Abteilungen im Allgemeinen Krankenhaus vorsah (Abbildung 2). Mehrere der von uns vorgeschlagenen Abteilungen sind heute verwirklicht, so Ingolstadt, Augsburg und Landshut. Anstelle der bisherigen elf Einzugsbereiche wurden für die Zukunft 30–35 Versorgungssektoren vorgesehen. Zum damaligen Zeitpunkt allerdings bestand zunächst kaum Aussicht auf Realisierung der Pläne, sondern in den Augen mancher Kommissionsmitglieder und Politiker der Bezirke hatten die Planungen der Denkschrift durchaus zunächst nur die Funktion, »den Nachgeborenen zu zeigen, daß man sich ernsthaft planerische Gedanken gemacht habe«.

1969 veranstaltete das Europäische Büro der WHO in Kopenhagen, damals als Initiative von *Dr. Anthony May,* eine Arbeitstagung in Lindau, auf der Erhebungen zur ambulanten Versorgung in Gang gesetzt wurden. Ich nahm als Vertreter von *von Zerssen* an diesen Sitzungen teil. Während die meisten Teilnehmer der Arbeitsgruppe in ihren Ländern, so in England, den Niederlanden, Schweden und Bulgarien, im Rahmen dieser Untersuchung nur relativ

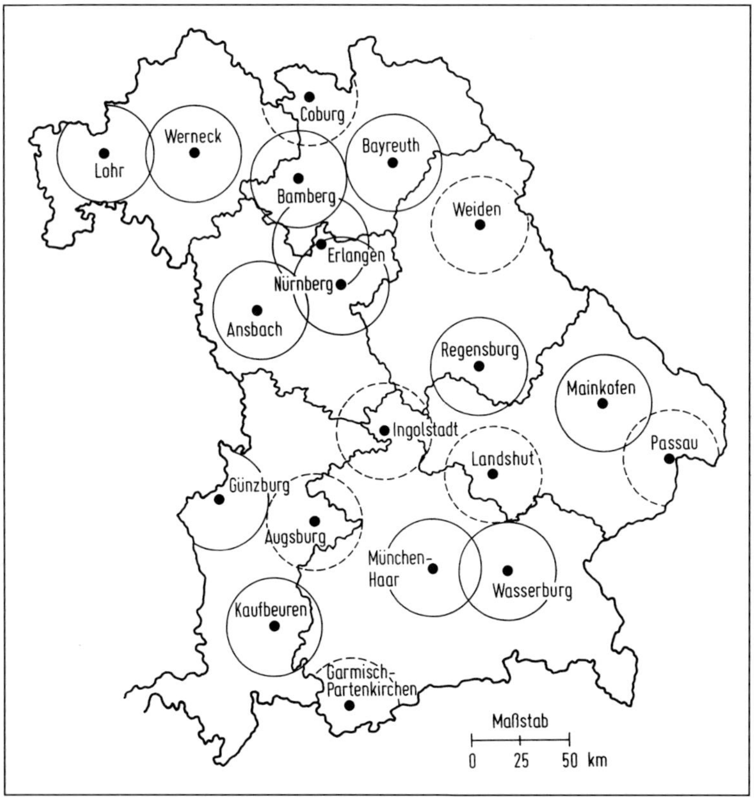

Abbildung 2. Bayerische Bezirksnervenkrankenhäuser sowie die psychiatrischen Kliniken Nürnberg und Bamberg; die gestrichelten Kreise verweisen auf erforderliche psychiatrische Abteilungen in Coburg, Weiden, Ingolstadt, Landshut, Augsburg, Passau und Garmisch.

kleine, begrenzte Erhebungen durchführten, konnten wir mit Hilfe einer großzügigen und unbürokratischen Zuwendung durch das Bundesgesundheitsministerium, wodurch die Honorierung studentischer Hilfskräfte und von Helferinnen in Arztpraxen ermöglicht wurde, eine größere administrativ-epidemiologische Studie durchführen. Wir untersuchten damals ein halbes Jahr lang die Praxen aller Nervenärzte in den Landkreisen Rosenheim, Berchtesgaden und Traunstein; nur ein niedergelassener Nervenarzt verweigerte die Mitarbeit (Abbildung 3) (6). Nachdem wir auch die Nervensprechtage der Gesundheitsämter und die stationäre psychiatrische Versorgung einbezogen hatten, konnten wir eine große Anzahl von epidemiologischen Kennwerten bestimmen, so auch die administrative Prävalenz und Inzidenz für die Wohnbevölkerung von etwa 450000 Einwohnern (Abbildung 4) (7). Wir untersuchten beispielsweise Entfernungsgradienten der Behandlung psychisch Kranker: So konnten wir die Einzugsbereiche der nervenärztlichen Praxen und des psychiatrischen Krankenhauses beschreiben (Abbildung 5). Es stellte sich heraus, daß ältere Personen im Vergleich zu Kindern und Jugendlichen über signifikant geringere Entfernungen zum Nervenarzt kamen (Abbildung 6). Besonders die Anzahl der Wiederkonsultationen älterer Menschen ist bei größeren Entfernungen zum Nervenarzt gering. Auch die Inanspruchnahme psychiatrischer Institutionen durch Patienten

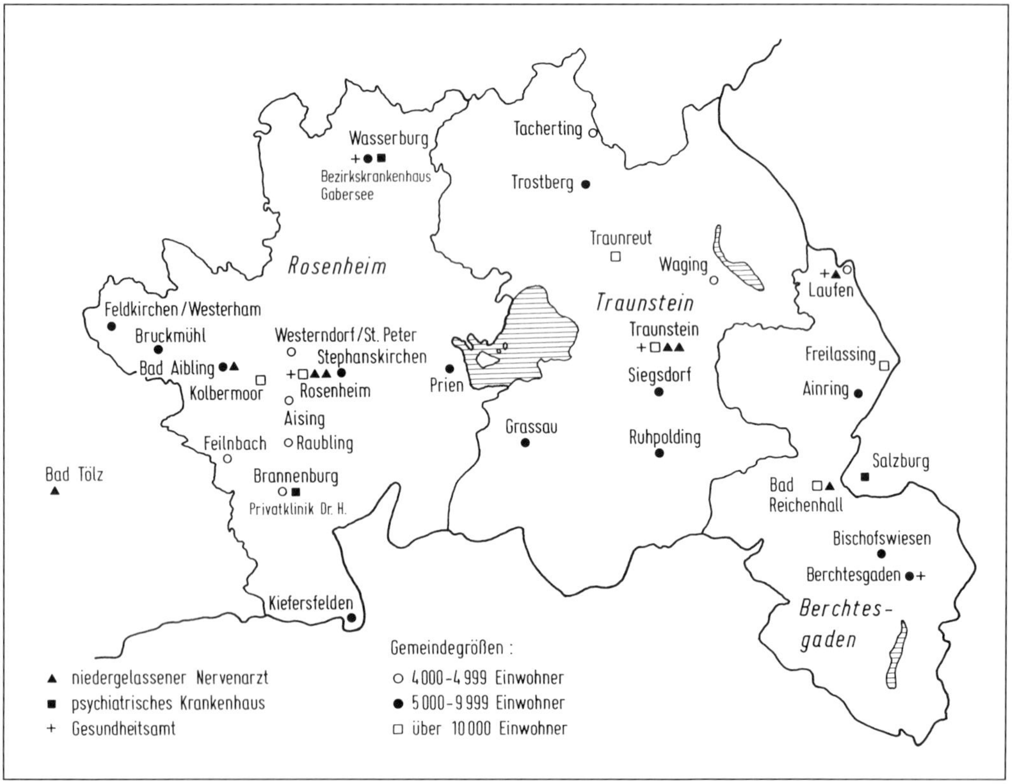

Abbildung 3. Untersuchungsgebiet der administrativen psychiatrischen Erhebung 1971 in den drei Landkreisen Rosenheim, Traunstein und Berchtesgaden.

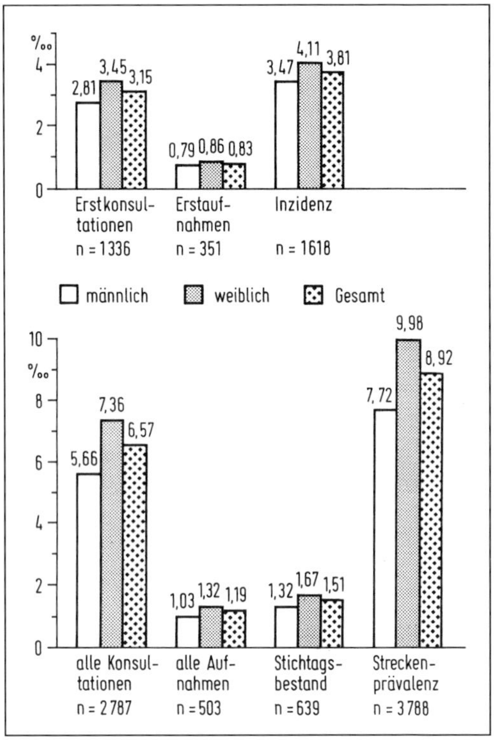

Abbildung 4. Administrative, psychiatrische Halbjahresprävalenz 1971 einer Bevölkerung von 424000 Einwohnern.

aus Orten unterschiedlicher Größe wurde analysiert; es zeigte sich, daß weniger die Ortsgröße als die Affinität zu den einzelnen Nervenärzten die Inanspruchnahme bestimmte, so daß schließlich auch die Hausarztfunktion der Nervenärzte erörtert werden mußte. Unsere, alle damaligen psychiatrischen Versorgungsformen umfassende administrative Erhebung erlaubte uns auch Analysen über den Zusammenhang zwischen stationärer und ambulanter Behandlung. Nur relativ wenige der stationär entlassenen Patienten, vor allem auch derjenigen mit schizophrenen Psychosen, wurden ambulant nervenärztlich weiterbehandelt. Auch vor der stationären Aufnahme hatten niedergelassene Nervenärzte nur in wenigen Fällen die jeweiligen Patienten betreut und ins Krankenhaus eingewiesen. Bei der Erhebung in den bayerischen Nervenkrankenhäusern, noch mehr aber im Zusammenhang mit der eben erwähnten Studie in drei Landkreisen wurde deutlich, daß auch bei Kenntnis präziser administrativ-epidemiologischer Daten die Entscheidung über Anerkennung eines aufgetretenen Bedürfnisses als Bedarf eine Frage des Ermessens ist. Die Entscheidung für eine bestimmte Art von Therapie oder Versorgung basiert also in erster Linie auf der Forderung nach einem qualifizierten Versorgungsniveau, mithin auf der Überzeugung, daß das vorgeschlagene System besser ist als ein anderes, da es dem Patienten zu mehr Lebensqualität verhilft (28). Weitere wesentliche, diese Entscheidung beeinflussende Faktoren sind ökonomische und psychiatrieunabhängige politische und gesellschaftliche Einflüsse. Erst nach einer solchen Entscheidung können die epidemiologischen Daten herangezogen und bewertet werden. Wie unterschiedlich auch epidemiologisch die psychiatrische Falldefinition eingeschätzt werden kann, erweist die Erinnerung an Prävalenzziffern aus dem 19. Jahrhundert mit 3‰ Behandlungsbedürftiger nach *Esquirol* (12) oder *Eschenburg* (11); demgegenüber fand *Brugger* (2) in den 20er und 30er Jahren dieses Jahrhunderts bereits 3% in der Bevölkerung, und in unserer Feldstudie, 50 Jahre später, lagen wir mit der von uns festgestellten Jahresprävalenz erneut um fast eine Zehnerpotenz höher.

Im Sinne dieser Überlegungen stand vor der eigentlichen Erhebungs- und Planungsarbeit der Enquête-Kommission, die ihre Arbeiten auf Veranlassung des Bundestages 1971 aufnahm, und der *von Zerssen* und ich dann auch angehörten, zunächst die Entscheidung, daß gemeindenahe Psychiatrie gefördert werden sollte, daß ambulante vor stationärer Behandlung rangieren soll und schließlich die Psychiatrie mit der übrigen Medizin gleichgestellt sein muß, soweit wie möglich in das medizinische Versorgungs-

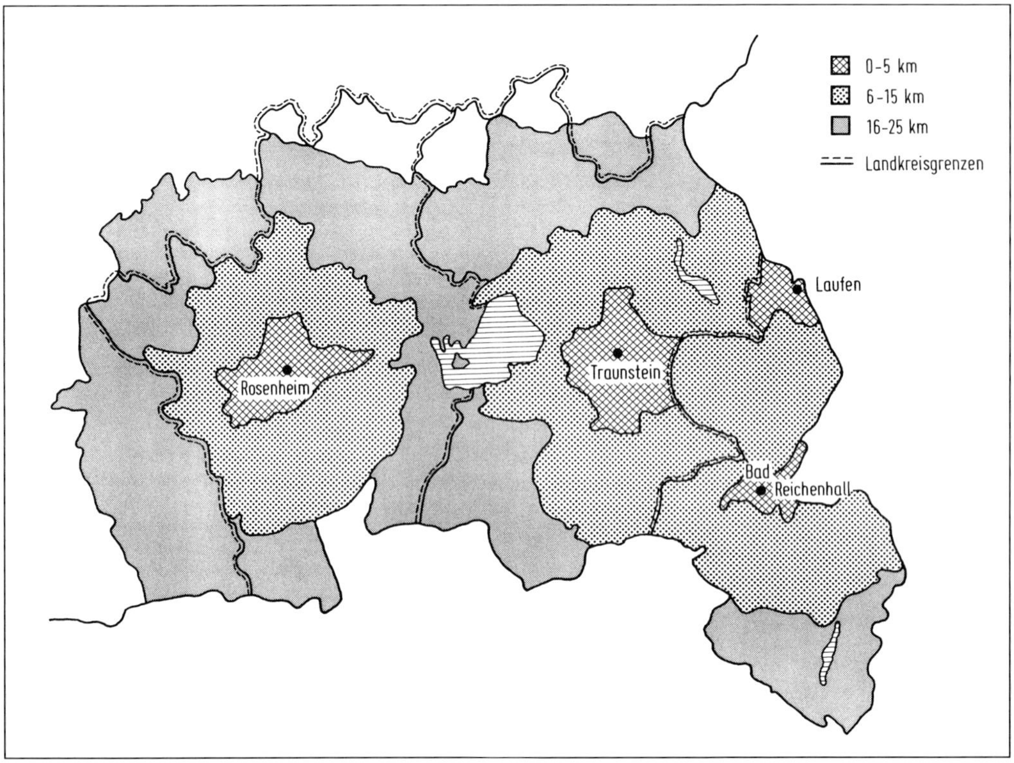

Abbildung 5. Einzugsbereiche von niedergelassenen Nervenärzten in den Landkreisen Rosenheim, Traunstein und Berchtesgaden. Stand 1971.

system integriert (5). Aufgrund qualitativer Überlegungen, die auf der Bewertung unterschiedlicher Versorgungsmodi beruhen, waren somit Entscheidungen getroffen, die als Grundprinzipien die Planungsarbeit bestimmten. Daß im Verlauf der Kommissionsarbeit häufig Partikularinteressen einzelner oder von Gruppen Abweichungen von den genannten Grundprinzipien bewirkten, ist zu erwartendes Ergebnis solcher Arbeit.

Ist-Erhebungen, wie die von den Enquête-Mitgliedern durchgeführte am Stichtag 1973, oder Ergebnisse epidemiologischer Studien, wie sie etwa im Rahmen des Sonderforschungsbereichs 116 der DFG in einer Reihe von Projekten erhoben wurden, aber auch Übersichten zu speziellen Fragen wie zu unterschiedlichen Raten psychisch Kranker bezogen auf das Geschlecht (29) oder Verlaufsstudien unter Berücksichtigung des Inanspruchnahmeverhaltens (25) sind hilfreich, um Planungsentscheidungen zu stützen, aber die Wahl der Art des Versorgungssystems ist die primäre Entscheidung. Ist das entsprechende Versorgungssystem dann etabliert, stellt die Epidemiologie wiederum die erforderlichen Möglichkeiten zur Evaluation. So haben *Strömgren* (21, 22) und *Wing* (24) den Zusammenhang zwischen Planung und Evaluation in einer Reihe von Feedback-Schritten beschrieben und an den Versorgungssystemen von Dänemark und England verdeutlicht.

An die administrative Übersicht über die Behandlungsprävalenz und -inzidenz, die aus der Zusammenarbeit mit *von Zerssen*

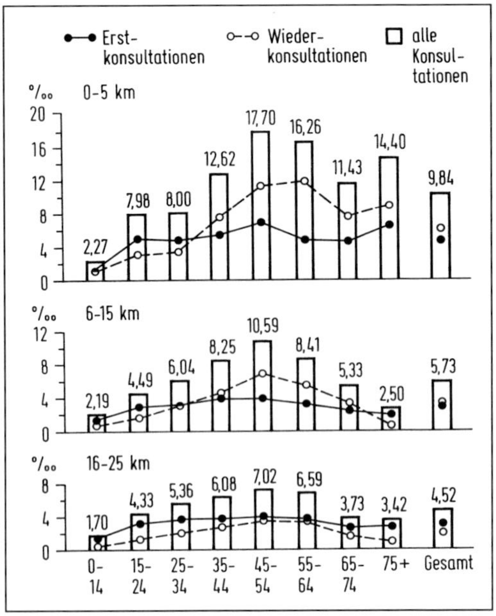

Abbildung 6. Konsultationen bei Nervenärzten in den Landkreisen Rosenheim, Traunstein und Berchtesgaden 1971 bezogen auf Entfernung und Alter.

am Max-Planck-Institut für Psychiatrie entstanden war, schlossen sich nach meinem Wechsel in die Psychiatrische Klinik der Universität München eine Reihe von Studien in demselben Untersuchunsgebiet an, die vor allem gemeinsam mit *Weyerer* entstanden. So untersuchten wir im Rahmen des Sonderforschungsbereichs 116, parallel zu *Zintl-Wiegand* et al. in Mannheim (30), im ländlich kleinstädtischen Gebiet Traunstein die Häufigkeit psychischer Störungen in der primärärztlichen Versorgung (23). In den 18 Allgemeinpraxen, in denen wir 1274 Patienten psychiatrisch mit dem klinischen Interview nach *Goldberg* (14) untersuchten, stellte sich heraus, daß jeder dritte bis vierte aktuell in Behandlung befindliche Patient unter psychischen Störungen leidet.

Aus dieser Studie ergab sich dann fast die Notwendigkeit, noch eine Stufe weiter zu gehen und die wahre Prävalenz psychischer Störungen in der Bevölkerung zu bestimmen. Als Untersuchungsgebiet wählten wir den Landkreis Traunstein und konzentrierten uns auf die Orte Traunstein, Traunreut und Palling mit zusammen einer Bevölkerung von etwa 30000 Einwohnern, von denen wir gemeinsam mit einer kinderpsychiatrischen Arbeitsgruppe unter *Castell* ungefähr 5% untersuchten (9). Auf der Symptomebene verwendeten wir neben dem Goldberg-Interview die Beschwerdeliste nach *von Zerssen* (26). Die Punktprävalenz, definiert als Rate behandlungsbedürftiger psychischer Störungen in den letzten acht Tagen, betrug knapp ein Fünftel (18,6%) der Bevölkerung über 15 Jahren (Tabelle I). Die Jahresprävalenz lag bei etwa einem Viertel der Untersuchten. In guter Übereinstimmung zu den von *Goldberg* in England durchgeführten Studien konnten wir feststellen, daß etwa 20% der von uns untersuchten und in den Allgemeinpraxen behandelten Patienten unter behandlungsbedürftigen psychischen Störungen litten (Abbildung 7) (15). Da ein hoher Prozentsatz aller Patienten, etwa 82%, in der von uns untersuchten ländlich-kleinstädtischen Region in einer Allgemeinpraxis behandelt wird, war die in der Bevölkerung vorhandene unerkannte und nicht vom Allgemeinarzt behandelte Morbidität geringer als anfänglich vermutet. Entscheidend aber ist die Erkennung der psychisch gestörten Patienten durch den Allgemeinarzt, dann erst die Behandlung bzw. Weiterüberweisung!

Anhand unserer Ergebnisse ermittelten wir auch die Zahl der durch Nervenärzte Behandelten, wie auch der zu Betreuenden. In einer größeren Anzahl von Fallregisterstudien und Prävalenzuntersuchungen hatte man in den Vereinigten Staaten und in Europa in unterschiedlichen Regionen, so auch in unserem eigenen Untersuchungsgebiet, eine ambulante administrative psychiatrische Prävalenz von 2% ermittelt. Unsere damaligen Werte des nervenärztlichen Behandlungsbedarfs lagen dagegen eindeutig höher, bei 6%, so daß ein theoretischer Fehlbedarf von etwa 4% festgestellt wer-

Tabelle I. Prävalenz psychischer Störungen in drei Untersuchungsorten des Landkreises Traunstein: Feldstudie 1975–1978.

Psychiatrische Diagnose (letzte 7 Tage)	Untersuchungsort			
	Palling	Traunstein	Traunreut	Gesamt
Keine	58,3	55,9	62,6	59,1
Schweregrad 1	24,4	26,4	17,3	22,3
Schweregrad 2	13,2	14,8	16,5	15,2
Schweregrad 3	3,4	2,9	3,1	3,1
Schweregrad 4	0,7		0,5	0,3
Gesamt (n = 100%)	295	621	620	1536

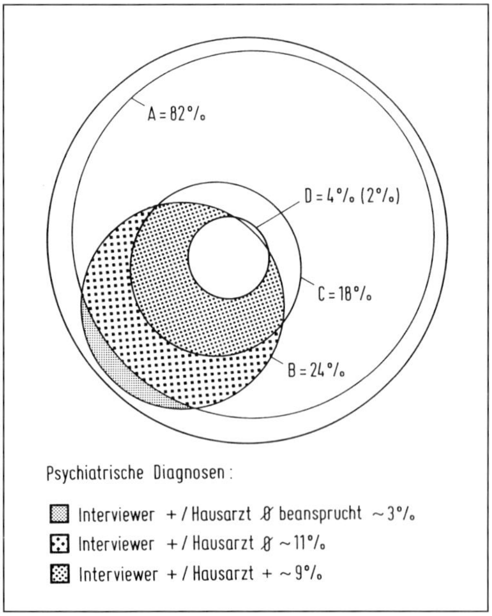

Abbildung 7. Patienten mit behandlungsbedürftigen psychischen Störungen und ihre hausärztliche Versorgung, bezogen auf eine die betreffende ländlich-kleinstädtische Wohnbevölkerung repräsentierende Zahl von Interviewten. Feldstudie 1975–1978 (n = 1536 untersuchte Probanden; n = 1231 im Vergleich Hausarzt/psychiatrische Interviewer). Äußerer Kreis = sämtliche interviewten Probanden; A = Anteil von Probanden mit Hausarztkontakt im letzten Jahr; B = Anteil von Probanden mit psychischen Störungen im letzten Jahr laut Interviewer; C = Anteil von Probanden mit psychischen Störungen laut Hausarzturteil; D = psychiatrische Überweisungsbedürftigkeit laut Hausarzt (tatsächliche Inanspruchnahme im letzten Jahr).

den mußte. Vom Fehlbedarf ist allerdings eine Gruppe von Kranken zu subtrahieren, die trotz psychiatrischer Behandlungsbedürftigkeit nicht zu motivieren sind, die erforderliche psychiatrische Behandlung zu akzeptieren.

Waren wir aufgrund unserer epidemiologischen Ergebnisse in der administrativen Studie in den Nervenarztpraxen insbesondere aufgrund der Überlegungen für eine wünschenswerte, auch psychotherapeutische Gespräche berücksichtigende Versorgung zu einer Empfehlung von 1:50000 (also von einem Nervenarzt auf 50000 Einwohner der Bevölkerung) gekommen, die sich dann ja auch in den Empfehlungen der Enquete niederschlug, so lautete die neue Empfehlung aufgrund der Feldstudie, daß die Versorgung durch Nervenärzte nach bisheriger Einschätzung nicht ausreichen würde, und wir kamen auf 1:25000 als wünschenswerte Planzahl. Inzwischen hat in den Ballungsgebieten die Zahl der niedergelassenen Nervenärzte auch diese Empfehlung weit hinter sich gelassen, und beispielsweise in der Lübecker Region beträgt die Zahl jetzt etwa 1:10000, in München liegt diese Zahl bei noch höherer Nervenarztdichte entsprechend niedriger (10). Es zeichnen sich somit gegenwärtig Probleme der Überversorgung ab!

In der diagnostischen Aufschlüsselung der von uns festgestellten Prävalenz von 18,6%, bezogen auf die Bevölkerung über 15 Jahren, stehen als Erstdiagnosen die neurotischen und psychosomatischen Erkrankungen mit 11,3% an der Spitze, gefolgt von den Abhängigkeitserkrankungen – im Untersuchungsgebiet fast nur Alkoholismus – mit 1,8%, von uns möglicherweise unterschätzt, wie sich aus den Diagnosen der Hausärzte und der Folgeuntersuchung von *Fichter* ergab (13). In Reihenfolge der Häufigkeit schließen sich an: die (prä)senile Demenz mit 1,4%, affektive Psychosen mit 1,3%, Oligophrenie mit 1%, Persönlichkeitsstörungen mit 0,7%, organische psychiatrische Erkrankungen mit 0,6%, Schizophrenie mit 0,4%.

Neben dem Fehlbedarf, der sich vor allem auch auf die Fälle bezieht, die in unserer Skala einen Schweregrad 3 und 4, also fachärztliche bzw. stationäre psychiatrische Behandlungsbedürftigkeit aufwiesen, sollte die überwiegende Zahl der Patienten mit dem Schweregrad 2 in der Allgemeinpraxis behandelt werden. Das gilt besonders für die Patienten mit neurotischen und psychosomatischen Störungen. So sollte einerseits in erster Linie die Kompetenz der Allgemeinärzte verbessert werden, um die Rate der psychiatrisch Überweisungsbedürftigen zu reduzieren, andererseits aber sollten die Allgemeinärzte auch aufgrund verbesserter Indikationsstellung in der Lage sein, die fachärztlich Behandlungsbedürftigen an den Psychiater, aber auch an sonstige psychotherapeutisch Tätige zu überweisen.

In der von *Fichter*, einem weiteren Schüler von *von Zerssen*, durchgeführten Fünfjahres-Katamnese dieser Studie (13) fällt beim Vergleich mit unseren Prävalenzraten auf (Tabelle II), daß die Rate von Alkoholabhängigen und Persönlichkeitsgestörten angestiegen ist, die von neurotischen Störungen, aber auch von affektiven Störungen geringer ist. Im übrigen stimmen die Ergebnisse beider Studien weitgehend überein. – *Fichter* konnte auch die Fünfjahres-Inzidenz für Behandlungsbedürftigkeit bei den zweimal Untersuchten bestimmen. Sie betrug 19,1% bezogen auf die Probanden, die bei der Erstuntersuchung gesund waren und 22,8%, wenn man die Probanden zusätzlich einbezieht, die am Zeitpunkt T1 leichte Beschwerden (Schweregrad 1) aufwiesen. Die Rate der bei der Wiederholungsunter-

Tabelle II. Psychiatrische Diagnosen (letzte 7 Tage), Schweregrad 2–4 (Behandlungsbedürftigkeit) zu zwei Untersuchungszeitpunkten, T1 und T2 (Bevölkerung ab 20 Jahre).

Psychiatrische Diagnosen	T1		T2	
	n	%	n	%
(Prä)senile Demenz	28	2,0	26	1,9
Andere organische psychiatrische Erkrankungen	13	0,9	15	1,1
Schizophrenie	6	0,4	6	0,4
Affektive und andere Psychosen	22	1,6	10	0,7
Neurotische und psychosomatische Störungen	199	14,5	157	11,4
Persönlichkeitsstörungen	12	0,9	39	2,8
Alkoholismus und Drogenabhängigkeit	41	3,0	55	4,0
Oligophrenie	9	0,7	14	1,0
Diagnosen (gesamt)	330	24,0	322	23,3
Probanden (gesamt)	279	20,4	287	20,7
% von n	1373		1383	

suchung T2 als behandlungsbedürftig eingeschätzten Probanden war am höchsten für neurotische Erkrankungen, gefolgt von Alkoholismus mit 3,2%. Die gegenwärtige ambulante psychiatrische Behandlungsprävalenz bezogen auf ein Jahr hat sich auch im oberbayerischen Untersuchungsgebiet gegenüber früher von etwa 2% auf 3% der Bevölkerung deutlich erhöht, ein Anstieg, der in erster Linie auf die verbesserte ambulante Versorgung zurückzuführen ist.

Am Beispiel dieser in Oberbayern durchgeführten Studien, die vor allem anfänglich durch *von Zerssen* angestoßen und gefördert wurden, später auch durch andere, wie *Häfner, Cooper* und *Hippius,* läßt sich zeigen, daß eine enge Verknüpfung von Epidemiologie und psychiatrischer Versorgung besteht, wenngleich sicherlich viele Planungen und relevante Entscheidungen von wissenschaftlichen Ergebnissen unbeeinflußt blieben. Hiervon unberührt bleibt die Forderung, daß epidemiologische Forschungsergebnisse sowohl eine gegebene Planung beeinflussen und stützen als auch die Ergebnisse der realisierten Planung evaluieren sollten. Ebenso wie die Selbstverständlichkeit der Forschung an Psychopharmaka sollte die Notwendigkeit der evaluativen Erforschung von Versorgungssystemen, aber auch der notwendigen epidemiologischen Basisforschung nicht in Frage gestellt werden. Das führt zu den Problemen der gegenwärtigen epidemiologischen Forschung in der Bundesrepublik.

Schon die föderative Struktur der BRD für sich gesehen ist eine der Ursachen für Schwierigkeiten bei der administrativen Datenerhebung. Bereits im Bericht der Psychiatrie-Enquête-Kommission wurde die Forderung nach einem Bundesinstitut für psychiatrische Versorgungsforschung und Information erhoben. Leider stellten sich der Gründung eines solchen Institutes verfassungsrechtliche Schwierigkeiten entgegen, da ein derartiges Institut in die Hoheit der Länder fällt und damit kontrovers beurteilt wurde. Aber auch ein Institut als gemeinsame Einrichtung aller Bundesländer wäre ja eine akzeptable Einrichtung! So wurde seit der Enquête-Erhebung 1973, also seit nahezu 20 Jahren, keine globale Statistik über die psychiatrische Versorgung der Bundesrepublik mehr erstellt. Das Fehlen jeglicher Daten ist auch dann besonders augenfällig, wenn die WHO bei Umfragen von der BRD so gut wie keine Versorgungsdaten erhält, während alle Nachbarländer in der Lage sind, ihr psychiatrisches Versorgungssystem anhand von Übersichtsstatistiken zu beschreiben. Wenn bezüglich der Datenerhebung keine bundeseinheitliche Lösung gefunden und verwirklicht wird, dürfte auch in Zukunft die BRD wie in den letzten Jahrzehnten in dieser Hinsicht rückständig bleiben.

Die DGPN hat schon vor zehn Jahren Empfehlungen zur Basisdokumentation (8) herausgegeben, die in vielen stationären Einrichtungen in dieser Form akzeptiert sind und angewandt werden (8). Die Hauptaufgabe wäre somit die Zusammenführung dieser, in vielen Bereichen einheitlich vorhandenen Basisdaten zu einer bundesweiten Auswertung. Wenn der politische Wille vorhanden wäre, wäre dies, von der Auswertung der Daten aus betrachtet, ein ohne große Schwierigkeiten lösbares Problem!

Unter Problemen und Begrenzungen der wissenschaftlichen Bedarfsermittlung müssen vor allem auch die Erschwerungen genannt werden, welche durch die seit Beginn der 80er Jahre überzogene Forcierung des Datenschutzes entstanden sind. Epidemiologische und evaluative Forschung läßt sich jedoch – von begrenzten prospektiven Projekten abgesehen – nur dann realisieren, wenn die Möglichkeit besteht, Auswertungen von Versorgungsinstitutionen und Systemen, also etwa mittels der durch die Basisdokumentation erhobenen Daten, ohne Zustimmung der in den Institutionen behandelten Patienten in die Wege zu leiten. Auf die Zustimmung, die in vielen Fällen schon aus Gründen der Praktikabilität

nicht erreichbar wäre, kann verzichtet werden, da die verwendeten Daten anonymisiert und aggregiert werden.
Früher selbstverständliche Auswertungen sind in vielen Bereichen durch den Datenschutz erschwert oder sogar unmöglich gemacht worden. Auch das Modellprogramm Psychiatrie hat unter Gesichtspunkten des Datenschutzes auf einen Teil der epidemiologischen Forschung in den Modellregionen verzichten müssen (4). So konnten weder der Vergleich zwischen den geförderten und nichtgeförderten Regionen noch die Kohortenstudien, also das Inanspruchnahmeverhalten bestimmter Patientengruppen im Längsschnitt, durchgeführt werden, was den Wert der aufwendig durchgeführten Erhebungen entscheidend beeinträchtigt. Die Beachtung von Datenschutzregeln ging so weit, daß in den Ergebnissen die Tätigkeitsanalysen von psychosozialen Institutionen nicht einzeln aufgeführt werden konnten, wie es aussagekräftiger gewesen wäre, sondern daß die Berichte nur gebündelt erfolgten, d.h. nur die Ergebnisse jeweils kleiner Gruppen von Institutionen vorgelegt werden durften.
Ein besonders eklatanter Fall des Konfliktes zwischen epidemiologischer Forschung und Datenschutz spielte sich bei der Schließung des psychiatrischen Fallregisters in Mannheim ab, die 1981 auf Veranlassung der Datenschützerin von Baden-Württemberg erfolgte. Trotz dieser massiven Behinderung liegen aus Mannheim von *Häfner* und Mitarbeitern eindrucksvolle Evaluationen sozialpsychiatrischer Versorgungsinstitutionen der dortigen Versorgungsregion vor (17).
Die psychiatrische Epidemiologie, die unter den obengenannten Prämissen den Bedarf an psychiatrischer Behandlung bestimmen sollte, kann somit ihre Aufgabe nur erfüllen, wenn die für ihr Spezialgebiet überzogen erscheinenden Forderungen des Datenschutzes auf eine beiden Seiten gerecht werdendes Maß reduziert werden, so daß auch in der BRD in der psychiatrischen Epidemiologie nach internationalem Standard gearbeitet werden kann.
Zusammenfassend ist festzustellen, daß Epidemiologie und Versorgungsplanung eine enge Verbindung erfordern, daß eine weitgehende wissenschaftliche Begründung der Versorgungsplanung wünschenswert wäre, daß aber in der Realität, auch international, die meisten großen Planungen nicht auf epidemiologischen Erkenntnissen basieren. Erinnert sei an die US-amerikanische Reform, die Schließung der Landeskrankenhäuser in England und die italienische revolutionäre Reform der stationären Versorgung. Leider trifft dieses auch für die Bundesrepublik zu, denn die Empfehlungen der Expertenkommission nach fünf Jahren Modellprogramm Psychiatrie der Bundesregierung (3) basierten nicht auf den von der Firma Prognos erhobenen Daten, da zahlreiche methodische und den Abgabetermin betreffende Gründe dieses verhinderten, sondern die Empfehlungen beruhen, wie in ähnlichen Fällen früher, auf der persönlichen beruflichen Erfahrung der Kommissionsmitglieder.
Diese kritischen Feststellungen sollten keiner pessimistischen Sicht das Wort reden, denn Bedarfs- und Evaluationsforschung auf der Basis unterschiedlicher epidemiologischer Studien sollte zu den Selbstverständlichkeiten moderner Versorgung gehören und zum Nutzen unserer Kranken den Platz einnehmen, der ihr gebührt.

Literatur

1 Arbeitsgemeinschaft der Bayerischen Bezirkstagspräsidenten (1971) Psychiatrische Krankenhausplanung und psychiatrische Versorgung der Bevölkerung in Bayern. Denkschrift, München
2 Brugger C (1937) Psychiatrische Bestandsaufnahme im Gebiet eines medizinisch-anthropologischen Zensus in der Nähe von Rosenheim. Z Ges Neurol Psychiat 160: 189–207

3 Bundesminister für Jugend, Familie, Frauen und Gesundheit (1988) Empfehlungen der Expertenkommission der Bundesregierung zur Reform der Versorgung im psychiatrischen und psychotherapeutisch/psychosomatischen Bereich. Bonn
4 Cooper B, Dilling H, Kanowski S, Remschmidt H (1985) Die wissenschaftliche Evaluation psychiatrischer Versorgungssysteme: Prinzipien und Forschungsstrategien. Nervenarzt 56: 348–358
5 Deutscher Bundestag (1975) Bericht über die Lage der Psychiatrie in der Bundesrepublik Deutschland: Drucksache 7/4200 und 4201. Bonn
6 Dilling H (1977) Niedergelassene Nervenärzte in der psychiatrischen Versorgung. Nervenarzt 48: 586–602
7 Dilling H (1978) Epidemiologie psychischer Störungen und psychiatrische Versorgung. Fortschr Med 96: 1804–1808, 1870–1874
8 Dilling H, Balck F, Bosch G, Christiansen U, Eckmann F, Kaiser KH, Kunze H, Seelheim H, Spangenberg H (1983) Zur psychiatrischen Basisdokumentation. Nervenarzt 54: 262–267
9 Dilling H, Weyerer S, Castell R (1984) Psychische Erkrankungen in der Bevölkerung. Enke, Stuttgart
10 Dorenberg-Kohmann B (1991) Bezirk Oberbayern. Einrichtungen in Stadt und Landkreis München auf dem Gebiet der Psychiatrie, Neurologie, Psychotherapie, Psychosomatik, Psychohygiene, Heilpädagogik, Kinder- und Jugendpsychiatrie. Presse- und Informationsstelle des Bezirks Oberbayern, München
11 Eschenburg BG (1855) Die Irrenstatistik des Lübeckischen Staates. Neue Lübeckische Blätter 21: 328–331
12 Esquirol E (1848) Die Geisteskrankheiten in Beziehung zur Medizin und Staatsheilkunde. Voss'sche Buchhandlung, Berlin
13 Fichter MM (1990) Verlauf psychischer Erkrankungen in der Bevölkerung. Springer, Berlin
14 Goldberg DP, Cooper B, Eastwood MR, Kedward HB, Shepherd M (1970) A standardized psychiatric interview for use in community surveys. Br J Prev Soc Med 24: 18–23
15 Goldberg DP, Huxley P (1980) Mental illness in the community. The pathway to psychiatric care. Tavistock, London
16 Häfner H (1983) Planung und Organisation von Diensten für die seelische Gesundheit. Öff Gesundheitswes 45: 87–94
17 Häfner H, an der Heiden W, Buchholz W, Bardens R, Klug J, Krumm B (1986) Organisation, Wirksamkeit und Wirtschaftlichkeit komplementärer Versorgung Schizophrener. Nervenarzt 57: 214–226
18 Jakubaschk J, Klug J, Weyerer S, Dilling H (1978) Bedarf und Behandlungsbedürftigkeit – Überlegungen zur psychiatrischen Versorgung. Psychiat Prax 5: 203–211
19 John U, Dilling H (1989) Stand der psychiatrischen Basisdokumentation in der Bundesrepublik Deutschland. Nervenarzt 60: 510–515
20 Kunze H, Kunze-Thurmann M (1975) Ansatz zur Evaluation der soziotherapeutischen Orientierung von Nervenkrankenhäusern. Psychiat Prax 2: 101–109
21 Strömgren E (1973) Epidemiological basis for planning. In: Wing JK, Häfner H (eds) Roots of evaluation. The epidemiological basis for planning psychiatric services. Nuffield Provincial Hospital Trust, London, pp 13–19
22 Strömgren E (1980) Who takes care? How and where? And why? In: Strömgren E, Dupont A, Nielsen JA (eds) Epidemiological research as basis for the organization of extramural psychiatry. Acta Psychiat Scand 62 (suppl 285): 9–14
23 Weyerer S, Dilling H (1983) Psychisch Kranke in Allgemeinpraxen. Fortschr Med 101: 670–675
24 Wing JK (1973) Principles of evaluation. In: Wing JK, Häfner H: (eds) Roots of evaluation. The epidemiological basis for planning psychiatric services. Nuffield Provincial Hospital Trust, London, pp 3–12
25 Wittchen HU, v Zerssen D (1987) Verläufe behandelter und unbehandelter Depressionen und Angststörungen. Springer, Berlin, pp 305–351
26 v Zerssen D (1976) Die Beschwerden-Liste. Beltz, Weinheim
27 v Zerssen D, Dilling H (1970) Die stationäre psychiatrische Versorgung der Bevölkerung Bayerns vom Standpunkt der Planung. In: Peters G, v Zerssen D (eds) Die stationäre psychiatrische Versorgung der Bevölkerung Bayerns. Schriftenreihe der Bayerischen Landesärztekammer 22: 26–44
28 v Zerssen D, Hecht H (1987) Gesundheit,

Glück, Zufriedenheit im Licht einer katamnestischen Erhebung an psychiatrischen Patienten und gesunden Probanden. Psychother Med Psychol 37: 83–96
29 v Zerssen D, Weyerer S (1982) Sex differences in rates of mental disorders. Int J Ment Health 11: 9–45
30 Zintl-Wiegand A, Krumm B, Weyerer S, Dilling H (1988) Psychiatric morbidity and referral rates in general practices: Comparison of an industrial town and a rural area in West Germany. Soc Psychiatry Psychiat Epidemiol 23: 49–56

Die beginnende Schizophrenie

H. Häfner
Zentralinstitut für Seelische Gesundheit, Mannheim

Einleitung

Auf einer Tagung, die dem Werk von *Detlev von Zerssen* gewidmet ist, über den Verlauf der Schizophrenie oder über die prämorbide Persönlichkeit Schizophrener vorzutragen hieße, Eulen nach Athen zu tragen. Nirgends in der deutschsprachigen Psychiatrie sind seit *Ernst Kretschmer* die Thematik und die spezifischen Zusammenhänge zwischen Persönlichkeitsstrukturen und endogenen Psychosen gründlicher untersucht worden als durch *von Zerssen* und seine Arbeitsgruppe (30). Nirgends ist ein differenzierterer Versuch unternommen worden, den symptombezogenen und sozialen Verlauf der Schizophrenie in Abhängigkeit von zahlreichen Persönlichkeits-, Umwelt- und Therapievariablen zu untersuchen, als von *Möller* und *von Zerssen* (21). Dennoch verbleibt ein Stück wissenschaftlichen Brachlandes zwischen diesen beiden gutbestellten Feldern der Schizophrenieforschung, dem sich bisher nur die Gruppe *Huber, Groß* und *Klosterkötter* unter Zugrundelegung ihrer Theorie der Basisstörungen mit empirischen Methoden gewidmet hat, nämlich Beginn und früher Verlauf der Krankheit. Der Grund für die Vernachlässigung dieses Themas ist verständlich: Wir bekommen die Schizophrenie in der Regel erst zu Gesicht, wenn der Patient zur stationären Aufnahme kommt. Es ist deshalb nicht verwunderlich, daß in der Epidemiologie und fast in der gesamten Verlaufsforschung der Erstkontakt oder die erste stationäre Aufnahme als Beginn der Erkrankung definiert wird. Zwischen dem Auftreten des ersten Zeichens der Krankheit und der Erstaufnahme liegt aber eine erstaunlich lange Zeitperiode. Sie beträgt, ermittelt an unserer repräsentativen ABC-Stichprobe von 267 Erstaufnahmen Schizophrener weiter Diagnosendefinition (ICD 295, 297, 298.3, 298.4) im Alter von 12–59 Jahren (Tabelle I), im Durchschnitt 4,5 Jahre und im Maximum 31,5 Jahre.

Wir werden die Untersuchung der beginnenden Schizophrenie in drei Fragen aufteilen: 1. Wann beginnt die Krankheit?, 2. Womit beginnt sie?, 3. Wie beginnt die Schizophrenie?

Wann beginnt die Schizophrenie?

Da eine operationalisierte Methode zur Erfassung des Krankheitsbeginns bisher nicht zur Verfügung stand, entwickelten wir ein strukturiertes Interview, IRAOS (Instrument for the Retrospective Assessment of the Onset of Schizophrenia (14)), auf der Basis einer Auswahl international bewährter Instrumente (z. B. Past History Sociodemographic Description Schedule (26) und Psychiatric and Personal History Schedule (27) für Änderungen in sozialen Bereichen und Frühsymptome; Present State Examination (29) für Symptome; Disability Assessment Schedule (28) für sozia-

Tabelle I. ABC-Sample (aus der Bevölkerung (deutsch) von Mannheim, Heidelberg, Rhein-Neckar-Kreis, östliche Pfalz = 1,5 Millionen).

Alter	12–59 Jahre
Erste (Lebenszeit-)Aufnahme in eines von 10 diese Bevölkerung versorgenden psychiatrischen Krankenhäusern	
Diagnose	Schizophrenie (ICD-9: 295, 297, 298.3, 298.4)
Zeitraum	2 Jahre (1987–1989)
Ausschlußkriterien	exogene Psychose, schwere geistige Behinderung
PSE-Interview (max. 2 Wochen nach Aufnahme)	n = 276 (133 Männer, 143 Frauen)
Volles IRAOS-Interview	n = 267 (127 Männer, 140 Frauen)

Tabelle II. Altersmittel bei verschiedenen Definitionen des Erkrankungsbeginns, ermittelt nach Angaben von Patienten, Angehörigen und Akten (n = 165) (nach (12)).

	Patient	Angehöriger	Akte	p
Frühestes Zeichen einer psychischen Störung	25,4	25,6	25,9	0,85
Erstes psychotisches Symptom	27,9	28,8	28,9	0,30
Beginn der Indexepisode	29,4	29,0	29,4	0,61
Indexaufnahme	30,0	30,0	30,0	

le Behinderung; Scale for the Assessment of Negative Symptoms (1) für Minussymptomatik, Bonn Scale for the Assessment of Basic Symptoms (7) für Prodromi und Premorbid Adjustment Scale (4) für prämorbide Anpassung). Das erste Interview zur Erfassung der Psychopathologie (PSE) erfolgte in den ersten zwei Wochen nach Aufnahme, das zweite mit IRAOS üblicherweise nach dem Abklingen der akuten Psychose.

Zur Kontrolle von Gedächtnisartefakten wurde ein Angehörigeninterview durchgeführt. Außerdem wurden alle verfügbaren objektiven Daten analysiert. Die Zuverlässigkeit der Schätzung des Alters oder des Zeitpunkts bei Krankheitsbeginn unter vier verschiedenen Definitionen zeigt der Vergleich der Werte aus diesen drei Quellen (Tabelle II). Die Unterschiede sind alle nicht signifikant. Sie betragen gegenüber der Schätzung des Patienten maximal fünf Monate. Lediglich das erste psychotische Zeichen – Halluzinationen oder Wahn – wird von Angehörigen und Akten rund ein Jahr später registriert. Der Grund ist vermutlich, daß die Krankheit überwiegend mit negativen Symptomen beginnt, die beobachtbar sind, während die nur vom Patienten erlebten psychotischen Symptome durch die Umgebung nur indirekt und deshalb vermutlich verspätet wahrgenommen werden.

Alter bei Krankheitsausbruch

Legt man dieselben vier operationalen Definitionen von Krankheitsausbruch zugrunde: 1. die Erstaufnahme unter der Diagnose Schizophrenie, 2. den Beginn der Indexepisode, 3. das erste Auftreten eines psychotischen Symptoms und 4. das Auftreten des ersten Zeichens einer psychischen Störung, und berechnet die jeweiligen Altersmittelwerte für Frauen und Männer, dann zeigt sich ein für alle Definitionen signifikanter Geschlechtsunterschied zwischen 3,2 und 4,1 Jahren (Abbildung 1). Ein höheres Erst-

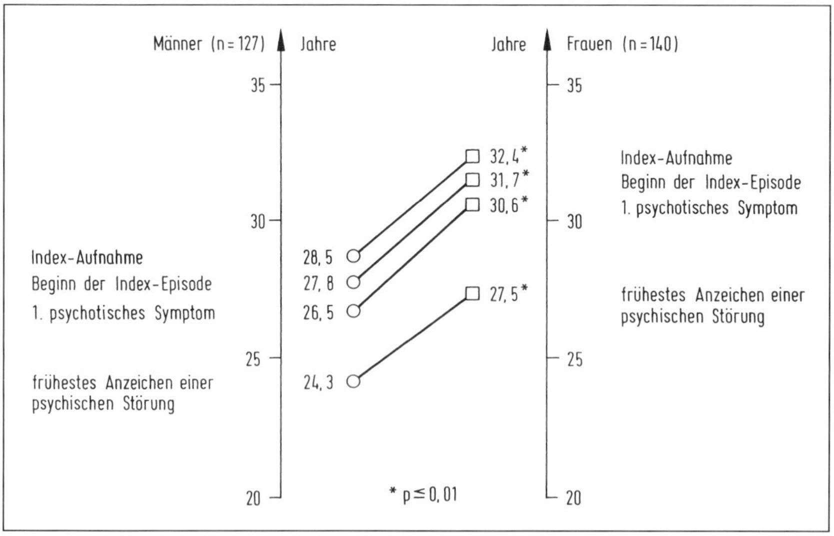

Abbildung 1. Mittleres Alter zu verschiedenen Zeitpunkten im frühen Verlauf der Schizophrenie (weite Definition: ICD-9: 295, 297, 298.3, 298.4) – Mannheim, Heidelberg, Rhein-Neckar-Kreis, Ostpfalz (nach (9)).

aufnahmealter für Frauen wurde bereits von *Kraepelin* (18) und danach in mehr als 50 Studien beobachtet. Offenbar ist dieser Geschlechtsunterschied des Erstaufnahmealters weitgehend durch einen solchen des tatsächlichen Ersterkrankungsalters bedingt. Legt man die bevölkerungsbezogenen Ersterkrankungsraten über die gesamte Altersspanne von 12–59 Jahren in fünf Jahrgangsgruppen zugrunde, dann zeigt sich (Abbildung 2), daß Männer ihr Erkrankungsrisiko früher und rascher konsumieren als Frauen, die allerdings vom vierten Lebensjahrzehnt an zum gleichen Endwert von 13,1 – Männer 13,2 – pro 100 000 aufholen. Die kumulative Inzidenzrate über das gesamte Risikoalter ist ein zuverlässiger Indikator des Lebenszeitrisikos für Schizophrenie, das offensichtlich für beide Geschlechter gleich ist, weshalb auch an das Geschlecht gebundene ätiologische Annahmen nicht sehr wahrscheinlich sind.

Stellt man nun die Verteilung der prozentualen Anteile von jeweils fünf Jahrgängen an der Gesamtheit der Ersterkrankungen für drei Definitionen von Krankheitsbeginn: 1. erstes Zeichen einer psychischen Störung, 2. erstes psychotisches Symptom und 3. Erstaufnahme über die volle Altersspanne dar, dann zeigen sich weitgehend parallele Verteilungskurven (Abbildung 3). Das erste Zeichen einer psychischen Störung wiesen Männer in 62%, Frauen jedoch nur in 47% bereits vor dem 25. Lebensjahr auf. Der Gipfel der Ersterkrankungen liegt bei Männern zwischen 15 und 25 Jahren, bei Frauen zeigt sich nach einem verzögerten Beginn ein flacherer Gipfel zwischen 20 und 29 Jahren. Die Spätschizophrenie mit Beginn jenseits des 40. Lebensjahrs spielt nur bei Frauen mit einem Anteil von 15% – bei Männern um 5% – des Lebenszeitrisikos eine Rolle. Der zweite Gipfel bei Frauen im Alter von 45–49 Jahren hat, wie wir gemeinsam mit *Gattaz* und *Behrens* im Tierversuch und gemeinsam mit *Riecher-Rössler* in einer klinischen Studie zeigen konnten, mit dem Rückgang der Schutzwirkung von Östrogen in der Menopause zu tun (9, 23).

Der spätere Ausbruch der Schizophrenie bei Frauen sollte sich, ohne Rücksicht auf den symptombezogenen Verlauf, in einem günstigeren sozialen Verlauf auswirken, ein Befund, der am späteren Verlauf in den prospektiven Studien an repräsentativen Kohorten, etwa von *Shepherd* et al. (25) und

Salokangas et al. (24) und in den retrospektiven Langzeitstudien von *Marneros* et al. (20), auch bestätigt wurde. Selbst am frühen Verlauf gibt es dafür Hinweise: Von den 133 Männern unserer Stichprobe waren vor Indexaufnahme nur 19, von den 143 schizophrenen Frauen dagegen 60 bereits vor Erstaufnahme verheiratet. Ein Teil dieses Unterschieds ist dadurch bedingt, daß das durchschnittliche Heiratsalter bei Frauen in den alten Ländern der Bundesrepublik mit 25,5 Jahren noch deut-

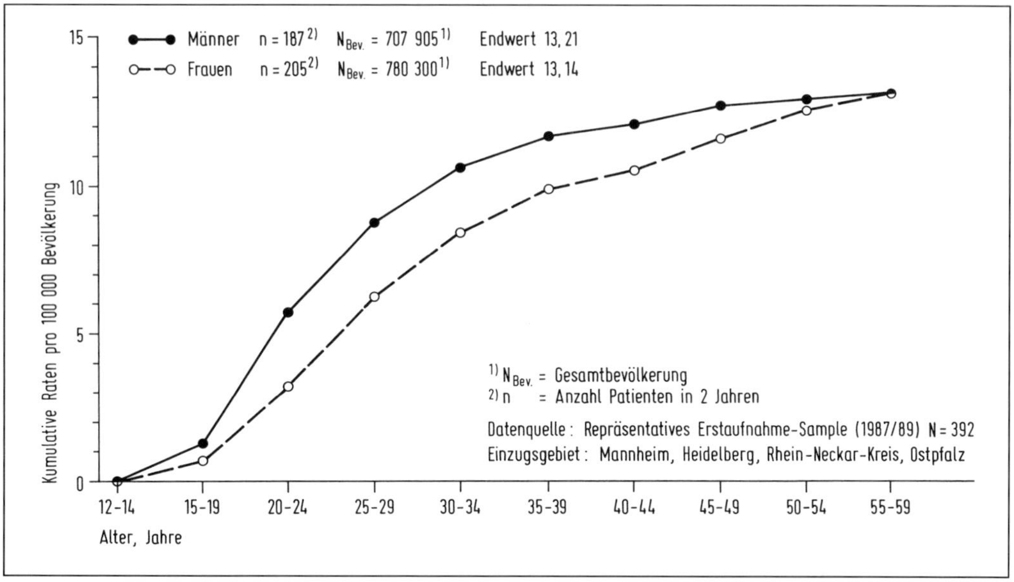

Abbildung 2. Kumulative Inzidenzraten für Schizophrenie (weite Diagnosendefinition: ICD 295, 297, 298.3, 298.4) (nach (9)).

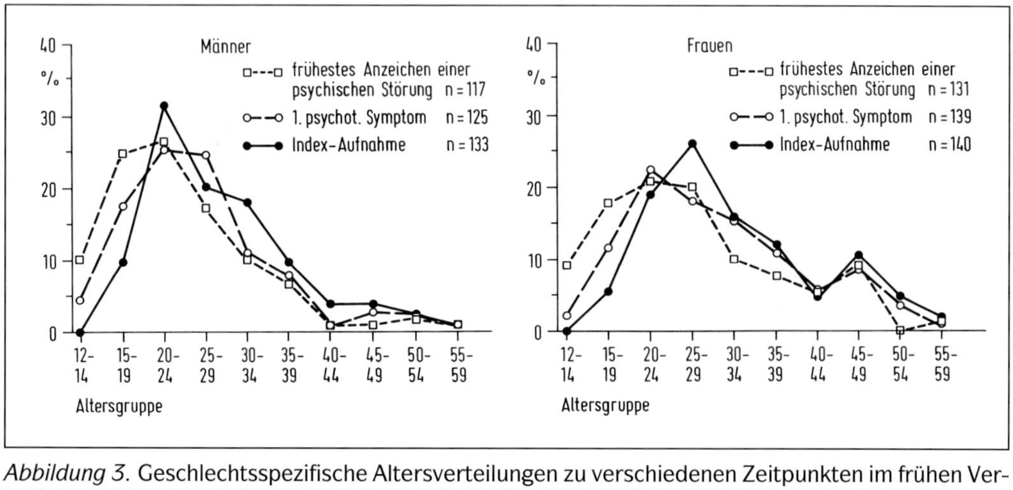

Abbildung 3. Geschlechtsspezifische Altersverteilungen zu verschiedenen Zeitpunkten im frühen Verlauf der Schizophrenie (weite Definition: ICD-9: 295, 297, 298.3, 298.4) – Mannheim, Heidelberg, Rhein-Neckar-Kreis, Ostpfalz (nach (9)).

lich niedriger liegt als jenes der Männer mit 28,0 Jahren (1988, Mitteilung des Statistischen Bundesamts). Noch deutlicher wird dieser Befund, wenn man nicht die Erstaufnahme, sondern das Alter beim Auftreten des ersten Anzeichens einer psychischen Störung zugrunde legt. Nur vier der 19 verheirateten Männer (21% der verheirateten und 3% aller schizophrenen Männer) und 12 der 60 Frauen (20% der verheirateten und 9% aller schizophrenen Frauen) gaben an, noch nach dem ersten Zeichen einer psychischen Störung geheiratet zu haben. Alle anderen hatten vor Krankheitsausbruch geheiratet und waren teilweise schon wieder geschieden. Der hohe Anteil Unverheirateter, besonders der wegen des früheren Krankheitsausbruchs und des höheren Heiratsalters vielfach größere Anteil unter männlichen Schizophrenen, ist demnach überwiegend eine Folge der Erkrankung.

Zur Prüfung der bisher immer an artefaktanfälligen Aggregatdaten untersuchten Alternativhypothese (soziale Verursachung versus soziale Selektion) auf Individualdatenbasis haben wir die frühe soziale Biographie Schizophrener im Hinblick auf die Frage geprüft, ob Ereignisse sozialen Abstiegs wie Verlust des Partners, Verlust der Arbeitsstelle, Verlust des Einkommens oder Veränderung der Lebenssituation (z. B. Verlust der Wohnung, Rückkehr in die Ursprungsfamilie) vor oder nach dem Ausbruch der Psychose auftreten. Abbildung 4 zeigt, daß der Mittelwert des Alters bei Krankheitsausbruch, definiert als erstes Zeichen einer psychischen Störung, etwa ein halbes bis ein Jahr vor dem ersten sozial negativen Lebensereignis, dem Partnerverlust, liegt.

Die ersten Schritte sozialen Abstiegs treten offenbar überwiegend bereits in der meist durch negative Symptome charakterisierten Frühphase der Psychose auf, was die »Social-drift«-Hypothese unterstützt. Kontinuitätsbrüche in einer sozialen Rolle setzen allerdings voraus, daß die jeweilige Rolle überhaupt besetzt werden konnte. Wir haben deshalb die durchschnittliche Anzahl bis zum Krankheitsausbruch noch nicht realisierter sozialer Rollenbereiche zwischen den Geschlechtern verglichen und signifikante ($p \leq 0{,}05$) Unterschiede in allen fünf von uns untersuchten Bereichen (Ausbildung, Beschäftigung, Einkommen, Partnerschaft und Lebensverhältnisse) gefunden:

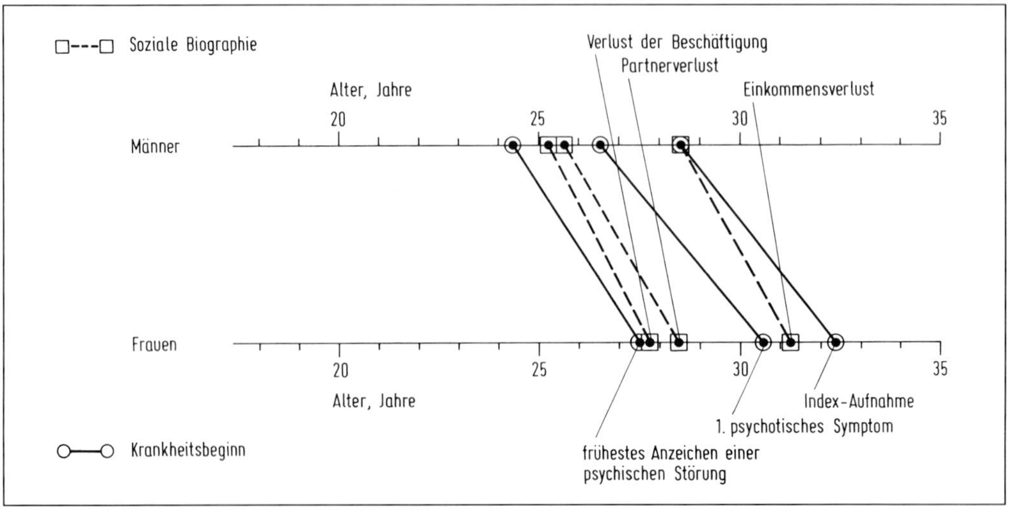

Abbildung 4. Soziale Biographie und Erkrankungsbeginn.

ein Hinweis auf die wesentlich früheren Abbrüche der sozialen Entwicklung schizophrener Männer im Vergleich zu Frauen. In den meisten Verlaufsstudien, die von Erstaufnahme als Definition von Krankheitsausbruch ausgehen, wird das prämorbide soziale und Arbeitsverhalten nicht von diesen frühen Folgen der Erkrankung unterschieden, was den hohen Vorhersagewert dieser Merkmale für den weiteren Verlauf der Schizophrenie verständlich macht.

Womit beginnt die Schizophrenie?

Das erste Krankheitszeichen ist in 70% der Schizophrenien weiter Definition ein eindeutig negatives Symptom, in 20% beginnt die Krankheit mit positiven und negativen und nur in 10% eindeutig mit positiven Symptomen. Ob es sich bei dieser letztgenannten Gruppe, unter der sich die reinen Wahnkrankheiten finden, um die gleichen Verlaufsformen und dieselbe Krankheit handelt, haben wir noch nicht prüfen können.

Wir ermittelten die Mittelwerte des Abstands aller positiven und negativen Symptome aus dem PSE vor der Erstaufnahme in Monaten. Das überraschende Ergebnis ist, daß sich sämtliche negativen Symptome mit Ausnahme der Sprachstörung, die eine negative und eine positive Komponente aufweist, früher, und sämtliche positiven später als zwei Jahre vor Erstaufnahme finden. Damit wird *Janzariks* (17) Hypothese vom vorlaufenden Defekt oder die Annahme von *Huber* et al. (15) des Beginns der Schizophrenie mit Basisstörungen mindestens generell gestützt.

Wie beginnt die Schizophrenie?

Um die Vielfalt der Symptomatik so zu verdichten, daß verständlich interpretierbar bleibt, was wir untersuchen, haben wir aus den im IRAOS erfaßten PSE-Symptomen 13, die sich dem negativen, und 17, die sich dem positiven Syndrom zuordnen lassen, zu einer negativen und einer positiven Symptomdimension zusammengefaßt.

236 unserer Patienten berichteten ein vom ersten Auftreten an anhaltendes Bestehen von Symptomen. Abbildung 5 zeigt von 15 Jahren bis zu einem Jahr vor Erstaufnahme

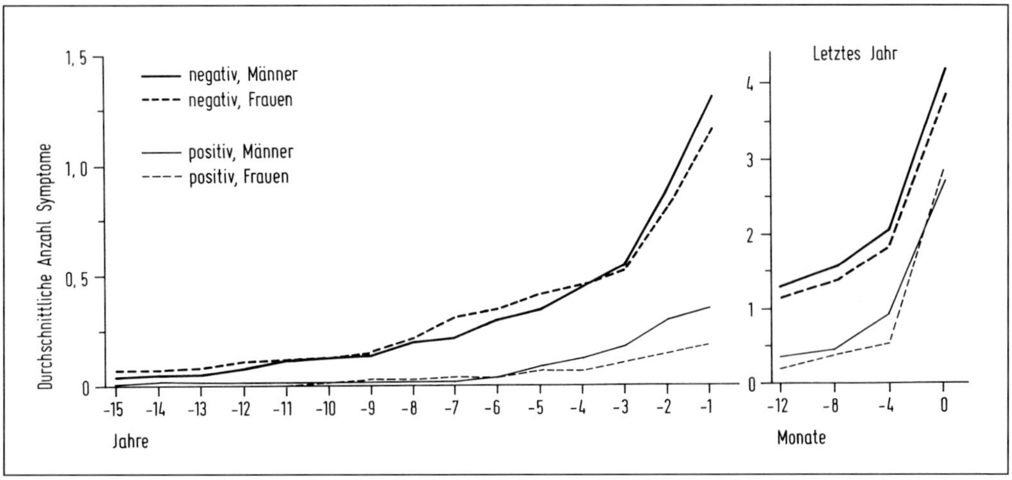

Abbildung 5. Akkumulation von 17 positiven und 13 negativen Symptomen bei Männern (n = 112) und Frauen (n = 124) bis zur ersten stationären Aufnahme wegen Schizophrenie (nach (13)).

in Jahresschritten und für das letzte Jahr in Monatsschritten die Akkumulation positiver und negativer Symptome. Beide Symptomdimensionen entwickeln sich exponentiell mit einer etwas höheren Zuwachsrate der negativen Symptome und einem verzögerten Anstieg der positiven Symptome. Zum Zeitpunkt der Erstaufnahme – in der akuten Episode – haben beide Dimensionen nahezu parallele Maxima erreicht. Vergleicht man die Akkumulation der beiden Symptomdimensionen zwischen Männern und Frauen, dann finden sich keine wesentlichen Unterschiede. Offenbar ist der Frühverlauf der Schizophrenie hinsichtlich der Kernsymptomatik bei Männern und Frauen ziemlich gleich.

Operationalisiert man die Geschwindigkeit des Anstiegs der Symptomatik nach Krankheitsausbruch auf der Basis der Zeitspanne zwischen erstem Zeichen der Erkrankung und Erstaufnahme: akuter Beginn (bis zu einem Monat), subakuter Beginn (ein Monat bis zu einem Jahr), chronischer Beginn (ein Jahr und darüber), dann beginnen 9,3% akut, 16,5% subakut und 74,2% chronisch. Teilt man wieder die beiden Symptomdimensionen – positiv und negativ – auf, dann stellt sich das Ergebnis in sechs Klassen und neun Subklassen dar (Tabelle III). Negative Symptome entwickelten sich in 72% der Untersuchten chronisch, nur in 12,2% akut. Positive Symptome hingegen sind fast gleich über die drei Verlaufsformen verteilt und treten auch bei chronischer Entwicklung negativer Symptome relativ häufig akut auf. Subtypen, bei denen einer chronischen Entwicklung positiver Symptome akut oder subakut negative Symptome folgen oder bei denen einer akuten Entwicklung negativer

Tabelle III. Verlaufstypen negativer und positiver Symptome vor Erstaufnahme. Häufigkeiten in % des Samples (n = 236 Patienten, die mindestens ein positives und ein negatives Symptom berichtet haben).

Verlaufstypus (Klasse)	Symptomdimension neg./pos. (%)		Verlaufstypus (Subklasse)
		23,3	akut
Chronisch ≥ 1 Jahr	neg. 72,0 → pos.	15,3	subakut
		33,5	chronisch
74,2%			
		1,3	akut
Chronisch ≥ 1 Jahr	pos. 35,6 → neg.	0,8	subakut
		33,5	chronisch
		5,9	akut
Subakut 1–12 Monate	neg. 15,7 → pos.	8,9	subakut
		0,8	chronisch
16,5%			
		1,7	akut
Subakut 1–12 Monate	pos. 25,8 → neg.	8,9	subakut
		15,3	chronisch
		9,3	akut
Akut ≥ 1 Monat	neg. 12,2 → pos.	1,7	subakut
		1,3	chronisch
9,3%			
		9,3	akut
Akut ≥ 1 Monat	pos. 38,6 → neg.	5,9	subakut
		23,3	chronisch

Symptome subakute oder chronische positive Symptome vorausgehen, kommen sehr selten vor. Am häufigsten unter den neun Subklassen sind die gleichartigen Verlaufstypen und unter ihnen die chronischen Verläufe positiver und negativer Symptome (33,5%).

Zur Plausibilitätsprüfung der Annahme eines funktionellen Zusammenhangs zwischen negativer und positiver Symptomdimension haben wir zusammen mit *Maurer* die jeweilige Anzahl negativer und positiver Symptome in Jahresschritten von Erstaufnahme bis 15 Jahre zurück miteinander korreliert (8). Abgesehen von den ersten drei Jahren, in denen positive Symptome noch kaum vorhanden waren, fanden sich niedrige positive Korrelationen zwischen den beiden Symptomdimensionen, die mit wenigen Ausnahmen signifikant von der Nullkorrelation abwichen.

Da diese Darstellungsform auf Aggregaten basiert und Änderungen der individuellen Verläufe über die Meßzeitpunkte nicht berücksichtigt, haben *Maurer* und wir auf der Basis der individuellen Verläufe die Stabilität über einen Zeitraum von 14 Jahren bis zur Erstaufnahme berechnet (Abbildung 6). Der Darstellung liegen vier Subtypen zugrunde, die sich mit der Typologie positiver, negativer und gemischter Subtypen der Schizophrenie von *Andreasen* und *Olsen* (2) vergleichen lassen: jeweils eine Gruppe mit nur negativen, nur positiven und mit beiden Symptomtypen und schließlich eine Gruppe, die zum jeweiligen Querschnitt ohne Symptome war. Wir entschieden zu sieben Zweijahres-Punkten, welchem Subtyp ein Individuum zuzuordnen war und ob diese Zuordnung für die folgenden zwei Jahre stabil geblieben war. Dem negativen Subtyp gehörten nur diejenigen Patienten an, die bis dahin nur negative und keine positiven Symptome entwickelt hatten. (Umgekehrt wurden als positiver Typus Patienten klassifiziert, die bis dahin keine negativen Symptome entwickelt hatten.)

Die bedingten Wahrscheinlichkeiten der

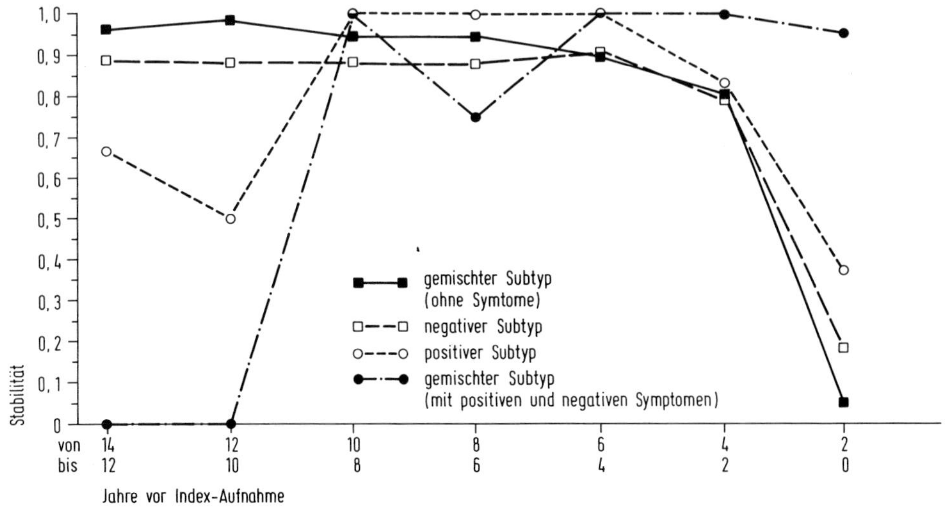

Abbildung 6. Stabilität (bedingte Wahrscheinlichkeiten) der Subtypen (positiv, negativ, gemischt) innerhalb Zweijahres-Intervallen für die 14 Jahre vor Ersthospitalisation (n = 236) (nach (8)).

Subtypen in der jeweils folgenden Zweijahres-Periode erwiesen sich als ziemlich stabil. Das bedeutet, daß Patienten mit einer reinen Form positiver oder negativer Schizophrenie zu Beginn der Krankheit eine hohe Wahrscheinlichkeit haben, mindestens zwei Jahre lang dem gleichen Subtypus anzugehören. Natürlich gilt diese Aussage nur für die beginnende Schizophrenie, nicht für den späteren Verlauf.
Mit der Annäherung an die Erstaufnahme, die nahezu immer in der psychotischen Episode erfolgt, entwickelten die rein negativen Typen positive und die positiven Typen negative Symptome. Der symptomfreie Typus verschwindet zum Zeitpunkt der Erstaufnahme als Folge der Entwicklung psychotischer Symptome. Dieser Typus enthält also die akuten Verläufe. Die verbleibende Stabilität des gemischten Typs ist trivial: Wenn bereits beide Symptomdimensionen existieren, kann nichts Neues mehr hinzukommen. Der Wegfall einer Symptomdimension in der akuten Phase ist unwahrscheinlich.
Um den Einfluß der Altersvariablen zu prüfen, haben wir unsere Stichprobe in drei annähernd gleich große Altersgruppen (12–24, 25–34, 35–59 Jahre) aufgeteilt. Vergleicht man die frühen Verlaufsmuster der Schizophrenie, dargestellt an der Akkumulation positiver und negativer Symptommaße bis zur Erstaufnahme, dann zeigen sich, wie schon beim Geschlechtsvergleich, wenig Unterschiede (Abbildung 7). Die etwas später beginnende Akkumulation beider Symptomdimensionen in der jüngsten Gruppe ist ein trivialer Alterseffekt. Je jünger die Patienten bei Erstaufnahme sind, desto geringer ist die Wahrscheinlichkeit sehr langer Zeitabstände zwischen Krankheitsausbruch und Erstaufnahme.
Vergleicht man zum Zeitpunkt der Erstaufnahme 38 CATEGO-Syndrome, so zeigen sich annähernd gleiche Profile über die drei Altersgruppen (Abbildung 8).
Geht man auf die Ebene von Einzelsymptomen, 140 PSE-Items, dann finden sich in 17 (12%) der 140 Items Unterschiede, die auf dem 0,05-Niveau oder 0,01-Niveau signifikant sind. Eindeutig negative Symptome finden sich darunter nicht. Offensichtlich zeigt die Schizophrenie zum Zeitpunkt der Erstaufnahme nicht nur zwischen den Ge-

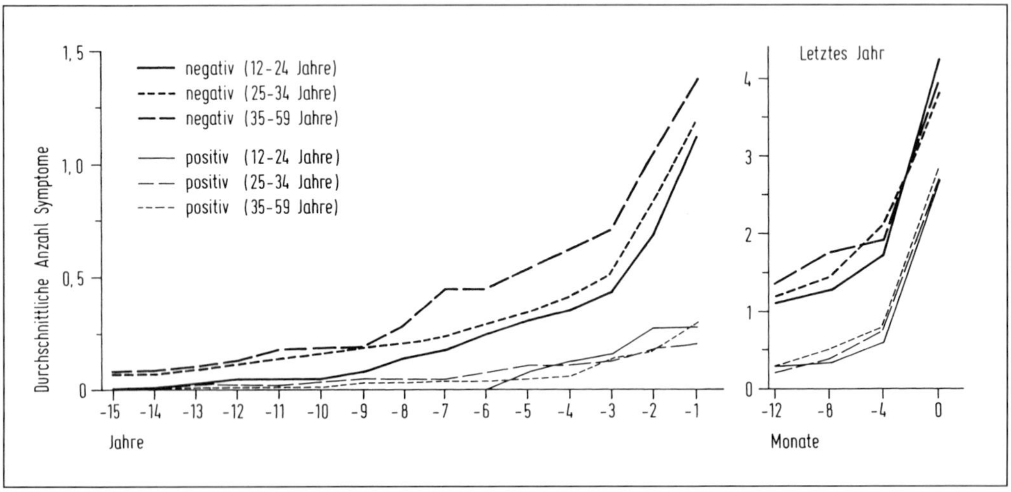

Abbildung 7. Kumulative Werte positiver und negativer Symptome bis zur ersten stationären Aufnahme wegen Schizophrenie. Durchschnittliche Anzahl Symptome nach Geschlecht (*a*) und nach Altersgruppen (*b*) (nach (10)).

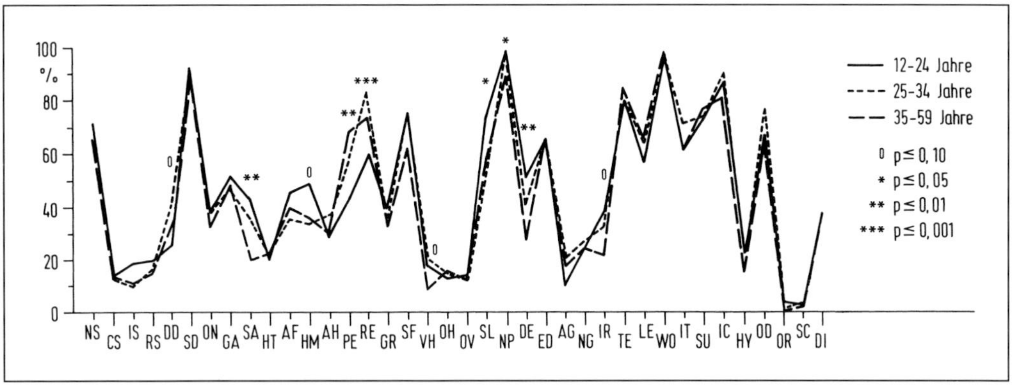

Abbildung 8. Altersspezifische CATEGO-Syndromprofile (n = 276) (nach (11)).

schlechtern, sondern auch in allen Altersphasen ein etwa gleiches Ausmaß negativer Symptomatik. Tabelle IV zeigt, nach Maxima der drei Altersgruppen zugeordnet, alle PSE-Items mit Unterschieden von mindestens $p \leq 0{,}05$. Die positiven Symptome, optische Halluzinationen und zwei Wahnphänomene, finden sich mit Maximum in der mittleren Altersgruppe. Mit späterem Krankheitsausbruch nimmt der klassische Verfolgungswahn von 44% in der jüngsten auf 70% in der ältesten Gruppe zu. In der jüngsten sind dagegen nicht zur vollen Differenziertheit entwickelte Wahnsymptome gehäuft anzutreffen.

Von den unspezifischen Symptomdimensionen Angst und Depression finden sich die Maxima von vier Angstsymptomen und nicht psychotischer Depersonalisation in der jüngsten, die beiden depressiven Symptome »frühes Morgenerwachen« und »Schuldwahn« in der mittleren Altersgruppe. Sie treten damit in derselben Altersstufe auf, in der sie auch in Bevölkerungsstudien zur psychiatrischen Morbidität zu finden sind.

Interpretiert man dieses Verteilungsmuster, so ist zuerst die Unabhängigkeit des negativen Kernsyndroms vom Alter und auch vom Geschlecht zu erwähnen. Auf die positiven Symptome scheint das Lebensalter, nicht das Geschlecht, einigen Einfluß zu haben: Die Maxima der undifferenzierten, weniger ausgearbeiteten Wahnsymptome in der jüngsten Altersgruppe, der voll differenzierten in der mittleren und des systematisierten Verfolgungswahns in der ältesten Gruppe sind kaum als Ausdruck von Altersunterschieden im Krankheitsgeschehen selbst zu deuten. Vielmehr handelt es sich hier vermutlich um den Einfluß der kognitiven Reife auf die Ausgestaltung der Symptome. Im jugendlichen Alter hat die unabgeschlossene mentale Differenzierung einen geringeren Grad der Ausarbeitung und Differenzierung von Wahnsymptomen zur Folge, während die zunehmende kognitive Reife und vielleicht auch die stärkere Bereitschaft zur Externalisierung mit fortschreitendem Alter mehr paranoide Phänomene und ihre stärkere rationale Ausdifferenzierung zur Folge hat. Die Fortsetzung des langsamen Altersanstiegs der Häufigkeit von paranoidem Wahn in der Schizophrenie in einem steilen Anstieg paranoider Wahnsyndrome im höheren und hohen Alter, die dort mit Sinnesdefekten und kognitiven Defiziten als Risikofaktoren assoziiert sind, ist ein starker Hinweis auf den reaktiven und entwicklungsabhängigen Charakter des paranoiden Wahns auch in der Schizophrenie.

Tabelle IV. PSE-Items mit signifikanten Altersunterschieden; geordnet nach Altersgruppenmaxima (nach (10)).

Syndromdimension PSE-Item	Fälle mit positivem Rating des Items (%)
Altersgruppe 12–24 (n=90)	
Substanzenmißbrauch	
Drogenmißbrauch	17,4
Angst	
Panikattacken	25,6
Angst, Menschen zu treffen	31,2
Vermeidung von angstauslösenden Situationen	38,3
Spezielle Probleme	19,0
Unspezifisch	
Derealisation	42,4
Unspezifisch positiv	
Änderung des Zeiterlebens	32,1
Wahnhafte Depersonalisation	14,6
Einfache Wahninhalte das Aussehen betreffend	17,4
Altersgruppe 25–34 (n=110)	
Depression	
Frühes Morgenerwachen	35,9
Schuldwahn	16,3
Unspezifisch?	
Gereiztheit (nicht feindselig)	69,5
Negativ	
Schlechte Konzentrationsfähigkeit	86,0
Positiv	
Optische Halluzinationen	28,8
Wahnhafte Beziehungsideen	74,3
Wahnhafte Mißdeutungen und Verkennungen	64,4
Altersgruppe 35–59 (n=76)	
Positiv (paranoid)	
Verfolgungswahn	70,4
(Paranoid?)	
Feindselige Gereiztheit	28,7
Indadäquater Affekt	16,5
Negativ	
Inhaltliche Sprachverarmung	13,7

Schlußbemerkung

Die Schizophrenie bricht offenbar, vor allem bei Männern, überwiegend in der Adoleszenz und im jungen Erwachsenenalter aus. Frauen erkranken im Mittel drei bis vier Jahre später. Dieser Altersunterschied beim Einbruch der Krankheit in die soziale Biographie gibt ihnen einen primären Vorteil im sozialen Verlauf gegenüber Männern.

Die Krankheit beginnt in jedem Alter und bei beiden Geschlechtern weitaus überwiegend mit negativen Symptomen. Vom Auftreten positiver Symptome an sind beide Dimensionen im frühen Verlauf fast durchgängig schwach signifikant korreliert. Ein, wenn auch nicht starker, Zusammenhang zwischen beiden ist deshalb anzunehmen, wobei die Latenz zwischen positiven und negativen Symptomen unberücksichtigt bleibt. Die positiven Symptome sind zwar die charakteristischen Symptome der Schizophrenie und tragen deshalb in erster Linie die Diagnose. Die negativen Symptome scheinen aber den Kern des Krankheitsgeschehens auszumachen. Ähnlich wie die altersabhängige Reaktion mit Angst und Depression könnte auch die positive Symptomatik, vor allem der paranoide Wahn, wie *Bleuler* (3) und *Huber* et al. (15) vermuteten, eine in der Ausgestaltung altersabhängige Reaktion auf das negative Kernsyndrom oder auf eine seiner Komponenten sein. Seine im höheren Alter annähernd exponentielle Häufigkeitszunahme mit sensorischen und kognitiven Defiziten (5, 22) als Risikofaktoren legt die Annahme einer nur begrenzten ätiologischen Spezifität für Schizophrenie nahe.

Die Schizophrenie wird in allen Lehr- und Handbüchern als außerordentlich vielgestaltige Erkrankung dargestellt, was beispielsweise in der *Kleist-Leonhard*schen Annahme von 32 unabhängigen Erkrankungen unter dem Dach der Diagnose Schizophrenie Niederschlag fand.

An Symptomatik und Verlaufsmustern der Frühphase der Schizophrenie lassen sich jedoch weder diese polygenen noch die dichotomen Krankheitsmodelle von *Andreasen* und *Olsen* (2), *Crow* (6) oder *Lewis* und *Murray* (19) stützen. Soweit überhaupt substantielle Geschlechtsunterschiede der Symptomatik gefunden wurden, beschränken sie sich auf Krankheitsverhalten: Frauen neigen etwas häufiger zu emotional betontem (Depression und Schuldgefühle) und zu sozial positivem, Männer erheblich häufiger zu sozial negativem Krankheitsverhalten (12). Es ist zu vermuten, daß sekundäre Gestaltungsfaktoren mit der Dauer des Verlaufs an Bedeutung zunehmen. Vielleicht hat die Vielgestaltigkeit schizophrener Schicksale und Krankheitsbilder weniger mit einer Vielfalt der zugrundeliegenden Krankheit als mit der Vielfalt von Lebensschicksalen, Persönlichkeit und mit Verhaltensunterschieden der Geschlechter zu tun. *Ideler* hatte schon 1847 gemeint, daß die Psychose von einem »angestrengten Arbeiten an der Reorganisation des Bewußtseins« mitgeprägt sei. Er drückte dies mit dem Satz aus: »... der Wahnsinn ist in seiner weitesten Bedeutung der Untergang des Bewußtseins der wirklichen Welt in einer unendlichen Sehnsucht, welche sich eine neue Welt in Bildern und Begriffen erschafft...« (16, p. 10).

Literatur

1 Andreasen NC (1982) Negative symptoms in schizophrenia. Arch Gen Psychiatry 39: 784–788

2 Andreasen NC, Olsen SA (1982) Negative and positive schizophrenia. Arch Gen Psychiatry 39: 789–794

3 Bleuler E (1911) Dementia praecox oder Gruppe der Schizophrenien. In: Aschaffenburg G (ed) Handbuch der Psychiatrie. Deuticke, Leipzig

4 Cannon-Spoor HE, Potkin SG, Wyatt RJ (1982) Measurement of premorbid adjustment in chronic schizophrenia. Schizophr Bull 8: 470–484

5 Cooper AF, Kay DWK, Curry AR, Garside RF, Roth M (1974) Hearing loss in the paranoid and affective psychoses of the elderly. Lancet ii: 851–854

6 Crow T (1982) Two syndromes in schizophrenia? Trends Neurosci 48: 351–354

7 Gross G (1985) Bonner Untersuchungsinstrument zur standardisierten Erhebung und Dokumentation von Basissymptomen (BSABS). In: Huber G (ed) Basisstadien endogener Psychosen und das Borderline-Problem. Schattauer, Stuttgart

8 Häfner H, Maurer K (1991) Are there two

types of schizophrenia? In: Marneros A, Andreasen NC, Tsuang MT (eds) Negative versus Positive Schizophrenia. Springer, Berlin, pp 134–159
9 Häfner H, Behrens S, de Vry J, Gattaz WF, Löffler W, Maurer K, Riecher-Rössler A (1991a) Warum erkranken Frauen später an Schizophrenie? Erhöhung der Vulnerabilitätsschwelle durch Östrogen. Nervenheilkunde 10: 154–163
10 Häfner H, Maurer K, Löffler W, Riecher-Rössler A (1991c) Schizophrenie und Lebensalter. Nervenarzt 62: 536–548
11 Häfner H, Maurer K, Löffler W, Riecher-Rössler A (1991d) Schizophrenie und Lebensalter. In: Häfner H (ed) Psychiatrie. Ein Lesebuch für Fortgeschrittene. Fischer, Stuttgart, pp 178–197
12 Häfner H, Maurer K, Löffler W, Riecher-Rössler A (1993) The influence of age and sex on the onset and early course of schizophrenia. Br J Psychiat 162: 80–86
13 Häfner H, Riecher A, Maurer K, Fätkenheuer B, Löffler W, an der Heiden W, Munk-Jørgensen P, Strömgren E (1991b) Geschlechtsunterschiede bei schizophrenen Erkrankungen. Fortschr Neurol Psychiat 59: 343–360
14 Häfner H, Riecher A, Maurer K, Meissner S, Schmidtke A, Fätkenheuer B, Löffler W, an der Heiden W (1990) Ein Instrument zur retrospektiven Einschätzung des Erkrankungsbeginns bei Schizophrenie (Instrument for the retrospective assessment of the onset of schizophrenia – IRAOS) – Entwicklung und Ergebnisse –. Z Klin Psychol 19: 230–255
15 Huber G, Gross G, Schüttler G (1979) Schizophrenie. Eine Verlaufs- und sozialpsychiatrische Langzeitstudie. Springer, Berlin
16 Ideler KW (1847) Der religiöse Wahnsinn. Schwetschke, Halle
17 Janzarik W (1968) Schizophrene Verläufe. Springer, Berlin Heidelberg New York
18 Kraepelin E (1909–1915) Psychiatrie. Vol 1–4, Barth, Leipzig
19 Lewis SW, Murray RM (1989) Obstetric complications, neurodevelopmental deviance and risk of schizophrenia. J Psychiat Res 21: 413–421
20 Marneros A, Deister A, Rohde A (1991) Long-term monomorphism of negative and positive schizophrenic episodes. In: Marneros A, Andreasen NC, Tsuang MT (eds) Negative versus Positive Schizophrenia. Springer, Berlin Heidelberg New York, pp 183–196
21 Möller H-J, v Zerssen D (1986) Der Verlauf schizophrener Psychosen unter den gegenwärtigen Behandlungsbedingungen. Springer, Berlin
22 Post F (1966) Persistent persecutory states of the elderly. Pergamon, London
23 Riecher-Rössler A, Häfner H, Maurer K, Stummbaum M, Schmidt R (1992) Schizophrenic symptomatology varies with serum estradiol levels during menstrual cycle. Schizophr Res 6 (special issue): 114
24 Salokangas RKR, Stengard E, Räkköläinen V, Kaljonen IHA (1987) New schizophrenic patients and their families (English Summary). Rep Psychiat Fennica 78: Skitsofrenian tutkimuksen, hoidon ja kuntoutuksen valtakunnallinen kehittämisohjelma. Foundation for Psychiatric Research in Finland, Helsinki
25 Shepherd M, Watt D, Falloon I, Smeeton N (1989) The natural history of schizophrenia: A five-year follow-up study of outcome and prediction in a representative sample of schizophrenics. Psychological Medicine Monograph (suppl 15). Cambridge University Press, Cambridge
26 WHO (ed) (1973) The International Pilot Study of Schizophrenia. Geneva, WHO, vol 1, chap 5, pp 73–77
27 WHO (ed) (1978) Psychiatric and Personal History Schedule. WHO 5365 MNH (10/78). Geneva
28 WHO (1988) Psychiatric Disability Assessment Schedule (WHO/DAS). Geneva
29 Wing JK, Cooper JE, Sartorius N (1973) Present state examination (PSE). Medical Research Council. Cambridge University Press, London
30 v Zerssen D (1980) Konstitution. In: Kisker KP, Meyer JE, Müller C, Strömgren E (eds) Psychiatrie der Gegenwart, vol 1/2, 2. Aufl. Springer, Berlin, pp 619–705

Verlaufsforschung bei anorektischen und bulimischen Eßstörungen

M. M. Fichter
Medizinisch-Psychosomatische Klinik Roseneck, Prien und
Psychiatrische Universitätsklinik München

Einleitung

Als wir in einem interdisziplinären Team im Jahre 1975 am Max-Planck-Institut für Psychiatrie mit unseren ersten Verlaufsforschungen bei eßgestörten Patienten begannen, war Magersucht eine seltene Erkrankung; der Terminus Bulimia nervosa und Kriterien für eine diagnostische Klassifikation bulimischer Syndrome existierten damals noch nicht. Im Laufe der 70er Jahre nahm die Anzahl der stationär behandlungsbedürftigen Magersüchtigen jedoch deutlich zu und wir begannen in einem Team von Klinikern und Endokrinologen erste interdisziplinäre Untersuchungen zum Verlauf anorektischer Eßstörungen. Eine Serie von Untersuchungen betraf Veränderungen hinsichtlich Neuroendokrinum und Neurotransmitter bei Magersucht und später bei Bulimia (nervosa). Auch untersuchten wir Gesunde unter speziellen experimentellen Bedingungen reduzierter Nahrungszufuhr. Mit diesen biologisch-psychiatrischen Untersuchungen konnte die Wertigkeit verschiedener ätiologischer Faktoren anhand dezidierter Hypothesen überprüft werden (6, 36). Ein anderer Schwerpunkt war die Untersuchung des klinischen Verlaufs und die Herausarbeitung von Prädiktoren, die uns zum Zeitpunkt der Behandlung für den weiteren Verlauf Hinweise geben können (14).

Neuroendokrine Verlaufsforschung über Eßstörungen

Die Veröffentlichung von *Simmonds* (41) »über Hypophysenschwund mit tödlichem Ausgang« führten besonders in Deutschland in den nachfolgenden Jahrzehnten zu einer Konfusion zwischen der Simmondschen Krankheit (primäre Insuffizienz des Hypophysen-Vorderlappens) und der *Magersucht (Anorexia nervosa).* Zahlreiche endokrine Auffälligkeiten wurden bei Magersüchtigen berichtet und zum Teil als Beleg für die These einer primären hypophysären Insuffizienz als Ursache der Magersucht herangezogen. In einer am Max-Planck-Institut für Psychiatrie durchgeführten endokrinologischen Verlaufsuntersuchung mit Magersüchtigen untersuchten wir 16 konsekutiv aufgenommene Magersüchtige im Alter zwischen 13 und 29 Jahren hinsichtlich der Hypothalamus-Hypophysen-Nebennierenrinden- und -Gonadenachse (6, 14, 36). Die Patienten hatten bei Aufnahme 63% (Spannbreite 51–77%) des Idealgewichtes (31). Zu drei Zeitpunkten (eine Woche nach Klinikaufnahme, nach 10% Gewichtszunahme und kurz vor Entlassung) erfolgten halbstündliche Blutentnahmen über 24 h sowie anschließend ein Dexamethason-Suppressions-Test (DST). Ziel der Untersuchung war es, die Bedeutung von Körpergewicht und Nahrungszufuhr hinsichtlich endokriner Variablen empirisch herauszuarbeiten. Dabei gingen wir von der Hypothese aus, daß hormonelle Veränderungen auf den beiden untersuchten Achsen bei untergewichtigen Magersüchtigen Folge des Untergewichtes oder der reduzierten Nahrungszufuhr waren und sich deshalb mit einer Zunahme des Körpergewichtes normalisieren würden.

Bei Klinikaufnahme zeigten sich bei Magersüchtigen hinsichtlich der *Hypothalamus-Hypophysen-Nebennierenrinden* (HPA)-Achse folgende Befunde: 1. ein ausgeprägter Hypercortisolismus mit erhöhten Cortisolwerten im Plasma, insbesondere in den nächtlichen Zeiten, in denen sonst die Cortisolsekretion vermindert ist; 2. zeigte sich mit einer Ausnahme in allen Fällen eine unzureichende Cortisolsuppression nach Dexamethasongabe; 3. fand sich eine erhöhte Anzahl sekretorischer Spikes über 24 h, und 4. wurde ein verzögerter Cortisolabbau beobachtet. Hinsichtlich dieser Befunde bei Klinikaufnahme waren unsere Ergebnisse im Kontext der bestehenden Literatur nicht besonders aufregend, denn wir bestätigten – allerdings bei einer größeren Patientenserie – neuere Befunde anderer Arbeitsgruppen. Besonders in der Arbeitsgruppe um *Weitzman* in New York waren kurz zuvor ganz analoge Befunde publiziert worden; allerdings war in dieser amerikanischen Untersuchung der Versuchsplan weniger systematisch und die untersuchte Patientenzahl war klein (4). Das Interessante und Neue an unseren Ergebnissen war, daß sich die beschriebenen Auffälligkeiten in der HPA-Achse bereits nach geringfügiger Gewichtszunahme (10% des Ausgangsgewichtes bei Aufnahme) in nahezu allen Fällen normalisierten; dies ist um so bemerkenswerter, als die Patienten zu diesem Zeitpunkt noch immer ein sehr ausgeprägtes Untergewicht hatten. Diese Befunde legten nahe, daß eine temporäre Reduktion oder Erhöhung der Nahrungszufuhr von größerer Bedeutung für die Funktion der HPA-Achse ist. Diese Fragestellung wurde von uns in späteren Untersuchungen weiterverfolgt. Nach einer Gewichtszunahme von 10% des Idealgewichtes zeigte sich eine normale Supprimierbarkeit des Cortisols nach Dexamethasongabe bei allen außer drei Magersüchtigen, bei denen sich diese Funktion verzögert normalisierte. Nach 10%iger Gewichtszunahme zeigte sich eine signifikante Verminderung der Anzahl sekretorischer Episoden, eine signifikante Verminderung und Normalisierung der durchschnittlichen Cortisolkonzentration im Plasma über 24 h, eine Verminderung und Normalisierung des niedrigsten Plasma-Cortisolwertes in 24 h und eine Verkürzung und Normalisierung der Halbwertszeit des Cortisols im Plasma. Die wesentliche Normalisierung der endokrinologischen Befunde auf der HPA-Achse bei Magersüchtigen fiel somit in die Zeit der initialen Gewichtszunahme, die im Rahmen eines verhaltenstherapeutischen Programms erfolgte. Während dieser Gewichtszunahme in den ersten Behandlungswochen normalisierten sich somit so gut wie alle untersuchten Parameter der HPA-Achse und blieben normal über den weiteren Verlauf der Gewichtszunahme bis Entlassung.

Die *Hypothalamus-Hypophysen-Gonadenachse* wurde von allen endokrinen Bereichen bei Magersucht am meisten untersucht. Auch die *Weitzman*-Gruppe in New York hatte damals dazu ihre neuesten Befunde vorgelegt und eine Regression des 24-Stunden-Sekretionsmusters des luteinisierenden Hormons (LH) beschrieben (3). In unserer systematischen Untersuchung bei einer größeren Patientenanzahl bestätigten wir diesen Befund und konnten analog zur HPA-Achse auch für die Gonadenachse als erste aufzeigen, daß sich die beschriebenen Auffälligkeiten (z. B. Regression des 24-Stunden-LH- und FSH-Sekretionsmusters) mit einer Gewichtszunahme, allerdings etwas langsamer als die Befunde in der HPA-Achse, normalisierten. Alle 16 untersuchten Magersüchtigen entwickelten entweder bereits nach 10% Gewichtszunahme oder bis Entlassung ein pubertäres oder adultes Sekretionsmuster des LH und FSH. Bei Aufnahme hatten 14 der 16 Magersüchtigen ein infantiles LH-Sekretionsmuster gezeigt, und analoge Befunde ergaben sich auch für FSH. Die Zunahme des durchschnittlichen 24-Stunden-LH-Plasmaspiegels war geringer bei älteren als bei jüngeren Magersüchtigen und sie war geringer bei Magersüchtigen mit längerer Krankheitsdauer (36).

Wesentliche Ergebnisse für beide untersuchten endokrinen Achsen waren, daß zahlreiche endokrine Auffälligkeiten bei untergewichtigen Magersüchtigen mit temporär reduzierter Nahrungszufuhr bestanden und daß diese Veränderungen mit der Normalisierung des Körpergewichts reversibel waren und somit kaum als primäre Ursache für die Entstehung der Magersucht in Frage kommen.

Es stellte sich uns die Frage, inwieweit Veränderungen z. B. in der Gonadenachse auch bei normalgewichtigen Patienten mit *Bulimia (nervosa)* vorkommen, die durch Phasen exzessiven Essens und durch Versuche, einer Gewichtszunahme gegenzusteuern, starke Gewichtsschwankungen aufweisen. Wir untersuchten 24 Patienten mit Bulimia nach den DSM-III-Kriterien (1). Es fanden sich im Vergleich zu gesunden Kontrollpersonen signifikant erniedrigte nächtliche Plasmaspiegel für LH und FSH (13, 35). Gonadotropin-Plasmaspiegel waren signifikant erniedrigt bei bulimischen Patienten mit niedrigerem Körpergewicht, reduzierter kalorischer Zufuhr in den vorausgegangenen sieben Tagen, Patienten mit einer höheren Anzahl von Fastentagen (<1000 kcal pro Tag) im Vergleich zu gesunden Kontrollpersonen und bulimischen Patienten mit nicht reduzierter Nahrungszufuhr. In einer weiteren Untersuchung mit 15 Patientinnen mit Bulimia nach DSM-III im Vergleich zu neun gesunden Kontrollpersonen wurde die Zyklusphase genauer kontrolliert. Auch hier zeigte sich, daß die nächtlichen mittleren LH-Plasmaspiegel und die Amplituden der sekretorischen LH-Spikes bei bulimischen Patientinnen mit anovulatorischen Zyklen niedriger waren als bei gesunden Kontrollen bzw. bulimischen Patientinnen mit ovulatorischen Zyklen (13, 34). Bei den erwähnten 15 bulimischen Patientinnen und 15 weiteren bulimischen Patientinnen (insgesamt n = 30) untersuchten wir die Sekretion von Gonadotropinen und von Gonadenhormonen über die gesamte Zeit des weiblichen Zyklus. Nur drei von 30 weitgehend normalgewichtigen bulimischen Patientinnen (10%) zeigten ein normales Sekretionsmuster: 1. Gonadotropinsekretion (LH) in ausreichender Menge mit einem »Midcycle Peak«, 2. ausreichende Sekretion von Östradiol mit jeweils einem Gipfel in der Follikel- und der Lutealphase, und 3. eine normale Progesteronausschüttung in der Lutealphase. 40% aller bulimischen Patienten zeigten einen Lutealphasendefekt (LPD) mit fehlendem zweitem Östradiolgipfel und fehlendem Progesterongipfel in der Lutealphase. 50% der bulimischen Patienten zeigten über den gesamten Zyklusverlauf niedrige Östradiol- und Progesteronspiegel als Anzeichen dafür, daß kein dominanter Follikel gebildet wurde.

Dieses Ergebnis, daß nicht nur schwer untergewichtige Magersüchtige, sondern auch normalgewichtige bulimische Frauen mit temporär reduzierter Nahrungszufuhr Störungen in der Sekretion der Hypothalamus-Hypophysen-Gonadenachse aufweisen, ist in verschiedener Hinsicht bedeutungsvoll: 1. Im Zusammenhang mit diesen hormonellen Befunden sind auch bei normalgewichtigen bulimischen Frauen Störungen der reproduktiven Funktion und *Fertilität* zu erwarten. 2. Außerdem wurden in jüngster Zeit Zusammenhänge zwischen *Osteoporoserisiko* und im Jugendalter langjährig erniedrigtem Östrogenspiegel beschrieben. Östrogen ist für junge Frauen von essentieller Bedeutung für die Mineralisation der Knochen. Mit der beträchtlichen Häufigkeitszunahme anorektischer und bulimischer Eßstörungen muß auch das

Osteoporoserisiko bei anorektischen und bulimischen Patienten mehr Beachtung finden, zumal mittlerweile unbelastende diagnostische Möglichkeiten zur exakten Osteoporosediagnostik sowie medikamentöse Behandlungsmöglichkeiten bestehen. Neuroendokrine Auffälligkeiten bei Bulimia waren auf verschiedenen endokrinen Achsen insgesamt nicht so ausgeprägt wie bei stark untergewichtigen Magersüchtigen, waren aber dennoch vorhanden. Dabei scheint es eine Rolle zu spielen, ob eine bulimische Patientin unmittelbar im Anschluß an eine Abmagerungskur oder nach einer Gewichtszunahme untersucht wurde (17). Damit dürfte auch bei Frauen mit Bulimia nervosa ein gewisses Osteoporoserisiko bestehen.

Die Hypothese, daß temporär reduzierte Nahrungszufuhr neuroendokrine Veränderungen nach sich zieht (und nicht neuroendokrine Veränderungen die Ursache anorektischer und bulimischer Eßstörungen darstellen), konnte am klarsten in experimentellen Untersuchungen bei gesunden Probanden unter Fastenbedingungen belegt werden. Im Rahmen des »Munich University Starvation Experiments« (MUSE) untersuchten wir in einer sehr detaillierten Studie sorgfältig ausgewählte gesunde Frauen unter Bedingungen völliger Nahrungskarenz (Nulldiät) für einen Zeitraum von durchschnittlich drei Wochen, in denen die Gewichtsabnahme durchschnittlich 8 kg betrug. Blutabnahmen erfolgten mehrfach in jeder der vier mehrwöchigen Phasen: 1. Initiale Baseline-Phase; 2. Gewichtsabnahme-Phase; 3. Phase der Gewichtszunahme; 4. abschließende Baseline-Phase. In dieser Fastenstudie bei Gesunden wurden dieselben endokrinen Parameter wie in der oben berichteten Untersuchung bei Magersüchtigen bestimmt (24-Stunden-Plasmacortisol, DST, 24-Stunden-LH-Sekretionsmuster). Zusätzlich wurden Untersuchungen zur Schilddrüsenachse und zur alpha$_2$-adrenergen Funktion (Clonidintest) durchgeführt (9, 12, 16). In dieser experimentellen Untersuchung bei Gesunden unter Fastenbedingungen wurde unsere Hypothese, daß temporär reduzierte Nahrungszufuhr zu Veränderungen in der neuroendokrinen Sekretion führt, bestätigt. Im einzelnen ergab sich durch das Fasten 1. eine Hyperaktivität der Hypothalamus-Hypophysen-Nebennierenrindenachse mit unzureichender Cortisolsuppression im DST, 2. eine verminderte TSH-Antwort nach Stimulation mit TRH, 3. eine Regression im 24-Stunden-Sekretionsmuster der gonadotropen Hormone (LH, FSH), und 4. erhöhte basale Wachstumshormonwerte. Diese Befunde waren mit der Gewichtszunahme alle reversibel. Lediglich das noradrenerge Transmittersystem schien mit größerer zeitlicher Latenz zu reagieren; hier zeigte sich eine verminderte Wachstumshormonausschüttung nach Stimulation mit dem alpha$_2$-adrenergen Rezeptoragonisten Clonidin nicht bereits unmittelbar oder nach Gewichtsabnahme, sondern erst nach einer nachfolgenden Gewichtszunahme.

Spätere Fastenuntersuchungen wie z. B. die von *Schweiger* et al. (40) und *Mullen* et al. (33) verwandten ein Semistarvationsparadigma; auch diese Untersuchungen bestätigten im wesentlichen die Befunde der MUSE-Studie. Die neuere Literatur über starvationsbedingte Veränderungen bei Gesunden und im Rahmen von Eßstörungen wurde andernorts im Detail referiert (10). Die Quintessenz der dazu bis heute vorliegenden Befunde ist, 1. daß eine temporär reduzierte Nahrungszufuhr erhebliche Auswirkungen auf die neuroendokrine Steuerung und den Neurotransmittermetabolismus hat, 2. daß einige biologische Systeme schneller (HPA-Achse) und andere langsamer (noradrenerges System) auf temporäre Veränderungen der Nahrungszufuhr reagieren; 3. daß es sich dabei im wesentlichen um Adaptationsmechanismen an den Starvationszustand handelt (der Mensch wurde im Verlauf der Evolution gut für Starvationszustände gerüstet), 4. daß als Folge kohlenhydratarmer Diät und im Zusammenhang mit den Neurotransmitterveränderungen depressive Symptome als Folge gestörten Eßverhaltens auftreten können, und daß 5. bei ausgeprägtem und langjährigem Untergewicht (z. B. im Rahmen einer Magersucht) gesundheitliche Schäden (wie z. B. als Folge chronisch erniedrigter Gonadenhormone eine schwere Osteoporose) auftreten können.

Klinische Verlaufsforschung bei Eßstörungen

Verlauf von Anorexia nervosa

Wir untersuchten die 16 Magersüchtigen, bei denen die oben berichteten endokrinen Untersuchungen durchgeführt wurden, und acht weitere konsekutiv stationär aufgenommene Magersüchtige auch bezüglich ihres klinischen Verlaufs. Diese 24 Patienten waren im Mittel bei Aufnahme 19,6 ± 4,0 Jahre alt (SD), die mittlere Erkrankungsdauer war 3,2 ± 2,3 Jahre. Die Patienten wurden ein, drei und sieben Jahre nach Entlassung nachuntersucht. Nach einem kürzeren Zeitintervall (1–3 Jahre) war der klinische Befund bei Nachuntersuchung noch ziemlich »durchwachsen«. Im längerfristigen Verlauf zeigte sich, wie auch in anderen Langzeitverlaufsuntersuchungen bei Eßstörungen, ein »Auseinandergehen der Schere« zwischen schwer erkrankt und symptomfrei: ein größerer Teil als bei kurzfristigeren Katamnesen zeigte keine wesentliche Eßstörung mehr; allerdings waren einige wenige bei der Siebenjahres-Katamnese stark chronifiziert und eine Patientin war verstorben. Aus Vergleichszwecken verwandten wir in unserer Untersuchung das von *Morgan* und *Russell* (32) vorgeschlagene globale Erfolgsmaß. Bei der Dreijahres-Katamnese war das Ergebnis anhand des globalen Erfolgsmaßes wie folgt: 17% gut, 25% mäßig, 58% schlecht und 0% verstorben. In der Siebenjahres-Katamnese waren die entsprechenden Ergebnisse: 54% gut, 8% mäßig, 33% schlecht, 4% verstorben. Damit war sieben Jahre nach Entlassung ein erheblich höherer Prozentsatz in der Kategorie »guter Zustand bei Katamnese« als bei der Dreijahres-Katamnese. Die folgenden, zum Zeitpunkt der Aufnahme dokumentierten Befunde erwiesen sich für den weiteren Verlauf als prognostisch ungünstig: niedriges Aufnahmegewicht, ausgeprägte somatische Beschwerden, Vorliegen von Laxantienabusus, Erbrechen und bulimische Symptome, ausgeprägte Körperschemastörungen, ausgeprägte Zwanghaftigkeit, Depressivität und ein ausgeprägtes Gefühl der Überforderung. Prognostisch ungünstig waren auch hohe Werte in der Befindlichkeitsskala (48) und hohe Werte in dem Faktor »emotionale Labilität« des Freiburger Persönlichkeitsinventars; auch eine geringe Gewichtszunahme während der stationären Behandlung war ein prognostisch ungünstiges Zeichen.

Hinsichtlich des kürzerfristigen Verlaufs gibt es bis dato für Magersucht eine umfangreiche Literatur. Von dieser weisen aber nicht wenige Arbeiten methodische Schwächen hinsichtlich Stichprobenselektion, Versuchsplan, reliabler und valider Datenerhebung und Kategorisierung der Outcome-Kriterien auf. *Hsu* (26), *Schwartz* und *Thompson* (39) sowie *Steinhausen* und *Glanville* (42) diskutierten die Probleme des Vergleichs der Ergebnisse von Studien mit unterschiedlich selektierten und teilweise nicht vergleichbaren Outcome-Kriterien. In jüngerer Zeit wurde eine zusammenfassende Übersicht über Verlaufsuntersuchungen bei Magersucht von *Steinhausen* et al. (43) verfaßt. In ihrer Übersicht bestätigten diese Autoren Ergebnisse früherer Übersichten und hoben hervor, daß auch bei neueren Arbeiten methodische Probleme nicht selten anzutreffen waren wie z. B. das Fehlen einer prospektiven Versuchsplanung, expliziter Operationalisierung von Kriterien, Verwendung standardisierter Interviews und Selbsteinschätzungsskalen. Ein weiteres Problem war eine häufig beträchtliche Ausfallquote im Verlauf. Es erscheint wenig sinnvoll, Erfolgsquoten zwischen Untersuchungen pauschal zu vergleichen, da in der Regel sehr unterschiedliche Zuweisungsmodalitäten (Stichprobenselektionseffekte) vorliegen. Relevanter erscheint der Vergleich zwischen verschiedenen Studien hinsichtlich prognostischer Indizes. Die Replikation prognostischer Faktoren der Studien mit unterschiedlichen Patientenzusammensetzungen kann die Aussagekraft dieser Befunde wesentlich erhöhen. Nach der Literatur ist ein jüngeres Alter bei Beginn der Magersucht ein Prädiktor für einen günstigen Verlauf (37); dies konnte aber nicht in allen Studien (darunter auch unsere Studie) bestätigt werden. Allerdings war in unserer in der Erwachsenenpsychiatrie durchgeführten Studie auch keine große Streubreite hinsichtlich des Alters bei Krankheitsbeginn bei den Patienten vorhanden.

Zwischenzeitlich liegen auch mehrere Langzeitverlaufsuntersuchungen zu Anorexia nervosa über zehn oder mehr Jahre (20, 47) sowie über 20 und mehr Jahre vor (8, 37, 46). Von den 94 von *Theander* (46) nach 24 Jahren nachuntersuchten Magersüchtigen, die in Südschweden behandelt worden waren, waren 71 bei Nachuntersuchung »recovered«, eine Patientin wurde als »intermediate« klassifiziert, sieben Patientinnen waren in schlechtem Zustand, und 17 Patientinnen (18%) waren im Zusammenhang mit der Magersucht oder durch Suizid verstorben. Dieses 24-Jahres-Ergebnis entsprach im wesentlichen dem Ergebnis nach zehn Jahren, wenngleich sich zwischen einzelnen Patienten noch Verschiebungen in beide Richtungen (positiv oder negativ) ergaben. In der Londoner 20-Jahres-Verlaufsuntersuchung von *Ratnasuriya* et al. waren die Ergebnisse insgesamt etwas ungünstiger, speziell hinsichtlich Mortalität, als zum Zeitpunkt fünf Jahre nach Entlassung (37). Die Mortalitätsrate (bedingt durch magersüchtige Symptomatik) war bei 20-Jahres-Katamnese bis auf 15% angestiegen. In der Züricher Zehnjahres-Katamnese von *Willi* et al. (50) war allerdings nur eine von 38 Magersüchtigen (4%) an den Folgen der Magersucht verstorben; 64% der Magersüchtigen erreichten eine Gewichtsnormalisierung, doch wiesen mehr als die Hälfte der Patientinnen bei der Nachuntersuchung noch Störungen des Eßverhaltens und des psychischen Befindens auf. Die hohe Mortalitätsrate in einigen jüngst veröffentlichten Langzeitverlaufsuntersuchungen bei Magersucht stellt einen besonders markanten, ernst zu nehmenden Befund dar. Es ist zu hoffen, daß zwischenzeitliche Verbesserungen der Therapie und der therapeutischen Versorgung im Lande hier in künftigen Verlaufsuntersuchungen zu niedrigeren Mortalitätsraten führen werden.

Verlauf von Bulimia nervosa: Erste Ergebnisse der »German Bulimia Nervosa Study«

Nachdem der Begriff Bulimia bzw. Bulimia nervosa und die dazugehörigen diagnostischen Kriterien erst durch *Russell* (38) und in den DSM-III-Kriterien (1) festgelegt wurden, gibt es dazu weniger Verlaufsuntersuchungen (27, 29, 30, 44, 45). Eine Langzeitverlaufsuntersuchung zur Bulimia (nervosa) existiert bisher überhaupt nicht. Unsere Arbeitsgruppe (18) führte dazu eine umfangreichere, prospektiv angelegte Studie durch (German Longitudinal Bulimia Nervosa Study) (7). 250 konsekutiv stationär aufgenommene Patienten (neun männlich, 241 weiblich) mit Bulimia nervosa nach DSM-III-R-Kriterien, die stationär von Mai 1985 bis Juni 1988 in der Klinik Roseneck (Prien) behandelt wurden, wurden zwei Jahre nach Entlassung nachuntersucht; eine Siebenjahres-Nachuntersuchung derselben Stichprobe wird derzeit durchgeführt. Das Alter dieser Patienten war im Mittel 25,8 ± 6,6 Jahre bei Aufnahme. Das Alter bei Krankheitsbeginn betrug 17,9 ± 5 Jahre. Die bisherige Dauer der Erkrankung war im Vergleich zu anderen publizierten Studien zur Bulimia (nervosa) äußerst lang (7,11 ± 4,10 Jahre), so daß angenommen werden kann, daß es sich um eine Selektion von Fällen mit eher ungünstiger Prognose handelte. Die Studie war prospektiv angelegt. Die Patienten wurden bereits während der stationären Behandlung über die geplante Verlaufsuntersuchung informiert, so daß eine sehr hohe Beteiligungsrate bei der Nachuntersuchung erreicht werden konnte. Von den 250 Patienten konnten detailliertere Informationen von 247 Patienten (98,8%) bei der Zweijahres-Verlaufsuntersuchung gewonnen werden: bei 222 Patienten lagen sowohl Ergebnisse umfangreicher Fragebogenerhebungen als auch Ergebnisse eines Interviews vor; zehn Patienten nahmen nur an dem detaillierten Interview teil, ein Patient füllte nur die Fragebögen aus und nahm nicht am Interview teil, bei 14 Fällen konnten wir zumindest ein kürzeres Interview durchführen und eine Patientin starb im Alter von 24 Jahren (1¼ Jahre nach der Behandlung in der Klinik) im Zusammenhang mit ausgeprägtem Untergewicht, niedrigen Plasma-Kaliumwerten und schwerem Alkoholabusus. Detaillierte Angaben wurden prospektiv zu folgenden drei Zeitpunkten erhoben: Aufnahme in die Klinik, Entlassung und Zweijahres-Katamnese. Die Nachuntersuchung wurde zweistufig vorgenommen. Zuerst erhielten die Patienten per Post einen 27seitigen Fragebogen zugesandt. Nachdem dieser beantwortet zurückgesandt wurde, erfolgte ein Interview von ca. 1¼ h Dauer, welches Fragen zur eßspezifischen und zur allgemeinen Psychopathologie (»Strukturiertes Interview zur Anorexia und Bulimia nervosa« nach *Fichter* et al. (15)) und zur Inanspruchnahme medizinischer und sozialer Dienste enthielt. In einem methodischen Vergleich wurde im süddeutschen Raum eine Teilgruppe bulimischer Patienten aus der Gesamtgruppe zufällig für ein persönliches Interview ausgewählt und aus der verbleibenden, relativ großen Restgruppe bulimischer Frauen eine hinsichtlich Alter und Krankheitsdauer parallelisierte Gruppe zusammengestellt, bei der das Interview telefonisch durchgeführt wurde (18). Patienten aus Norddeutschland wurden telefonisch nachinterviewt.

Als Erhebungsinstrumente wurden verwendet: die »Munich Diagnostic Checklist for DSM-III-R-Disorders« (MDCL) nach *Hiller* et al. (25), die »Psychiatric Status Rating Scale for Bulimia« (PSRSB) nach *Herzog* et al. (23), verschiedene Selbsteinschätzungsskalen für spezifische Psychopathologie, »Eating Disorder Inventory« von *Garner* et al. (19), das »Anorexia Nervosa Inventar zur Selbstbeurteilung« (ANIS) nach *Fichter* und *Keeser* (11), Selbstbeurteilungsskalen zur allgemeinen Psychopathologie wie die »SCL-90-R« von *Derogatis* et al. (5), das »Beck Depression Inventory« (2), die »Befindlichkeitsskala« und die »Beschwerdenliste« nach *von Zerssen* (48), einige weitere Skalen zur Persönlichkeit (7) sowie Fragen zur Inanspruchnahme medizinischer Dienste. Die Ergebnisse dieser Verlaufsuntersuchung bei Bulimia nervosa nach DSM-III-R sind in Ausschnitten in Tabelle I wiedergegeben.

In allen verwendeten Skalen zeigten sich signifikant Besserungen vom Zeitpunkt zwischen Aufnahme und Entlassung aus stationärer Therapie. Die Patienten zeigten nicht nur eine Besserung des Eßverhaltens, sondern auch in den damit zusammenhängenden Einstellungen (Figurbewußtsein, Körperschema, Anankasmus, Gefühl eigener Unzulänglichkeit). Das gleiche Ergebnis einer signifikanten Besserung in allen verwendeten Skalen gilt auch für die allgemeine Psychopathologie, wie sie in der Beschwerdenliste, der SCL-90 erfaßt wurden. In den Selbsteinschätzungsskalen zeigte sich folgendes generelles Muster: eine drastische Besserung von Aufnahme bis Entlassung und eine, in der Regel leichte, in

Tabelle I. Eßstörungsdiagnose und -symptomatik bei Patienten mit Bulimia nervosa (DSM-III-R) im Verlauf.

	Patienten n	Aufnahme (%)	Entlassung (%)	Zweijahres-Katamnese (%)
DSM-III-R-Diagnosen				
Bulimia nervosa (gesamt)	247	100,0		40,9
nur Bulimia nervosa	210	85,0		36,0
Bulimia und Anorexia nervosa	37	15,0		4,9
nur Anorexia nervosa	0	0,0		4,0
anderweitig nicht spezifizierte Eßstörung	0	0,0		1,6
weder Anorexia noch Bulimia nervosa bei Us.	0	0,0		53,5
Eßstörungssymptomatik				
Freßattacken ≥ 2mal/Woche	207	100,0	45,4	41,5
Erbrechen ≥ 2mal/Woche	207	84,1	45,0	41,1
deutlicher Laxantienabusus	207	32,9	5,8	6,2
Diuretika	207	6,3	0,5	2,4
Appetitzügler	207	7,7	1,0	2,4
intensive körperliche Betätigung	232	13,8		9,5
Reduktion der sexuellen Libido	194	35,6	15,4	15,5
Amenorrhö	184	46,2	51,0	27,2

vielen Fällen statistisch nicht signifikante Verschlechterung des Selbsteinschätzungswertes beim Vergleich der Zeitpunkte Entlassung und Katamnese. Dabei war der Zustand bei Katamnese in den meisten Fällen signifikant besser als bei der Aufnahme. Beispielsweise war dies der Fall für die Skalen »Drive for Thinness«, »Ineffectiveness« und »Bulimic Behaviour« des Eating Disorder Inventory (EDI) und dem »General Symptomatic Index« der SCL-90-R. Etwas andere Ergebnisse hinsichtlich des Verlaufs über das Intervall zwischen Entlassung und Katamnese erbrachte die Experteneinschätzung auf der Basis der »Psychiatric Status Rating Scale for Bulimia« von *Herzog* et al. (23). Hier zeigte sich zwischen erstem Quartal nach Entlassung und Zustand bei Katamnese eine flach umgekehrt U-förmige Verlaufskurve mit einem Maximum an Eßstörungspathologie im zweiten Quartal nach Entlassung und (im Mittel) kontinuierlicher Besserungstendenz über die folgenden Quartale des Zweijahres-Verlaufsintervalls. Der Zustand zum Zeitpunkt der Nachuntersuchung zwei Jahre nach Entlassung war besser als zum Zeitpunkt des ersten Quartals nach Entlassung. Hinsichtlich dieses Verlaufs war kein Unterschied zwischen Patienten, die sehr positiv gegenüber der Teilnahme an der Nachuntersuchung waren, im Vergleich zu Patienten, die nur mit Mühe zu dem Interview überredet werden konnten. *Swift* et al. (44, 45) berichteten ungünstige Verlaufsergebnisse bei Bulimia. Relativ ungünstige Ergebnisse über den Verlauf der Bulimia nervosa über 35–42 Monate veröffentlichten kürzlich auch *Keller* et al. (29). Sie fanden niedrige Besserungsraten und hohe Raten für Chronizität, Rückfall und psychosoziale Morbidität. 50% der Patienten, die sich von der ersten prospektiv erfaßten Episode erholten, zeigten einen Rückfall in eine weitere Episode. Mögliche Gründe für die ungünstigeren Verlaufsergebnisse dieser amerikanischen Studien können sein: 1. Unterschiede in der Ausgangsstichprobe; allerdings hatten die Patienten unserer Stichprobe im Mittel einen längeren Krankheitsverlauf, was auf erhöhte Chronizität bei Behandlungsbeginn hinweist; 2. Unterschiede in den zugrundegelegten Verlaufskriterien; die Studie von *Keller* et al. legt hier zu enge, aus der Depressionsforschung stammende Maßstäbe an, und 3. unterschiedliche Behandlungseffekte: z. B. wurde die Stichprobe von *Keller* et al. nicht nach einem einheitlichen Konzept in einer einzigen Einrichtung, sondern in verschiedensten, über Boston verstreuten Einrichtungen behandelt.

Prognostische (bei Klinikaufnahme erfaßte) Indikatoren für einen ungünstigen Verlauf der Eßstörungen auf der Basis der »Psychiatric Status Rating Scale for Bulimia« waren 1. psychiatrische Komorbidität mit affektiven Erkrankungen, Angsterkrankungen oder Borderline-Persönlichkeitsstörung (U-Test bei Katamnese; $z = -2,8$; $p < 0,01$), und 2. ein Aufnahmegewicht mit einem Body Mass Index (BMI) unter 16. Letzteres bedeutet, daß Patienten, die sowohl die Kriterien für Anorexia als auch für Bulimia nervosa nach DSM-III-R erfüllten, eine schlechtere Prognose als normal- oder übergewichtige bulimische Patienten hatten (U-Test bei Katamnese; $z = -3,1$; $p < 0,01$). 3. Eine spezielle Gruppe mit ungünstiger Prognose waren Patienten mit Bulimia nervosa, die drei oder mehr weitere impulsive Symptome oder Syndrome (z. B. Kleptomanie, sexuelle Promiskuität, Alkoholabhängigkeit) aufwiesen. In unserer Studie hatte die Subskala »Drive for Thinness« des EDI und das Ausmaß an Abführmittelabusus bei Aufnahme keine prädiktive Bedeutung für den Verlauf der bulimischen Symptomatik, erfaßt in der PSRSB-Expert-Rating-Skala. Das Ausmaß an Depression, gemessen in Selbsteinschätzungsskalen wie der SCL-90-R-Subskala »Depression« (U-Test; $z = -1,2$; n.s.) und dem »Beck Depression Inventory« (U-Test; $z = -0,7$; n.s.), hatte allenfalls im Trend eine prädiktive Bedeutung für das Ausmaß der mit Hilfe der PSRSB erfaßten bulimischen Symptome.

In einer Reihe von anderen Studien war eine vergleichsweise hohe psychiatrische Komorbidität mit affektiven Erkrankungen bei Patienten mit Bulimia nervosa berichtet worden (21, 28, 49). Auch stellt sich die Frage, inwieweit das Ausmaß depressiver Symptome oder das Vorliegen zusätzlicher Diagnosen aus dem Bereich affektiver Erkrankungen von prädiktiver Bedeutung ist. *Swift* et al. (44) fanden bei ihrer Stichprobe bemerkenswert niedrige Depressions-Scores (SCL-90, BDI), berichteten jedoch über eine ungünstigere Prognose hinsichtlich der bulimischen Symptomatik für bulimische Patienten, die eine Komorbidität mit Depressionen bei Aufnahme aufwiesen. Unsere Befunde bestätigen die Hypothese eines differentiellen Verlaufs für depressive und nicht-depressive bulimische Patienten nur bedingt. Die bei Aufnahme berichtete Depressivität (Selbsteinschätzung) erbrachte keine signifikante Prädiktion. Psychiatrische Komorbidität mit affektiven Erkrankungen, Angststörungen und Borderline-Persönlichkeitsstörung waren in unserer Studie allerdings von prädiktiver Bedeutung für den Zweijahres-Verlauf. Die von *Keller* et al. (29) berichteten Prädiktoren für einen ungünstigen Verlauf (stärker ausgeprägte Eßstörung, ausgeprägtere Körperschemastörungen und wenig positive soziale Kontakte und Freundschaften) fanden in unserer Studie keine Bestätigung.

Besondere Merkmale der »German Bulimia Nervosa Study« sind: 1. die prospektive Planung der Studie; 2. der sehr große Stichprobenumfang, der eine Unterteilung in Untergruppen erlaubt; 3. die sehr hohe Beteiligungsrate; 4. die Verwendung sowohl von Selbst- als auch von Experteneinschätzungsskalen, und 5. die mehrdimensionale Erfassung der Symptomatik sowohl hinsichtlich Eßstörung als auch der allgemeinen Psychopathologie. 6. Auch ist die Studie als Langzeitverlaufsuntersuchungsstudie konzipiert; derzeit wird die Siebenjahres-Verlaufserhebung vorgenommen.

Zusammenfassend waren psychiatrische Komorbidität (affektive Erkrankungen etc.), niedriges Körpergewicht bzw. Vorliegen einer Anorexia nervosa bei Aufnahme und das Vorliegen multipler impulsiver Symptome von prädiktiver Bedeutung für den Zweijahres-Verlauf.

Herzog et al. (22) folgerten in einer Übersicht über Studien zum Verlauf von anorektischen und bulimischen Eßstörungen, daß nach wie vor eine hohe Mortalitätsrate für Anorexia und Bulimia nervosa vorliegt, Anorexia nervosa häufig einen chronischen und unremittierenden Verlauf, Bulimia nervosa dagegen nicht selten einen episodischen Verlauf aufweise und ein mäßiger Anteil Magersüchtiger im Verlauf eine Bulimia nervosa und umgekehrt Patienten mit Bulimia nervosa eine Magersucht entwickelten. Außerdem findet sich eine mangelnde Übereinstimmung der in einzelnen Studien herausgearbeiteten prädiktiv wirksamen Variablen. In jüngster Zeit wurde der Verlauf anorektischer und bulimischer Eßstörungen in mehreren Arbeiten in dem Buch von *Herzog* et al. (24) referiert.

Danksagungen

Ich danke *Herrn Prof. Dr. D. von Zerssen* für seine kritischen Anregungen im Verlaufe des Magersuchtprojektes an der seinerzeit von ihm geleiteten Abteilung.

Herr Prof. Dr. D. Ploog hatte stets ein offenes Ohr für diese Forschungsarbeiten. Er gab zahlreiche Anregungen und förderte die verschiedenen Projekte zum Themenbereich Eßstörungen in jeder Hinsicht. Dafür bin ich ihm zu größtem Dank verpflichtet.

Herr Dipl.-Psych. N. Quadflieg war maßgeblich an der Verlaufsstudie bulimischer Erkrankungen beteiligt.

Literatur

1 American Psychiatric Association (1980) Diagnostic and Statistical Manual of Mental Disorders, 3rd ed. American Psychiatric Association, Washington DC

2 Beck AT, Ward CH, Mendelson M, Mock J, Erbaugh J (1961) An inventory for measuring depression. Arch Gen Psychiat 4: 561–571

3 Boyar RM, Katz J, Finkenstein JW, Kapen S, Weitzman ED, Hellmann L (1974) Immaturity of the 24-hour luteinizing hormone secretory pattern. New Engl J Med 291: 861–865

4 Boyar RM, Hellmann LD, Roffwarg H, Katz J, Zumoff B, O'Connor J, Bradlow L, Fukushima DK (1977) Cortisol secretion and metabolism in anorexia nervosa. New Engl J Med 296: 190–193

5 Derogatis LR, Liberman RS, Rickels K, Uhlenhutz EH, Cori L (1974) The Hopkins Symptom Checklist (HSCL): A self-report symptom inventory. Behavl Sci 19: 1–4

6 Doerr P, Fichter MM, Pirke KM, Lund R (1980) Relationship between weight gain and hypothalamic pituitary adrenal function in patients with anorexia nervosa. J Steroid Biochem 13: 529–537

7 Fahrenberg J, Selg H, Hampel R (1973) Das Freiburger Persönlichkeitsinventar. Hogrefe, Göttingen

8 Farquharson RF, Hyland HH (1966) Anorexia nervosa: The course of 15 patients treated from 20 to 30 years previously. J Can Med Ass 94: 411–419

9 Fichter MM (1985) Magersucht und Bulimia: Empirische Untersuchungen zur Epidemiologie, Symptomatologie, Nosologie und zum Verlauf. Springer, Berlin

10 Fichter MM (1993) Starvation-related endocrine changes. In: Halmi KA (ed) Psychobiology and Treatment of Anorexia nervosa and Bulimia nervosa. American Psychiatric Press, Inc., Washington DC London, pp 217–248

11 Fichter MM, Keeser W (1980) Das Anorexia nervosa Inventar zur Selbstbeurteilung (ANIS). Arch Psychiat NervKrkh 228: 67–89

12 Fichter MM, Pirke KM (1986) Effect of experimental and pathological weight loss upon the hypothalamo-pituitary-adrenal axis. Psychoneuroendocrinology 11: 295–305

13 Fichter MM, Pirke KM (1989) Disturbances of reproductive function in eating disorders. In: Pirke KM, Wuttke W, Schweiger U (eds) The Menstrual Cycle and Its Disorders. Springer, Berlin, pp 179–188

14 Fichter MM, Doerr P, Pirke KM, Lund P (1982) Behavior, attitude, nutrition and endocrinology in anorexia nervosa: A longi-

tudinal study in 24 patients. Acta Psychiat Scand 66: 429–444
15 Fichter MM, Elton M, Engel K, Meyer AE, Poustka F, Mall H, von der Heydte S (1990) The Structured Interview for Anorexia and Bulimia nervosa (SIAB): Development and characteristics of a (semi-)standardized instrument. In: Fichter MM (ed) Bulimia nervosa: Basic Research, Diagnosis and Therapy. Wiley, Chichester, pp 57–70
16 Fichter MM, Pirke KM, Holsboer F (1986) Weight loss causes neuroendocrine disturbances: Experimental study in healthy starvation subjects. Psychiat Res 17: 61–72
17 Fichter MM, Pirke KM, Pöllinger J, Wolfram G, Brunner E (1990) Disturbances in the hypothalamo-pituitary-adrenal and other neuroendocrine axes in bulimia. Biol Psychiat 27: 1021–1037
18 Fichter MM, Quadflieg N, Rief W (1992) The German longitudinal bulimia nervosa study I. In: Herzog W, Deter HC, Vandereycken W (eds) The Course of Eating Disorders. Springer, Berlin Heidelberg New York London Paris Tokyo Hong Kong Barcelona Budapest, pp 133–149
19 Garner DM, Olmstead MP, Polivy J (1983) Development and validation of a multidimensional Eating Disorder Inventory of anorexia nervosa and bulimia. Int J Eating Disord 2: 14–34
20 Halmi K (1988) The course and outcome of eating disorders. Paper presented at the 3rd International Conference on Eating Disorders, New York
21 Hatsukami DK, Eckert E, Mitchell JE, Pyle R (1984) Affective disorder and substance abuse in women with bulimia. Psychol Med 14: 701–704
22 Herzog DB, Keller MB, Lavori PW (1988) Outcome in anorexia nervosa and bulimia nervosa: A review of the literature. J Nerv Ment Dis 176: 131–143
23 Herzog DB, Keller MB, Lavori PhW, Bradburn IS, Ott IL (1990) Course and outcome of bulimia nervosa. In: Fichter MM (ed) Bulimia nervosa: Basic Research, Diagnosis and Therapy. Wiley, Chichester, pp 126–141
24 Herzog W, Rathner G, Vandereycken W (1992) Long-term course of anorexia nervosa: A review of the literature. In: Herzog W, Deter HC, Vandereycken W (eds): The Course of Eating Disorders: Long-Term Follow-Up Studies of Anorexia and Bulimia nervosa. Springer, Berlin Heidelberg New York London Paris Tokyo Hong Kong Barcelona Budapest, pp 15–29
25 Hiller W, Zaudig M, Mombour W (1989) Münchner Diagnosen. Checklisten für DSM-III-R. Logomed, München
26 Hsu LKG (1980) Outcome of anorexia nervosa: A review of the literature (1954–1978). Arch Gen Psychiat 37: 1040–1046
27 Hsu LKG, Holder D (1986) Bulimia nervosa: Treatment and short-term outcome. Psychol Med 16: 65–70
28 Hudson J, Laffer P, Pope H (1982) Bulimia related to affective disorder by family history and response to dexamethasone suppression test. Am J Psychiat 139: 685–687
29 Keller MB, Herzog DB, Lavori PW, Bradburn IS, Mahoney EM (1992) The naturalistic history of bulimia nervosa: Extraordinarily high rates of chronicity, relapse, recurrence, and psychosocial morbidity. Int J Eating Disord 12: 1–9
30 Maddocks SE, Kaplan AS, Woodside DB, Langdon L, Piran N (1992) Two year follow-up of bulimia nervosa: The importance of abstinence as the criterion of outcome. Int J Eating Disord 12: 133–141
31 Metropolitan Life Insurance Company (1959) Statist Bull 40: 1–9
32 Morgan HG, Russell GFM (1975) Value of family background and clinical features as predictors of long-term outcome in anorexia nervosa: Four-year follow-up study of 41 patients. Psychol Med 5: 355–371
33 Mullen PE, Linsell CR, Parker D (1987) Der Einfluß von Schlafentzug und Kalorienrestruktion auf biologische Merkmale der Depression. Lancet i: 114–118
34 Pirke KM, Dogs M, Fichter MM (1988) Gonadotropins, oestradiol and progesterone during the menstrual cycle in bulimia nervosa. Clin Endocrinol 29: 265–270
35 Pirke KM, Fichter MM, Schweiger U (1987) Gonadotropin secretion pattern in bulimia nervosa. Int J Eating Disord 6: 655–661
36 Pirke KM, Fichter MM, Lund R, Doerr P (1979) Twenty-four hour sleep-wake pattern of plasma LH in patients with anorexia nervosa. Acta Endocrinol 92: 193–204
37 Ratnasuriya RH, Eisler I, Szmukler GI, Russell GFM (1991) Anorexia nervosa: Outcome and prognostic factors after 20 years. Br J Psychiat 158: 495–502

38 Russell GFM (1979) Bulimia nervosa: An ominous variant of anorexia nervosa. Psychol Med 9: 429–448
39 Schwartz DM, Thompson MG (1981) Do anorectics get well? Current research and future needs. Am J Psychiat 138: 319–323
40 Schweiger U, Laessle R, Kittl S (1986) Macronutrient intake, plasma large neutral amino acids and mood during weight-reducing diets. J Neural Transm 67: 77–86
41 Simmonds M (1916) Über Hypophysenschwund mit tödlichem Ausgang. Dt Med Wschr 42: 190
42 Steinhausen HL, Glanville K (1983) Follow-up studies of anorexia nervosa: A review of research findings. Psychol Med 13: 239–249
43 Steinhausen HC, Rauss-Mason C, Seidel R (1991) Follow-up studies of anorexia nervosa: A review of four decades of outcome research. Psychol Med 21: 447–454
44 Swift WJ, Kalin NH, Wamboldt FS, Kaslow N, Ritholz M (1985) Depression in bulimia at 2 to 5 year follow-up. Psychiat Res 16: 111–112
45 Swift WJ, Ritholz M, Kalin NH, Kaslow N (1987) A follow-up study of thirty hospitalized bulimics. Psychosom Med 49: 45–55
46 Theander S (1985) Outcome and prognosis in anorexia nervosa and bulimia: Some results of previous investigations, compared with those of a Swedish long-term study. J Psychiat Res 19: 493–508
47 Tolstrup K, Brinch M, Isagen T (1985) Long-term outcome of 151 cases of anorexia nervosa. Acta Psychol Scand 71: 380–387
48 v Zerssen D (unter Mitarbeit von Koeller DM) (1976) Klinische Selbstbeurteilungs-Skalen (KSb-S) aus dem Münchner Psychiatrischen Informationssystem: Die Befindlichkeits-Skala-Parallelformen Bf-S u. Bf-S. Beltz, Weinheim
49 Walsh BT, Roose SP, Glassman AH, Gladis M, Sadik C (1985) Bulimia and depression. Psychosom Med 47: 123–131
50 Willi J, Limacher B, Helbling P, Nussbaum P (1989) 10-Jahres-Katamnese der 1973–1975 im Kanton Zürich erstmals hospitalisierten Anorexie-Fälle. Schweiz Med Wschr 119: 147–155

Psychometrische, polysomnographische und neuroendokrine Befunde bei Probanden mit familiärer Belastung für psychiatrische Erkrankungen

J.-C. Krieg, C.J. Lauer, W. Schreiber, F. Holsboer
Max-Planck-Institut für Psychiatrie, Klinisches Institut, München

Objektivierbare Symptome der Depression sind in erster Linie Veränderungen der Hormonsekretion und der Schlafstruktur. So weisen depressive Patienten charakteristischerweise eine Funktionsstörung der Hypothalamus-Hypophysen-Nebennierenrinden(HPA)-Achse auf, die sich in einem Hypercortisolismus widerspiegelt. Weiterhin läßt sich bei einem Großteil der Patienten die Aktivität der Nebennierenrinde nicht durch Dexamethason unterdrücken (Dexamethason-Nonsuppression), und nach einer zusätzlichen Gabe von Corticotropin-Releasing-Hormon (CRH; kombinierter DEX/CRH-Test) kommt es zu einem deutlichen Anstieg der Corticotropin- und Cortisolsekretion (Übersicht bei (7)). Bei der schlafpolygraphischen Untersuchung zeigen depressive Patienten eine reduzierte Schlafeffizienz, einen verminderten Tiefschlafanteil (insbesondere in der ersten nonREM-Periode), eine verkürzte REM-Latenz sowie eine erhöhte Augenbewegungsdichte im REM-Schlaf (Übersicht bei (13)).

Die meisten der in der Depression auftretenden neurobiologischen Veränderungen normalisieren sich in der Remission und scheinen somit zustandsabhängig zu sein (sogenannte »state marker«). Andererseits konnte eine veränderte Aktivität der HPA-Achse bzw. eine gestörte Schlafstruktur auch in der Remission nachgewiesen werden, wobei das Weiterbestehen solcher Auffälligkeiten mit einer erhöhten Rückfallsrate verbunden war (4, 5, 8, 9, 10, 17, 20). Derartige Beobachtungen werfen die Frage auf, inwieweit solche neurobiologischen Veränderungen zustandsunabhängig sind (im Sinne von »trait markern«) und darüber hinaus auf ein erhöhtes Risiko hinweisen, an einer Depression oder – allgemeiner gesprochen – an einer psychiatrischen Störung zu erkranken. Um diese Frage befriedigend beantworten zu können, ist es nicht ausreichend, lediglich remittierte Patienten zu untersuchen, da die zu beobachtenden neurobiologischen Veränderungen Folgeerscheinungen der vorausgegangenen Krankheitsepisoden sein könnten. Dies würde bedeuten, daß die neurobiologischen Auffälligkeiten keine echten »trait marker« für eine Erkrankung darstellen, sondern lediglich »biologische Narben« vorausgegangener Episoden wären.

Aus diesen Überlegungen heraus haben wir mit einer Studie begonnen, die gesunde, psychiatrisch bisher noch nicht erkrankte Angehörige ersten Grades von depressiven Patienten psychometrisch, polysomnographisch und neuroendokrinologisch charakterisiert. Die dabei zugrundeliegende Hypothese lautet, daß einige dieser Angehörigen neurobiologische Auffälligkeiten aufweisen, die mit jenen bei depressiven bzw. remittierten Patienten vorzufindenden Veränderungen vergleichbar sind. Untersucht werden gesunde Probanden, die in ihrer Familie sowohl einen Angehörigen ersten Grades mit der DSM-III-R-Diagnose (1) einer »Major Depression« bzw. einer bipolaren affektiven Störung als auch einen weiteren Angehörigen mit der DSM-III-R-Diagnose einer affektiven Störung, einer schizophrenen bzw. schizoaffektiven Störung oder einer Angststörung aufweisen. Somit ist gewährleistet, daß der zu untersuchende Proband (sogenannter Hochrisiko-Proband) aus einer Familie stammt, die mit einem hohen Risiko für psychiatrische Erkrankungen belastet ist (der Selektionsvorgang der Hochrisiko-Probanden ist im Detail bei *Krieg* et al. (11) beschrieben).

Im Rahmen der noch laufenden Studie wurden 431 Patienten, die aufgrund einer affektiven Störung zur stationären Aufnahme kamen, hinsichtlich einer im obengenannten Sinne positiven Familienanamnese befragt. Auf diesem Wege konnten bislang 54 Hochrisiko-Probanden (24 Frauen, 30 Männer; Durchschnittsalter: 30 ± 8 Jahre) rekrutiert werden. 21 gesunde Probanden (10 Frauen, 12 Männer; Durchschnittsalter: 29 ± 7 Jahre) ohne Eigen- und Familienanamnese einer psychiatrischen Erkrankung dienten als Kontrollen. Folgende Meßwerte wurden im Bereich der *Psychometrie* erhoben: Extraversion, Neurotizismus, Frustrationstoleranz, Rigidität (Münchner Persönlichkeitstest, MP-T (23)), depressive Kognitionen (BDI (2)), vegetative Labilität (Beschwerden-Liste, B-L (22)) und Angst (State-Trait-Angstinventar, STAI X1 und X2 (15)). *Polysomnographisch* wurden verschiedene Meßwerte der Schlafkontinuität und der Schlafarchitektur erfaßt sowie gezielt die Struktur des ersten Schlafzyklus analysiert. Zusätzlich wurde bei einer Untergruppe von 22 Hochrisiko-Probanden ein cholinerger REM-Schlaf-Induktionstest durchgeführt. Wir wählten diesen Test, da ein cholinerger Stimulus bei depressiven Patienten ein deutlich rascheres Auftreten von REM-Schlaf bewirkt als vergleichsweise bei gesunden Kontrollpersonen (3, 6, 19) und Patienten mit anderen psychiatrischen Erkrankungen (z. B. Eßstörungen (14), Angst-Erkrankungen (16)). Zudem konnten wir zeigen, daß ein cholinerger Stimulus die bei jungen depressiven Patienten lediglich latent vorhandene Veränderung der REM-Schlaf-Regulation zu demaskieren vermag, d. h., trotz einer unter Basalbedingungen normalen REM-Latenz weisen diese Patienten nach cholinerger Stimulation eine deutliche Verkürzung der REM-Latenz auf (12, 14). *Neuroendokrinologisch* wurden die Hochrisiko-Probanden mit Hilfe des kombinierten DEX/CRH-Tests untersucht, um somit die Reagibilität der durch Dexamethason-Vorbehandlung supprimierten HPA-Achse auf einen CRH-Stimulus zu prüfen (21).

Die Ergebnisse der *psychometrischen und polysomnographischen Untersuchungen* sind in Tabelle I zusammengefaßt: Im Vergleich zu den Kontrollen zeigten die Hochrisiko-Probanden signifikant höhere Werte auf den MP-T-Skalen »Neurotizismus« und »Rigidität«; weiterhin stuften sie sich als »depressiver« (BDI) und »ängstlicher« (STAI X1) ein und wiesen eine signifikant erhöhte »vegetative Labilität« (B-L) auf. Bei der Untersuchung des Basalschlafs zeigten die Hochrisiko-Probanden – ähnlich depressiven Patienten – eine deutlich vermehrte Wachzeit sowie einen signifikant verminderten Tiefschlafanteil, dies insbesondere im ersten Schlafzyklus. Weitere depressionstypische Schlaf-EEG-Auffälligkeiten wie eine verkürzte REM-Latenz oder eine erhöhte REM-Dichte fanden sich bei den Hochrisiko-Probanden hingegen nicht. Im REM-Schlaf-Induktions-Test (RIT) mit dem Cholinergikum RS 86 zeigten die Hochrisiko-Probanden als Gruppe eine signifikant ausgeprägtere Vorverlagerung der ersten REM-Periode als die Kontrollpersonen, wobei vier der Hochrisiko-Probanden sogar eine »sleep onset REM period« (REM-Latenz < 25 min) aufwiesen – ein Phänomen, das üblicherweise nur bei Patienten mit einer Depression zu beobachten ist

Tabelle I. Statistik von ausgewählten psychometrischen und polysomnographischen Parametern der Hochrisiko-Probanden (n = 54) und der Kontrollprobanden (n = 22).

	Risikoprobanden	Kontrollprobanden	ANOVA F(1)	
Psychometrische Parameter				
MP-T:				
Extraversion	13,9 ± 6,2	14,5 ± 5,2	0,16	
Neurotizismus	10,0 ± 5,5	7,1 ± 3,2	5,24	*
Frustrationstoleranz	8,5 ± 3,2	9,1 ± 2,8	0,45	
Rigidität	8,5 ± 3,8	6,2 ± 3,7	5,39	*
BDI	3,5 ± 4,1	1,2 ± 2,5	5,67	*
B-L	12,9 ±10.7	4,8 ± 4,5	11,45	**
STAI				
X1	36,3 ± 7,0	32,3 ± 5,2	5,84	*
X2	35,5 ± 8,2	32,0 ± 6,4	3,07	
Polysomnographische Parameter				
Schlafeffizienz (%)	87,4 ± 9,7	90,8 ± 7,9	2,06	
Einschlaflatenz (min)	25,8 ±28,6	23,2 ±12,6	0,16	
Anzahl nächtlichen Erwachens	12,7 ± 8,6	9,2 ± 7,2	2,81	
REM-Latenz (min)	97,7 ±46,0	79,7 ±33,3	2,63	
Mittlere REM-Dichte	2,17 ± 0,80	2,14 ± 0,66	0,16	
Wachzeit (%SPT)	7,1 ± 6,9	5,2 ± 6,4	1,31	
Tiefschlaf (%SPT)	12,5 ± 7,2	15,6 ± 5,6	3,85	*
REM-Schlaf (%SPT)	17,6 ± 5,2	18,5 ± 4,8	0,42	
Erster Schlafzyklus:				
Wachzeit (% 1. nonREM-Periode)	7,6 ±11,5	2,7 ± 4,7	3,99	*
Tiefschlaf (% 1. nonREM-Periode)	31,3 ±22,3	41,5 ±17,8	4,21	*
REM-Dichte	1,74 ± 1,39	1,39 ± 0,53	1,98	

MP-T: Münchener Persönlichkeits-Test; BDI: Beck-Depressions-Inventar; B-L: Beschwerden-Liste; STAI: State-Trait-Angst-Inventar; SPT: Schlaf-Periode (sleep period time).
ANOVA: *p <0,05; **p <0,01.

(Abbildung 1; eine ausführliche Beschreibung und Diskussion der Ergebnisse des cholinergen RIT bei Hochrisiko-Probanden findet sich bei (18)).

Im Vergleich zu den Kontrollpersonen zeigte die Gruppe der Hochrisiko-Probanden im *DEX/CRH-Funktionstest* einen höheren CRH-induzierten Cortisolanstieg sowie ein zeitlich verzögertes Rückschwingen der Cortisolwerte auf das Ausgangsniveau (Abbildung 2a); so konnten bei den Hochrisiko-Probanden für den Zeitraum von 16.45 bis 18.00 h signifikant höhere Cortisol-Plasmakonzentrationen beobachtet werden. Weiterhin wiesen die Hochrisiko-Probanden insgesamt höhere CRH-induzierte Cortisolkonzentrationen auf (gemessen als Fläche unter der Antwortkurve, AUC; 15.00–18.00 h) als die Kontrollpersonen (Abbildung 2b). Ein Blick auf die Einzeldaten in Abbildung 2b zeigt außerdem, daß einige Hochrisiko-Probanden abnorm hohe Cortisolwerte aufwiesen, wie sie ansonsten typischerweise bei depressiven Patienten gefunden werden.

Grundsätzlich muß man davon ausgehen, daß nur ein Teil der hier untersuchten Hochrisiko-Probanden später einmal psychiatrisch erkranken wird; konservativen Schätzungen folgend gehen wir von etwa 20%

aus. Daher ist es auch nicht verwunderlich, daß Gruppenvergleiche der Hochrisiko-Probanden mit Kontrollpersonen, aber

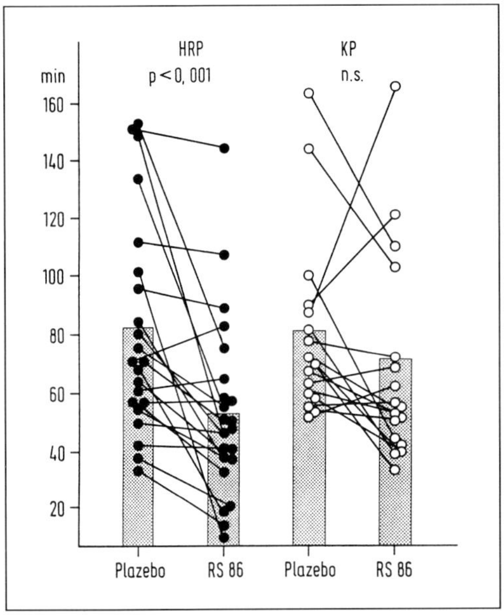

Abbildung 1. REM-Latenz (Minuten ab Schlafbeginn) nach Gabe von Plazebo und RS 86 bei Hochrisiko-Probanden (HRP) und Kontrollpersonen (KP).

auch mit depressiven Patienten, nur diskrete Unterschiede aufweisen, wobei jedoch eine große Variabilität der Einzeldaten zu verzeichnen ist. Wir haben daher spezielle »Auffälligkeitskriterien« definiert, um somit Einzelfälle besser identifizieren zu können. Ein Hochrisiko-Proband gilt dann als auffällig, wenn er:

a) im Bereich der *Psychometrie* auf mindestens drei der angewandten Skalen höhere Werte aufweist als das entsprechende Maximum bei den Kontrollpersonen;
b) im Bereich der *Polysomnographie* auf Grund eines diskriminanzanalytischen Verfahrens einer Gruppe depressiver Patienten zugeordnet wird und/oder im RIT eine REM-Latenz < 40 min bzw. eine Verkürzung der REM-Latenz um mehr als 50% des unter Plazebo gemessenen Wertes aufweist und
c) im *DEX/CRH-Test* eine CRH-induzierte Cortisolsekretion zeigt, die höher ist als das in der Kontrollgruppe beobachtete Maximum.

An Hand dieser Definition ergab sich folgendes Bild: 25 (46%) der Hochrisiko-Probanden zeigten keinerlei Auffälligkeiten in den verschiedenen untersuchten Berei-

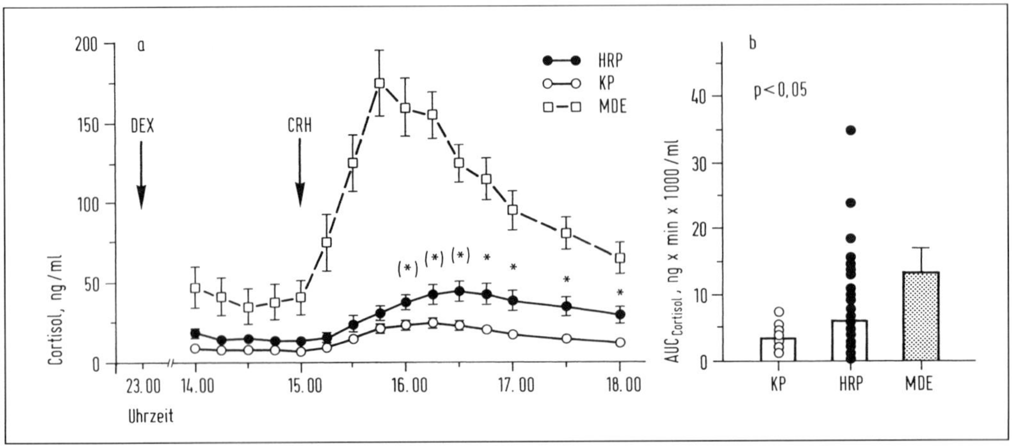

Abbildung 2. Kombinierter Dexamethason-Corticotropin-Releasing-Hormon(DEX/CRH)-Test bei Hochrisiko-Probanden (HRP), Kontrollpersonen (KP) und Patienten mit einer Depression (MDE; Referenzdaten). *a)* Gruppenvergleich der CRH-induzierten Cortisolsekretion nach DEX-Vorbehandlung. *b)* Einzelwertdarstellung der Flächen unter den Cortisol-Antwortkurven (AUC).

chen; 12 Hochrisiko-Probanden (22%) waren in der psychometrischen Untersuchung auffällig und neun (17%) auf Grund ihres Schlaf-EEGs unter Basalbedingungen. Sieben Hochrisiko-Probanden (33%) zeigten abnorme Ergebnisse im cholinergen REM-Induktionstest und 12 (26%) im DEX/CRH-Test. Mehrfachauffälligkeiten waren bei zehn Hochrisiko-Probanden (19%) in zwei und bei einem Hochrisiko-Probanden (2%) in drei Bereichen zu verzeichnen.

Diese Ergebnisse werfen natürlich die Frage auf, welche der genannten Instrumente Vulnerabilität in dem von uns definierten Sinn vorauszusagen vermögen. Zum jetzigen Zeitpunkt können wir in dieser Hinsicht noch keine eindeutigen Aussagen treffen. Erst die laufenden katamnestischen Untersuchungen werden zeigen, welche der untersuchten Variablen in ihrer Abnormität stabil bleiben (eine Voraussetzung, um als »trait marker« angesehen werden zu können) und welche der Risikoprobanden tatsächlich erkranken werden. Wir denken aber, daß unser multidimensionaler Ansatz, dessen erste Ergebnisse hier vorgestellt wurden, uns helfen wird, mittels psychoneurobiologischer Meßwerte Vulnerabilität für psychiatrische Erkrankungen zu identifizieren.

Literatur

1 American Psychiatric Association (APA) (1987) Diagnostic and Statistical Manual of Mental Disorders, ed 3, revised version. American Psychiatric Association, Washington

2 Beck AT, Rush AJ, Shaw BF, Emery G (1986) Kognitive Therapie der Depression, 2. Aufl. Psychologische Verlagsunion, München

3 Berger M, Riemann D, Höchli D, Spiegel R (1989) The cholinergic rapid eye movement sleep induction test with RS 86: State or trait marker of depression. Arch Gen Psychiat 46: 421–428

4 Charles GA, Schittecatte M, Rush AJ, Panzer M, Wilmotte J (1989) Persistent cortisol non-suppression after clinical recovery predicts symptomatic relapse in unipolar depression. J Affective Disord 17: 271–278

5 Giles DE, Jarrett RB, Roffwarg HP, Rush AJ (1987) Reduced rapid eye movement latency: A predictor of recurrence in depression. Neuropsychopharmacology 1: 33–39

6 Gillin JC, Sutton L, Ruiz C, Kelsoe J, Dupont RM, Darko D, Risch C, Golshan S, Janowsky D (1991) The cholinergic rapid eye movement induction test with arecoline in depression. Arch Gen Psychiat 48: 264–270

7 Holsboer F (1989) Psychiatric implications of altered limbic-hypothalamic-pituitary-adrenocortical activity. Eur Arch Psychiat Neurol Sci 238: 302–322

8 Holsboer F, Liebl R, Hofschuster E (1982) Repeated dexamethasone suppression test during depressive illness. Normalization of test result compared with clinical improvement. J Affective Disord 4: 93–101

9 Holsboer F, Steiger A, Maier W (1983) Four cases of reversion to abnormal dexamethasone suppression test response as indicator of clinical relapse: A preliminary report. Biol Psychiat 18: 911–916

10 Holsboer F, von Bardeleben U, Wiedemann K, Müller OA, Stalla GK (1987) Human corticotropin-releasing hormone in depression. Biol Psychiat 21: 609–611

11 Krieg J-C, Lauer CJ, Hermle L, von Bardeleben U, Pollmächer T, Holsboer F (1990) Psychometric, polysomnographic, and neuroendocrine measures in subjects at high risk for psychiatric disorders: Preliminary results. Neuropsychobiology 23: 57–67

12 Lauer CJ, Riemann D, Berger M (1987) Age, REM sleep and depression. Sleep Res 16: 283

13 Lauer CJ, Riemann D, Wiegand M, Berger M: From early to late adulthood (1991) Changes in EEG sleep of depressed patients and healthy volunteers. Biol Psychiat 29: 979–993

14 Lauer CJ, Krieg J-C, Riemann D, Zulley J, Berger M (1990) A polysomnographic study in young psychiatric inpatients: Major depression, anorexia nervosa, bulimia nervosa. J Affective Disord 18: 235–245

15 Laux L, Glanzmann P, Schaffner P, Spielberger CD (1981) Das State-Trait-Angstinventar (STAI). Beltz, Weinheim

16 Riemann D, Gann H, Hohagen F, Olbrich R, Fleckenstein P, Berger M (1990) REM sleep in depression, anxiety disorders and schizo-

phrenia. The influence of cholinergic stimulation with RS 86. In: Horne JA (ed) Sleep '90. Pontenagel, Bochum, pp 235–237
17 Rush AJ, Erman MK, Giles DE, Schlesser MA, Carpender G, Vasavada N, Roffwarg HP (1986) Polysomnographic findings in recently drug-free and clinically remitted depressed patients. Arch Gen Psychiat 43: 878–884
18 Schreiber W, Lauer CJ, Krumrey K, Holsboer F, Krieg JC (1992) Cholinergic REM sleep induction test in subjects at high risk for psychiatric disorders. Biol Psychiat 32:79–90
19 Sitaram N, Gillin JC, Bunney WE (1984) Cholinergic and catecholaminergic receptor sensitivity in affective illness: Strategy and theory. In: Post RM, Ballenger JC (eds) Neurobiology of Mood Disorders. Williams & Williams, Baltimore, pp 629–651
20 Steiger A, v Bardeleben U, Herth T, Holsboer F (1989) Sleep-EEG and nocturnal secretion of cortisol and human growth hormone in male patients with endogenous depression before treatment and after recovery. J Affective Disord 16: 189–195
21 v Bardeleben U, Holsboer F (1989) Cortisol response to a combined dexamethasone-human corticotropin-releasing hormone challenge in patients with depression. J Neuroendocrinol 1: 485–488
22 v Zerssen D (1976) Die Beschwerdenliste. Parallelformen B-L und B-L-Ergänzungsbogen B-L°. Beltz, Weinheim
23 v Zerssen D, Pfister H, Koeller DM (1988) The Munich Personality Test (MPT) – a short questionnaire for self-rating and relatives' rating of personality traits: Formal properties and clinical potential. Eur Arch Psychiat Neurol Sci 238: 73–93

Persönlichkeitsdimensionen als Risikoindikatoren für affektive und schizophrene Erkrankungen

W. Maier, J. Minges, D. Lichtermann
Psychiatrische Klinik der Universität Mainz

Eine über 100 Jahre zurückreichende These (17, 18, 26) sieht die diagnostisch identifizierbaren Psychosyndrome als Extremvarianten von Persönlichkeitsvariationen der Allgemeinbevölkerung. Diese These wurde zunächst an affektiven Erkrankungen (zyklischen Psychosen) und später an schizophrenen Erkrankungen exemplifiziert (19). Es wurde insbesondere postuliert, daß bestimmte Persönlichkeitsvariablen Risikofaktoren für das spätere Auftreten psychiatrischer Krankheiten darstellen. Besondere Relevanz kommt in diesem Zusammenhang den Arbeiten von *Kraepelin* (17), *Kretschmer* (19), *Tellenbach* (37) und *von Zerssen* (41, 42) zu. Für depressive und zykloide Persönlichkeits- bzw. Temperamentsverfassungen sowie für den Typus melancholicus und manicus wurde ein Zusammenhang mit affektiven Störungen postuliert. *Kretschmer* (19) betonte außerdem, daß Persönlichkeitsvarianten (Temperamente) abgeschwächte Formen affektiver oder schizophrener Erkrankungen darstellen können.

Während die klassischen Hypothesen vorwiegend an kategorialen Persönlichkeitstypen (Zyklothymie, Schizoidie etc.) orientiert waren, legen neuere Arbeiten vorwiegend kontinuierlich ausgeprägte Persönlichkeitsdimensionen zugrunde. *Eysencks* Persönlichkeitstheorie (7) rückte die beiden Dimensionen Neurotizismus und Extraversion/Introversion in den Vordergrund. Beide Dimensionen werden seit längerem intensiv als prädisponierende und/oder komplizierende Faktoren bei affektiven Störungen diskutiert. Daneben wurde auch für die Dimensionen »Anankasmus« und »Bereitschaft zu zwischenmenschlichen Beziehungen« (Soziabilität) eine prädisponierende Rolle für das Auftreten affektiver Störungen postuliert.

Die in klassischen Arbeiten zur prämorbiden Persönlichkeit von Patienten benutzten Taxonomien stimmen nicht mit der gegenwärtig üblichen Taxonomie der allgemeinen Persönlichkeitspsychologie überein. Die gängigen Instrumente zur Messung der Persönlichkeit (wie z. B. der MMPI, FPI oder der EPI) decken nicht alle Facetten ab, die in klassischen psychiatrischen Arbeiten als möglicherweise disponierende Faktoren herausgearbeitet wurden. Wenn andererseits solche Dimensionen enthalten sind (z. B. Schizoidie im MMPI), konzentrieren sie sich nicht auf jene Eigenschaften, die in der Primärpersönlichkeit späterer Patienten als besonders auffällig beschrieben wurden. Da gängige Persönlichkeitsinventare Persönlichkeitsvariationen in der Allgemeinbevölkerung zum Gegenstand haben, ist dies auch gar nicht zu erwarten. Daher stellt die Entwicklung von Inventaren zur Erfassung jener Persönlichkeitsdimensionen, die bevorzugt mit der Entwicklung psychiatrischer Störungen in Zusammenhang gebracht wurden einen entscheidenden methodischen Beitrag zum Studium des Zusammenhanges zwischen psychiatrischen Erkrankungen und Persönlichkeitsfaktoren dar. Das durch *von Zerssen* entwickelte Instrument – Münchener Persönlichkeits-Test (MPT) – und dessen Vorläufer versuchten erstmals, die in der klassischen psychiatrischen Literatur enthaltenen relevanten Persönlichkeitskonzepte in ein gemeinsames Inventar zu übersetzen (43).

Empirische Befunde in klinischen und epidemiologischen Studien

Im Rahmen psychometrischer Untersuchungen wurden Probanden mit affektiv unipolaren Depressionen durch retrospektive Untersuchungen als prämorbide introvertiert (9, 10, 11, 38) und abhängig im Rahmen zwischenmenschlicher Beziehungen gekennzeichnet (11). Diese Befunde zur »oralen« Struktur werden in neueren Untersuchungen durch Befunde von erhöhten Neurotizismuswerten ergänzt. Der Zusammenhang zwischen Neurotizismus und unipolaren Depressionen gehört heute zu den am häufigsten replizierten Resultaten der psychiatrischen Persönlichkeitsforschung. Erhöhte Neurotizismuswerte konnten nämlich auch in prospektiven epidemiologischen Studien als Prädiktor für das spätere Auftreten unipolarer Depressionen (2, 4, 12, 28) und als familiäre Risikoindikatoren (20, 23, 40) gesichert werden. Ein analoger Befund wurde aber in der durch *von Zerssen* (41) untersuchten Stichprobe endogen (monopolar) Depressiver nicht beobachtet. Dagegen erwies sich der Faktor Introversion, für den in früheren Studien ein Zusammenhang mit unipolaren Depressionen publiziert wurde (1), als nicht prädiktiv (2, 4, 12).

Mangel an Selbstvertrauen und eine Neigung zur Begrenzung sozialer Kontakte (vorwiegend auf familiäre Beziehungen, die sich in reduzierten »Sociability«-Werten niederschlagen) wurden wiederholt in amerikanischen Stichproben remittierter unipolar Depressiver gefunden (1). *Von Zerssen* (41) fand ebenso bei allen diagnostischen Subgruppen remittierter depressiver Patienten erhöhte mittlere Skalenwerte für Schizoidie. Soziale Aufgeschlossenheit und verwandte Konstrukte prädizieren aber weder in der Züricher noch in der NIMH-Stichprobe das spätere Auftreten einer Depression (2, 12).

Von Zerssen hat im Anschluß an die Arbeiten von *Tellenbach* (37) zeigen können, daß endogene und spät beginnende monopolare Depressionen durch Rigidität, Leistungsorientiertheit und stabile interpersonale Beziehungen gekennzeichnet sind.

Andere Untersucher haben die prämorbide Persönlichkeit von Involutionsdepressionen als anankastisch (i.e. ausgeprägte Egozentrik und Rigidität) charakterisiert. Dagegen fanden aber die Mehrzahl der Untersucher im Vorfeld unipolarer Depressionen keine ausgeprägteren anankastischen Persönlichkeitszüge (9, 10; Zusammenfassung in (41)). Gründe für diese Diskrepanz kann einerseits die Heterogenität der Gesamtgruppe unipolarer Depressionen in bezug auf prämorbide Persönlichkeitszüge sein; für die Aufklärung dieser Heterogenität wären unter Umständen Subtypisierungen nach Verlauf, Querschnittssymptomatik und Ersterkrankungsalter sinnvoll, die in englischsprachigen Arbeiten üblicherweise nicht vorgenommen werden. Andererseits können die verschiedenen Aspekte des Anankasmus einen differenten Bezug zur unipolaren Depression bzw. deren Subtypen haben; ein Zusammenhang wird bevorzugt für den Aspekt Rigidität, nicht aber für die Komponenten Eigensinn und Geiz postuliert (41).

Bipolare affektive Störungen sind im Vergleich zu unipolaren Depressionen durch weniger akzentuierte Persönlichkeitseigenschaften charakterisiert (2). Zu den weitgehend gesicherten Befunden gehört, daß das Temperament remittierter manischer Patienten durch zyklothyme und hyperthyme Züge gekennzeichnet ist (15, 16). Ebenso ist die soziale Aufgeschlossenheit bei bipolar Kranken nicht oder nur geringfügig reduziert (9, 10). Insgesamt ist daher der von *Kretschmer* (19) für alle affektiv Erkrankten postulierte zykloide Charakter für die bipolar affektiven Fälle weitgehend bestätigt (31, 32). Entsprechend finden sich bei remittierten manischen Patienten auch keine schizoiden Tendenzen. Strittig ist, ob die Persönlichkeit von Patienten mit bipolaren Störungen durch erhöhte Neurotizismuswerte gekennzeichnet ist (9, 10, 41). Jedenfalls zeigte sich in prospektiven epidemiologischen Studien kein Zusammenhang zwischen dem prämorbiden Neurotizismuswert und dem späteren Auftreten maniformer Symptomatik (2).

Neuerdings hat *von Zerssen* das Persönlichkeitsprofil des Typus manicus herausgearbeitet, der durch hyperthyme und vitale Züge gekennzeichnet ist, und zwar die Leistungsorientiertheit, jedoch nicht die anankastischen Züge mit dem melancholischen Typus teilt (44). Dagegen konnten *Klein* et al. (15, 16) feststellen, daß zyklothyme Persönlichkeitszüge mit der in der Über-Ich-Skala von *Catells* Persönlichkeitsinventar enthaltenen Tendenz zur Gewissenhaftigkeit und Pedanterie korrelieren. Diese beiden letztgenannten Züge kennzeichnen auch den Faktor Rigidität. Die diskrepante Befundlage bezüglich des Zusammenhangs zwischen Rigidität und bipolarer Störung ist unter Umständen durch die Heterogenität bipolar affektiver Störungen bezüglich der Primärpersönlichkeit zu erklären. Der Typus manicus wurde vorwiegend als Primärpersönlichkeit der monopolaren Manien bestätigt (31, 32), während die Primärpersönlichkeit von derart bipolar Erkrankten, die zur Ausbildung sowohl von Depressionen als auch von Manien neigen, auch solche Persönlichkeitszüge aufwiesen, die sonst vorzugsweise bei unipolaren Depressionen gefunden wurden.

In der klassischen klinischen Literatur werden Schizophrene häufig durch ausgeprägte prämorbide Verhaltensauffälligkeiten gekennzeichnet, die als Persönlichkeitsstörungen oder -varianten interpretiert werden (17, 19). Die häufigste Form dieser Deviation wird als schizoide Persönlichkeit charakterisiert (3, 19). Psychopathometrische Untersuchungen bei remittierten Schizophrenien (die aber wegen der ausgeprägten Chronifizierungstendenz der Schizophrenie nur eine Minderheit der schizophrenen Fälle darstellen können) bestätigten diese Hypothese (30, 41); allerdings war die schizoide Persönlichkeitsstruktur auch bei affektiven und anderen Erkrankungen gehäuft zu finden (41). Schizophrene wurden prämorbide insbesondere als emotional und in ihren sozialen Bezügen verarmt sowie als kognitiv verlangsamt und als impulsiv (30) beschrieben. Daneben wurden bei remittierten Schizophrenen aber auch erhöhte Neurotizismus- und Introversionswerte beobachtet (41). Die prädiktive Valenz der Introversion für die spätere Entwicklung einer Schizophrenie ist aber strittig (30). Der Zusammenhang zwischen dem Persönlichkeitsmerkmal Rigidität und Schizophrenie ist wenig bearbeitet worden; mehrere Untersuchungen (41) fanden diesen Zusammenhang jedoch bestätigt. In der prospektiven Züricher Studie wurden lediglich Tendenzen für eine reduzierte Soziabilität und eine höhere Introversion als prämorbide Charakteristika der Schizophrenie gefunden; der Neurotizismus-Score zeigte keine prädiktive Tendenz (2). Schizoidie und Rigidität wurden in dieser Studie nicht erfaßt. Andere Typologien zur prämorbiden Persönlichkeit Schizophrener betonen psych- und neurasthenische Züge. Eine umfassende Typologie der Primärpersönlichkeit Schizophrener wurde von *Mundt* (27) vorgelegt, die jedoch von anderen Arbeitsgruppen noch nicht auf ihre Validität geprüft wurde.

Schizoaffektive Störungen sind durch besonders akzentuierte Persönlichkeitsfaktoren und -typen gekennzeichnet (31, 32). Diese umfassen alle bei schizophrenen und affektiven Erkrankungen abweichenden Persönlichkeitsdimensionen. Offenbar han-

delt es sich bei schizoaffektiv Kranken um eine bezüglich der Primärpersönlichkeit besonders heterogene Gruppe, die im folgenden zugunsten der homogeneren affektiven und schizophrenen Erkrankungen unberücksichtigt bleiben soll.
Diese in epidemiologischen und klinischen Studien vorliegenden Befunde zur prämorbiden Persönlichkeit affektiver und schizophrener Störungen sind also außerordentlich kontrovers. Eine stabile Mehrheitsmeinung ist lediglich insofern feststellbar, als erhöhte Neurotizismus-Scores die Persönlichkeit sowohl affektiver als auch schizophrener Störungen kennzeichnen; aber auch dieser Trend ist nicht unwidersprochen. Daneben könnten anankastische Züge, und hier insbesondere die Rigidität, ein diagnoseübergreifendes Charakteristikum affektiver und schizophrener Störungen sein. Über diagnosespezifische Persönlichkeitsindikatoren scheint keinerlei Konsens zu bestehen, wenn man von der zyklothymen Verfassung als einem Charakteristikum bipolar affektiver Erkrankungen absieht; diese Dimension stellt aber möglicherweise bereits eine Vorform der Erkrankung dar (44).

Methodische Probleme und deren Konsequenzen

Der Zusammenhang zwischen prämorbider Persönlichkeit und psychischen Krankheiten wurde vorwiegend durch Untersuchungen an remittierten Patienten dargestellt. Die so ermittelten Persönlichkeitsprofile stellen aber die prämorbide Persönlichkeit remittierter Patienten aus den folgenden Gründen möglicherweise nur verzerrt dar:

a) Abgeklungene Erkrankungsphasen können die prämorbide Persönlichkeit verändern; dies ist insbesondere bei schweren chronifizierenden Erkrankungen wie der Schizophrenie der Fall (1). Die Aufforderung zur Beurteilung der prämorbiden Persönlichkeit und die Befragung von nahestehenden Personen kann dieses Problem mildern, aber nicht eliminieren.
b) Das Inanspruchnahmeverhalten ist nicht nur von Art und Ausprägung der Beschwerden, sondern auch von Persönlichkeitsfaktoren beeinflußt (6, 35); die bei Patienten beobachteten Persönlichkeitsdeviationen können Folgen des Inanspruchnahmeverhaltens sein.
c) Persönlichkeitsfaktoren beeinflussen auch den Verlauf psychiatrischer Erkrankungen (39); die Wahrscheinlichkeit der Remission einer Episode und damit die Wahrscheinlichkeit, in eine Untersuchungsstichprobe remittierter Patienten eingeschlossen zu werden, variiert mit den die Remission voraussagenden Persönlichkeitsvariablen.

Daneben kann eine noch vorhandene Restsymptomatik die Selbstschilderung und Fremdbeurteilung von Persönlichkeitseigenschaften beeinflussen. Dieses methodische Problem wird bei lange überdauernder diskreter Restsymptomatik praktisch nur unzureichend gelöst werden können. Limitierend kann im Rahmen retrospektiver Untersuchungen remittierter Patienten auch die mit zunehmender Stabilität der Remission vermutlich steigende Drop-out-Quote wirken.
Prospektive epidemiologische Studien, die zum ersten Untersuchungszeitpunkt Persönlichkeitsvariablen, zum späteren Untersuchungszeitpunkt die Prävalenz von Erkrankungen im Intervall zwischen den beiden Beobachtungszeitpunkten messen, können diese genannten methodischen Probleme klinischer Studien umgehen. Diese Strategie ist aber – insbesondere in bezug auf Erkrankungen mit niedrigen Prävalenzraten in der Allgemeinbevölkerung wie bipolar affektive Störungen oder Schizophrenie – entweder enorm aufwendig oder wegen der geringen Anzahl zu erwartender Neuerkrankungen nicht trennscharf; so hat die einzige publizierte prospektive epidemiologische Studie zu bipo-

laren und schizophrenen Erkrankungen (2) im Beobachtungszeitraum nur 12 Fälle Schizophrenie-ähnlicher und 16 Fälle bipolarer affektiver Störungen identifiziert.
Die Untersuchung der Persönlichkeit bei Angehörigen von Patienten stellt eine weniger aufwendige Alternative dar. Dabei liegt das folgende Rationale zugrunde: Affektive und schizophrene Störungen treten familiär gehäuft auf; in Kollektiven von Angehörigen, die das Risikoalter noch nocht passiert haben, ist also prospektiv eine höhere Anzahl von Neuerkrankungen zu erwarten als in Kontrollkollektiven; daher sind prämorbide Kennzeichen der untersuchten Störungen in Kollektiven von Angehörigen von Patienten gehäuft zu finden.
Weiterhin ist davon auszugehen, daß Personen mit erhöhtem Erkrankungsrisiko (bzw. mit Risikofaktoren) nicht notwendigerweise erkranken müssen; protektive Faktoren können den Ausbruch der Erkrankung verhindern. Akzentuierte Persönlichkeitsprofile können also auch die Rolle von attenuierten Erkrankungen einnehmen (19). Besonders informativ für den familiären Zusammenhang zwischen Persönlichkeitsfaktoren und einer psychiatrischen Störung sind gesunde Angehörige von Patienten mit dieser Störung, die keine psychiatrische Lebenszeitdiagnose aufweisen, im Vergleich zu gesunden Angehörigen familiär nicht belasteter gesunder Kontrollen. Die Untersuchung gesunder Angehöriger schließt nämlich den Einfluß abgelaufener oder aktueller Krankheitsepisoden aus.

Stichproben und Methoden unserer Studie

Indexprobanden und Kontrollprobanden sind den Kollektiven einer umfänglicheren Familienstudie entnommen (22). Die Stichprobe besteht aus 260 Indexprobanden, die zur Behandlung einer nicht wahnhaften, bipolar affektiven Störung (n = 71), einer Schizophrenie (RDC) (n = 89) oder einer primären unipolaren Major Depression (n = 100) konsekutiv zur stationären Aufnahme kamen, und 109 nach Alter und Geschlecht, sozialem und Bildungsstand parallelisierten Indexpersonen (Kontrollen), die repräsentativ in der Allgemeinbevölkerung rekrutiert wurden. Die Probanden und ihre Angehörigen ersten Grades wurden aufgefordert, an einem semistrukturierten Interview zur biographischen und psychiatrischen Anamnese (SADS-LA; (24)) teilzunehmen. Persönlichkeitsstörungen (DSM-III-R) wurden durch das strukturierte Interview SCID-II (Structured Clinical Interview for DSM-III-R Personality Disorders; (36)) erhoben. Im Rahmen des Interviews wurde auch ein Fragebogen zur Beurteilung der Persönlichkeit in »gesunden Tagen« vorgelegt (MPT; (43)). Dieser Fragebogen erlaubt die Messung folgender Dimensionen: Extra-/Introversion, Neurotizismus, Frustrationstoleranz, Rigidität und Schizoidie, die sich wiederum in die Unterfaktoren esoterische Tendenzen und Isolationsneigung aufspaltet. Hyperthyme oder zyklothyme Tendenzen können mit dem MPT nicht erfaßt werden.
Alle Indexprobanden in beiden Vergleichsgruppen sowie 82% (Angehörige von Patienten) bzw. 79% (Angehörige von Kontrollen) von deren lebenden Angehörigen ersten Grades willigten in eine direkte Befragung ein, die vorzugsweise in der Klinik und bei 33% der Angehörigen in deren Wohnung stattfand. Von den direkt befragten Angehörigen liegen bei 94% MPT-Beurteilungen vor.
Das diagnostische Interview SADS-LA erlaubt nach Sichtung der im Interview erhobenen Daten sowie der von anderen Angehörigen bereitgestellten fremdanamnestischen Information und der Krankenakten (soweit verfügbar) eine diagnostische Beurteilung durch erfahrene Psychiater (Best Estimate Diagnosis; (21)). Alle Angehörigen in allen Vergleichsgruppen, die nach RDC eine Lebenszeitdiagnose (inclusive Minor Depression oder Hypomanie; Bor-

derline-, paranoide, schizoide oder schizotypische Persönlichkeitsstörung nach DSM-III-R) erhielten, wurden von der folgenden Auswertung ausgeschlossen.

Ergebnisse unserer Studie

Tabellen I und II berichten die mittleren geschlechtsspezifischen Ausprägungen der Persönlichkeitsdimensionen des MPT bei gesunden Angehörigen von Patienten verschiedener Diagnosegruppen und von gesunden Angehörigen familiär nicht belasteter Kontrollen; die in den Tabellen kursiv gedruckten Mittelwerte ± SD zeigen signifikante Unterschiede (U-Test) gegenüber der Kontrollgruppe gleichen Geschlechts an (p = 0,05). Rigidität war bei gesunden Angehörigen von Patienten beiderlei Geschlechts signifikant erhöht, unabhängig von der Diagnose der Indexfälle; der Neurotizismus zeigte ein analoges normdeviantes Verteilungsmuster bei Männern.

Entgegen der klassischen These, daβ sich schizoide Persönlichkeitsstrukturen in Familien Schizophrener häufen (5, 19), konnten weder in Familien Schizophrener noch in Familien von Patienten mit anderen Diagnosen erhöhte Schizoidiewerte (Isolationsneigung oder esoterische Tendenzen) gefunden werden. Es waren weder die

Tabelle I. Persönlichkeitsprofile (Mittelwerte ± SD) bei gesunden männlichen Angehörigen von Patienten und Kontrollen in Abhängigkeit vom Probandenstatus.

MPT – Dimensionen	Gesunde männliche Angehörige von Probanden mit			Angehörige von Kontrollen
	Schizophrenie (n = 58)	bipolar aff. Störung (n = 48)	unipolare Depression (n = 55)	(n = 70)
Extraversion	**8,1 ± 5,0**	9,5 ± 6,0	10,1 ± 6,5	10,2 ± 5,2
Neurotizismus	**7,9 ± 4,5**	**7,9 ± 4,9**	**8,8 ± 6,0**	6,4 ± 4,2
Frustration	**7,3 ± 3,6**	8,4 ± 3,9	8,1 ± 3,8	8,8 ± 2,9
Rigidität	**9,3 ± 4,0**	**10,1 ± 4,4**	**9,5 ± 5,1**	7,8 ± 3,9
Isolationstendenz	3,1 ± 2,1	2,0 ± 1,9	2,4 ± 2,3	2,5 ± 1,8
Esot. Tendenzen	1,8 ± 1,9	2,2 ± 1,9	1,9 ± 1,7	1,4 ± 1,4

Fett gedruckte Zahlen: Signifikante Unterschiede zum Kontrollkollektiv (p = .05).

Tabelle II. Persönlichkeitsprofile (Mittelwerte ± SD) bei gesunden weiblichen Angehörigen von Patienten und Kontrollen in Abhängigkeit vom Probandenstatus.

MPT – Dimensionen	Gesunde weibliche Angehörige von Probanden mit			Angehörige von Kontrollen
	Schizophrenie (n = 72)	bipolar aff. Störung (n = 49)	unipolare Depression (n = 65)	(n = 79)
Extraversion	9,3 ± 5,1	9,0 ± 6,1	9,2 ± 6,5	9,9 ± 6,4
Neurotizismus	7,6 ± 6,0	6,4 ± 3,7	7,4 ± 5,7	7,0 ± 5,2
Frustration	8,0 ± 3,9	**6,8 ± 3,6**	7,6 ± 3,7	8,1 ± 3,4
Rigidität	**9,6 ± 4,1**	**10,8 ± 4,6**	**9,9 ± 4,6**	8,3 ± 3,7
Isolationstendenz	3,4 ± 2,3	2,8 ± 2,4	2,7 ± 2,2	2,9 ± 2,2
Esot. Tendenzen	1,8 ± 2,0	1,6 ± 2,0	1,7 ± 1,9	1,9 ± 1,8

Fett gedruckte Zahlen: Signifikante Unterschiede zum Kontrollkollektiv (p = .05).

Angehörigen bipolar affektiver Patienten extrovertierter noch waren die Angehörigen Schizophrener oder unipolar Depressiver signifikant introvertierter als Kontrollen. Die Frustrationstoleranz war lediglich bei gesunden männlichen Angehörigen Schizophrener signifikant reduziert.

Diskussion

Wie schon in den klinischen und epidemiologischen Studien nahegelegt, zeigen die Ergebnisse dieser Familienstudie, daß ein erhöhter Neurotizismuswert ebenso wie eine ausgeprägtere Rigidität mit den verschiedenen Varianten von affektiven Störungen und von schizophrenen Störungen in einem diagnosenunabhängigen familiären Zusammenhang stehen; tendenziell gilt diese Aussage auch für eine reduzierte Frustrationstoleranz. Dagegen ließ sich kein sicherer diagnosenspezifischer Zusammenhang zwischen einem Persönlichkeitsfaktor und einer der untersuchten Erkrankungen zeigen. Einen analogen familiären Zusammenhang zwischen Neurotizismus und Depression fanden auch andere Arbeitsgruppen (14, 20, 40); dieser Befund ist jedoch nicht unwidersprochen (13, 29). Die prädiktive Valenz erhöhter Neurotizismuswerte für die spätere Manifestation unipolarer Depression ist durch eine Serie prospektiver Studien belegt (2, 4, 12). Neuerdings wurde dieser prädiktive Zusammenhang auch durch die umfangreiche prospektive Zwillingsstudie von *Kendler* et al. (14) bestätigt. Eine ähnliche prädiktive Valenz erhöhter Neurotizismuswerte für die spätere Manifestation von bipolar affektiven Störungen oder von Schizophrenien ist derzeit noch nicht belegt.
Ein familiärer Zusammenhang zwischen erhöhter Rigidität und affektiven Störungen ist bereits durch andere Familienstudien (*Krieg* et al. 1985 (20)) nahegelegt worden. Der familiäre Zusammenhang zwischen Rigidität und Schizophrenie ist jedoch bislang ebensowenig untersucht wie die prädiktive Valenz des Rigiditätsfaktors. *Hirschfeld* et al. (12) fanden keine prädiktive Valenz des Persönlichkeitsfaktors »Zwanghaftigkeit« für das spätere Auftreten unipolarer Depressionen; der dabei verwendete Fragebogen stellt aber den Teilaspekt der Rigidität/Pedanterie in Relation zu anderen Aspekten nicht in den Vordergrund, so daß keine eindeutigen Aussagen über den prädiktiven Status der Rigidität abgeleitet werden können.
Die exakte Natur dieser familiären Zusammenhänge kann im Rahmen vorliegender Untersuchung nicht geklärt werden. Normabweichungen in den genannten Faktoren können einerseits das spätere Auftreten einer Erkrankung oder andererseits das Vorhandensein einer attenuierten Erkrankungsform aufzeigen, deren vollständige Expression durch das Vorhandensein protektiver Faktoren verhindert wird. Obwohl diese Befunde mit der Mehrheit epidemiologischer und klinischer Studien kompatibel sind, gilt dies nicht für einige mit besonderer methodischer Sorgfalt durchgeführte Studien: Unter anderem sind diese Befunde nicht kompatibel mit *von Zerssen* (41) bezüglich der dort beobachteten diagnosenübergreifenden prämorbiden Erhöhung von Schizoidie-Scores, der dort fehlenden Erhöhung des Neurotizismus-Scores bei bipolar affektiv Erkrankten sowie der dort beobachteten ausgeprägten Introversion bei unipolaren Depressionen und Schizophrenien. Diese Diskrepanzen können einmal durch die genannten methodischen Probleme von Untersuchungen an remittierten Patienten erklärt werden. Insbesondere liegen auch aus anderen Studien Hinweise dafür vor, daß die bei Patienten diagnosenübergreifend beschriebene geringere soziale Kontaktfreudigkeit und ausgeprägte soziale Anhedonie (sozialer Rückzug), die in die Dimensionen Schizoidie und Soziabilität eingehen, vorwiegend sekundäre Coping-Mechanismen darstellen; entsprechend fand sich auch in den prospek-

tiv angelegten Studien von *Hirschfeld* et al. (12) keine Normdevianz im Faktor »Soziabilität« bei Personen, die später an einer unipolaren Depression erkrankten.
Der Faktor Extra-/Introversion zeigte keine systematische Normabweichung bei gesunden Angehörigen affektiver Patienten im Vergleich zu Kontrollen. Die beobachtete ausgepräge Introversion bei affektiv Erkrankten scheint also eher eine Folge der Erkrankung und keine prädisponierende Persönlichkeitseigenschaft zu sein. Andere Familien- und Verlaufsstudien (2, 4, 12, 20) deuten in dieselbe Richtung. Neuerdings wird diese Interpretation durch die prospektive Zwillingsstudie von *Kendler* et al. (14) zusätzlich gestützt. Analog zeigten Angehörige bipolar affektiver Patienten keine ausgeprägtere Extraversion, was im Rahmen der Hypothese der Häufung subklinischer Varianten der Zyklothymie in Familien Bipolarer zu erwarten gewesen wäre.
Die beiden überraschenden Negativbefunde dieser Studie (keine ausgeprägte Schizoidie in Familien Schizophrener; keine ausgeprägte Extraversion in Familien Bipolarer) ist möglicherweise durch eine mangelnde Trennschärfe zu erklären. Bipolar affektive Erkrankungen und Schizophrenien sind seltene Störungen. Ihre relativen Risiken in Familien von Patienten mit entsprechenden Diagnosen sind zwar erhöht, das zusätzliche Lebenszeitrisiko liegt aber unter 5%. Falls die genannten Persönlichkeitseigenschaften vorzugsweise solche Angehörigen charakterisieren, die später eine entsprechende Erkrankung manifestieren, ist nur mit diskreten Mittelwerterhöhungen auf den entsprechenden Faktoren zu rechnen. Die hier untersuchten Stichprobenumfänge von Patienten müßten etwa um den Faktor 5 erweitert werden, um die Erhöhung des Mittelwertes um eine Standardabweichung in den prospektiv sich manifestierenden Krankheitsfällen durch eine signifikante Normabweichung in der Gesamtgruppe von Patientenangehörigen zu erkennen.

Schlußfolgerungen

Diagnosenübergreifende Untersuchungen zum Zusammenhang von Persönlichkeitsfaktoren und psychiatrischen Krankheiten sind rar. Die Untersuchung durch *von Zerssen* (41) an konsekutiv aufgenommenen psychiatrischen Patienten, die sich wesentlich auf Vorformen des MPT stützte, ist eine seltene Ausnahme. Die dabei aufgezeigten verlaufsbezogenen Relationen haben mit der dargestellten Studie zum familiären Zusammenhang eine wesentliche Parallele: Rigidität und Neurotizismus kennzeichnen unipolare Depressionen und Schizophrenien gleichzeitig. Im Gegensatz zur vorliegenden Familienstudie konnte *von Zerssen* in der klinischen Untersuchung (41) einen analogen Zusammenhang mit bipolaren Störungen nicht beobachten. Die Diskrepanz könnte auf die Heterogenität bipolarer Fälle zurückzuführen sein. In unserem Kollektiv wurden vorwiegend depressiv geprägte bipolare Verlaufsformen rekrutiert, die mit unipolaren Depressionen eine ausgeprägtere Ähnlichkeit als mit den vorwiegend maniform geprägten Verlaufsformen aufweisen, die in *von Zerssens* Kollektiv zahlreicher waren. Verlaufsuntersuchungen im vorgestellten Kollektiv können klären, ob diese Normabweichungen bei gesunden Patientenangehörigen das spätere Auftreten psychiatrischer Erkrankungen prädizieren oder ob sie attenuierte Formen der Erkrankung darstellen.
Die in *von Zerssens* (41) Studie gezeigte diagnosenübergreifende ausgeprägtere Schizoidie fand in der vorgelegten Familienstudie keine Entsprechung. Ebenso zeigte die Intro-/Extraversion keine systematische Normabweichung bei gesunden Angehörigen irgendeiner Patientengruppe. Der familiäre Zusammenhang zwischen Persönlichkeit und psychiatrischer Störung ist also aufgrund der vorliegenden Studie diagnostisch unspezifisch: Neurotizismus und Rigidität stellen unspezifische Indikatoren eines erhöhten familiären Risikos dar. Erhöhte

Introversion und Schizoidie scheinen eher eine Folge abgelaufener Erkrankungsphasen als einen Risikofaktor darzustellen.
Das familiär gehäufte Auftreten affektiver und schizophrener Erkrankungen ist vorwiegend auf genetische Ursachen zurückzuführen (33). Der Persönlichkeitsfaktor Neurotizismus unterliegt ebenfalls starken genetischen Einflüssen (8). Daher liegt der hier beobachtete familiäre Zusammenhang zwischen affektiven und schizophrenen Störungen einerseits und Neurotizismus andererseits in gemeinsamen genetischen Ursachenfaktoren. Es ist bisher nicht bekannt, ob die Ausprägung der Dimension Rigidität durch genetische Faktoren determiniert wird, so daβ offenbleiben muβ, ob der familiäre Zusammenhang zwischen Rigidität und psychischen Störungen auf genetische Ursachen zurückzuführen ist.

Literatur

1 Akiskal HS, Hirschfeld RMA, Yerevanian BI (1983) The relationship of personality to affective disorders: A critical review. Arch Gen Psychiat 40: 801–810
2 Angst J, Clayton P (1986) Premorbid personality of depressive, bipolar and schizophrenic patients with special reference to suicidal issues. Compreh Psychiat 27: 511–532
3 Bleuler E (1922) Die Probleme der Schizoidie und der Syntonie. Z Ges Neurol Psychiat 78: 373–399
4 Boyce B, Parker G, Barnett B, Cooney M, Smith F (1991) Personality as a vulnerability factor to depression. Br J Psychiat 159: 106–114
5 Claridge G (1987) »The Schizophrenias as Nervous Types« Revisited. Br J Psychiat 151: 735–743
6 Dohrenwend BS, Dohrenwend BP, Link B, Levav I (1983) Social functioning of psychiatric patients in contrast with community cases in the general population. Arch Gen Psychiat 40: 1174–1182
7 Eysenck HJ (1959) Manual of the Maudsley Personality Inventory. University of London Press, London
8 Heath AC, Neale MC, Kessler RC, Eaves LJ, Kendler KS (1992) Evidence for genetic influences on personality from self-reports and from informant ratings. J Person Soc Psychol 63: 85–96
9 Hirschfeld RMA, Klerman GL, Clayton PJ, Keller MB (1983a) Personality and depression: Empirical findings. Arch Gen Psychiat 40: 993–998
10 Hirschfeld RMA, Klerman GL, Clayton PJ, Keller MB, McDonald-Scott P, Larkin BH (1983b) Assessing personality: Effects of the depressive state on trait measurement. Am J Psychiat 140: 695–699
11 Hirschfeld RMA, Klerman GL, Keller MB, Andreasen NC, Clayton PJ (1986) Personality of recovered patients with bipolar affective disorder. J Affect Disord 11: 81–89
12 Hirschfeld RMA, Klerman GL, Lavori PH, Keller MB, Griffith P, Coryell W (1989) Premorbid personality assessments of first onset of major depression. Arch Gen Psychiat 46: 345–350
13 Katz R, McGuffin P (1987) Neuroticism in familial depression. Psychol Med 17: 155–161
14 Kendler KS, Neale MC, Kessler RC, Heath AC, Eaves LJ (1993) A longitudal twin study of personality and major depression in women. Arch Gen Psychiat: in press.
15 Klein DN, Depue RA (1985) Obsessional personality traits and risk for bipolar affective disorder: An offspring study. J Abnorm Psychol 94: 291–297
16 Klein DN, Depue RA, Slater JF (1985) Cyclothymia in the adolescent offspring of parents with bipolar affective disorder. J Abnorm Psychol 94: 115–127
17 Kraepelin E (1896) Psychiatrie, 5. Aufl. Barth, Leipzig
18 v Krafft-Ebing R (1879) Lehrbuch der Psychiatrie. Enke, Stuttgart
19 Kretschmer E (1921) Körperbau und Charakter (26. Aufl. 1977). In: Kretschmer W (ed) Springer, Berlin Heidelberg New York
20 Krieg JC, Lauer CJ, Hermle L, von Bardeleben U, Pollmächer T, Holsboer F (1990) Psychometric polysomnographic, and neuroendocrine measures in subjects at risk for psychiatric disorders: Preliminary results. Neuropsychobiology 23: 57–67
21 Leckman IF, Sholomskas D, Thompson WD, Belanger A, Weissman MM (1982) Best estimate of lifetime psychiatric diagnosis. A

methodological study. Arch Gen Psychiat 39: 879–883
22 Maier W, Lichtermann D, Philipp M, Klingler T (1991) The impact of the endogenous subtype on the familial aggregation of unipolar depression. Eur Arch Psychiat Clin Neurosci 240: 355–362
23 Maier W, Lichtermann D, Minges J, Heun R (1992) Personality traits in subjects at risk for unipolar major depression: A family study perspective. J Affective Disord 24: 153–164
24 Mannuzza S, Fyer AJ, Endicott J, Klein DF, Robins LN (1985) Family informant schedule and criteria (FISC). Anxiety Disorder Clinic, New York State Psychiatric Institute, New York
25 Matussek P, Feil WB (1983) Personality attributes of depressive patients: Results of group comparisons. Arch Gen Psychiat 40: 783–790
26 Morel BA (1857) Traité des dégénérescences physiques, intellectuelles et morales de l'espèce humaine et des causes qui produisent ces variétés maladives. Balliere, Paris
27 Mundt Ch (1985) Das Apathiesyndrom der Schizophrenen. Springer, Heidelberg
28 Nystrom S, Lindegard B (1975) Predisposition for mental syndromes. A study comparing predisposition for depression, neurasthenia and anxiety state. Acta Psychiat Scand 51: 69–76
29 Ouimette PC, Klein DN, Clark DC, Margolis ET (1992) Personality traits in offspring of parents with unipolar affective disorder: an exploratory study. J Person Disord 6: 91–98
30 Parnas J, Jorgensen A (1989) Pre-morbid psychopathology in schizophrenia spectrum. Br J Psychiat 155: 623–627
31 Pössl J, v Zerssen D (1990a) A case history analysis of the »manic type« and the »melancholic type« of premorbid personality in affectively ill patients. Eur Arch Psychiat Neurol Sci 239: 347–355
32 Pössl J, v Zerssen D (1990b) Die prämorbide Entwicklung von Patienten mit verschiedenen Psychoseformen. Nervenarzt 61: 541–549
33 Propping P (1989) Psychiatrische Genetik. Springer, Berlin
34 Rüdin E (1916) Zur Vererbung und Neuentwicklung der Dementia praecox. Springer, Berlin
35 Shapiro S, Skinner EA, Kessler LG, Von Korff M, German PS, Tischler GL, Leaf PJ, Benham L, Cottler L, Regier DA (1984) Utilization of health and mental health services: Three epidemiologic catchment area sites. Arch Gen Psychiat 41: 971–978
36 Spitzer RL, Williams JBW (1986) Structured Clinical Interview for DSM-III-R Personality Disorders (SCID-II, 5/1/86). Biometric Research Department, New York State Psychiatric Institute, New York
37 Tellenbach H (1961) Melancholie. Springer, Berlin Göttingen Heidelberg
38 v Trostorff S (1970) Extraversion und Introversion sowie Kontaktarmut bei normalen und präpsychotischen Persönlichkeiten. VEB Fischer, Jena 1970
39 Weissman MM, Prusoff BA, Klerman GL (1978) Personality and the prediction of long-term outcome of depression. Am J Psychiat 135: 797–800
40 Wetzel RD, Cloninger CR, Hong B, Reich T (1980) Personality as a subclinical expression of the affective disorders. Compreh Psychiat 21: 197–205
41 v Zerssen D (1982) Personality and affective disorders. In: Paykel ES (ed) Handbook of Affective Disorders. Churchill Livingstone, Edinburgh, pp 212–228
42 v Zerssen D (1988) Der »Typus manicus« als Gegenstück zum »Typus melancholicus« in der prämorbiden Persönlichkeitsstruktur affektpsychotischer Patienten. In: Janzarik W (ed) Persönlichkeit und Psychose. Enke, Stuttgart, pp 150–171
43 v Zerssen D, Pfister H, Koeller DM (1988) The Munich Personality Test (MPT) – a short questionnaire for self-rating and relatives rating of personality traits: Formal properties and clinical potential. Eur Arch Psychiat Neurol Sci 238: 73–93
44 v Zerssen D (1992) Der »Typus manicus« – eine Variante der Zyklothymie? In: Maneros A, Philipp M (eds) Persönlichkeit und psychische Erkrankung. Springer, Berlin Heidelberg New York Tokyo

Psychoendokrinologische Studien zur Streßreagibilität

D. H. Hellhammer, C. Kirschbaum, U. Ehlert
Forschungsstelle für Psychobiologie und Psychosomatik der Universität Trier

Psychische Belastung scheint ein wichtiger Risikofaktor für die Entstehung und Aufrechterhaltung psychischer und psychosomatischer Erkrankungen zu sein. In der klinischen Diagnostik und Differentialdiagnostik derartiger Störungen ist eine reliable und valide Einschätzung solcher Risikofaktoren bislang kaum möglich. Ein wichtiger Grund für diese Schwierigkeiten ist wohl darin zu sehen, daß sich Patienten mit sehr vergleichbarer Symptomatik bezüglich der zugrundeliegenden psychischen und somatischen Ursachen sehr voneinander unterscheiden können. Erst das komplexe Zusammenspiel einzelner psychischer und somatischer Faktoren in einer individuell krankheitsrelevanten Konstellation bedingt schließlich die Symptomatik. Durch diese intraindividuell typische Komplexität relevanter Krankheitsfaktoren entsteht eine große Heterogenität des Patientenguts, auch wenn sich die Symptomatik vordergründig ähnelt.
Eine Diagnostik und Differentialdiagnostik psychischer Risikofaktoren kann nur dann effizient sein, wenn die Komplexität und Heterogenität der Krankheitsmechanismen berücksichtigt wird. Es scheint daher sinnvoll zu sein, die Interaktion psychischer und somatischer Veränderungen am Einzelfall zu beobachten und derartige Veränderungen auch unter akuter Streßprovokation zu registrieren. Das meßbare Ausmaß der Streßreagibilität könnte ein wertvoller Indikator für die Bedeutung psychischer Belastung bei entsprechenden Erkrankungen sein. *Von Zerssen* und seine Mitarbeiter haben schon früh auf die Nützlichkeit derartiger individuumszentrierter Verfahren hingewiesen (1, 8). Innerhalb der psychosomatischen Grundlagenforschung bezieht sich die Entwicklung von Meßverfahren der Streßreagibilität auf endokrine, autonome und Immunfunktionen, mittels derer das zentrale Nervensystem mit den übrigen Körperorganen kommuniziert. Die nachstehenden Ausführungen verdeutlichen relevante Aspekte der endokrinen Streßreagibilität am Beispiel der Hypophysen-Nebennierenrinden-Achse (HNA). Dabei wird die Bedeutung chronischer Belastung, sozialer und kognitiver Aspekte, von Habituation und Geschlecht sowie von genetischen Faktoren geschildert.

Streßreagibilität der Hypophysen-Nebennierenrinden-Achse

Die Freisetzung von Cortisol aus der Nebennierenrinde bei akuter psychischer Belastung erfolgt hauptsächlich durch das adrenocorticotrope Hormon (ACTH), welches von den corticotropen Zellen des Hypophysenvorderlappens freigesetzt wird. Die Freisetzung von ACTH unterliegt vielfältigen Mechanismen, erfolgt primär aber durch Corticotropin Releasing Factor (CRF), der als neuroendokriner Botenstoff im paraventrikulären Kern des Hypothalamus hergestellt wird und von dort axonal die Eminentia mediana erreicht, wo er in die Portalgefäße der Hypophyse freigesetzt wird. ACTH erreicht die Nebennierenrinde (NNR) und setzt dort Cortisol frei. ACTH und Cortisol erreichen über die Blutbahn wiederum das zentrale Nervensystem mit Hypophyse und können im Sinn einer negativen Rückmeldung die Aktivität der HNA kontrollieren. Diese Rückmeldekreise lassen sich durch Gabe von synthetischem CRF, ACTH oder mittels des synthetischen Glucocorticoids Dexamethason oder pharmakologischer Provokationstests manipulieren (24, 26).

Die wegweisenden Arbeiten von *Selye, Mason* und *Levine* sowie viele andere Untersuchungen haben gezeigt, daß die HNA äußerst sensibel auf psychische Belastung reagiert. Dabei scheinen besonders persönlich relevante mehrdeutige, neue, unvorhersehbare und unkontrollierbare Situationen die Achse zu stimulieren. Derartige Ereignisse bewirken beim Individuum antizipative Orientierung. Die Freisetzung von CRF, ACTH und Cortisol infolge antizipativer Orientierung scheint dem Organismus eine optimale mentale und physiologische Anpassung zu ermöglichen, wenn die antizipierte Belastung tatsächlich eintritt (12, 13). Dabei werden heute zunehmend die physiologisch nützlichen und protektiven Funktionen von Cortisol hervorgehoben (22, 23, 30). *Weiner* (32, pp. 208f) faßte die Bedeutung der Glucocorticoide kürzlich wie folgt zusammen: »In recent years their role in the economy of organisms has been completely reassessed. They actually have permissive actions under steady state conditions; endow resistance to stressful experience by their metabolic effect; counterregulate and modulate the effect of insulin in lowering blood sugar, and of aVP (arginine vasopressin; d. Verf.) when fluid loss or hemorrhage occurs; and modulate the immune and inflammatory response to infection, allergy, and tissue damage. They counteract the effects of poisons. Thus their action is to regulate many bodily systems involved in providing the organism with the initial line of defense against threats to its survival.«

Chronizität

Psychosomatische Erkrankungen treten infolge chronischer Belastung auf und wirken sich schließlich selbst belastend aus (28). Es ist daher grundsätzlich fraglich, ob eine akute Streßprovokation überhaupt bedeutsame Informationen liefern kann. In einer kürzlich erschienenen Übersichtsarbeit haben *Yehuda* et al. (33) anhand von tierexperimentellen und klinischen Untersuchungen aufgezeigt, daß sich die HNA bei chronischer Belastung charakteristisch verändert: Beobachtet wurden eine verringerte Exkretion von Cortisol, eine verstärkte Suppression von Cortisol nach Dexamethason, eine unterdrückte Antwort von ACTH nach Provokation durch CRF sowie eine erhöhte Anzahl von Glucocorticoidrezeptoren auf Lymphozyten.

Erniedrigte Cortisolspiegel nach chronischem Streß wurden unter anderem bei Eltern krebskranker Kinder (9), bei Vietnamveteranen (2) und bei Patienten mit chronischer Müdigkeit (4) beobachtet. Unstimulierte Cortisolwerte am Morgen können brauchbare situationsabhängige Hinweise auf die HNA-Aktivität geben (17). Niedrige Cortisolspiegel in Koinzidenz mit psychosomatischen Störungen wurden von unserer Arbeitsgruppe bei Patienten im Krankenhaus (6) und bei beruflich stark beanspruchtem Krankenpflegepersonal beobachtet (10); dagegen waren hohe Cortisolspiegel am Morgen mit einer positiven psychischen Befindlichkeit assoziiert (3). *Demitrack* et al. (4) sehen bei Patienten mit chronischer Müdigkeit einen Zusammenhang zwischen dem beobachteten Hypocortisolismus und Störungen des Immunsystems.

Man kann erwarten, daß eine dauerhafte

Aktivierung der HNA bei chronischem Streß eine kontinuierliche Freisetzung von endogenem CRF bewirkt. Man kann spekulieren, daß sich dadurch kompensatorisch die Sensitivität der corticotropen Zellen für CRF reduziert. Es scheint so zu sein, daß diese Insensivität auch längere Zeit anhält, da eine unterdrückte ACTH-Antwort auf CRF bei Patienten mit posttraumatischer Streßerkrankung auch einige Jahre nach dieser Belastung beobachtet werden kann (29). Ähnliche Befunde wurden auch bei psychosomatisch kranken Patienten (10) und Patienten mit chronischer Müdigkeit (4) berichtet.

Wenn die Insensivität der Hypophysenrezeptoren auch nach chronischer Streßbelastung persistiert, wäre eventuell zu erwarten, daß CRF im unstimulierten Zustand nur noch eine geringe Menge ACTH freisetzen kann. Infolgedessen könnte sich auch die Cortisolproduktion der Nebennierenrinde verringern. Vielleicht liegt hier ein Grund für die nach chronischem Streß beobachteten niedrigen Cortisolspiegel. Eine primäre Insuffizienz der NNR ist dagegen unwahrscheinlich, da bei ACTH-Stimulation sogar eine hypersensitive Cortisolreaktion beobachtet wurde (4). Die von *Yehuda* et al. (33) zitierten Befunde einer Zunahme von Glucocorticoidrezeptoren auf Lymphozyten bei Patienten mit posttraumatischer Streßerkrankung werden als Folge eines erniedrigten Cortisolangebots interpretiert. Da sich diese Rezeptoren auf Lymphozyten offensichtlich ähnlich verhalten wie im zentralen Nervensystem, gehen die Autoren davon aus, daß auch dort eine entsprechende Hypersensitivität existiert. Gabe von Dexamethason bei Patienten mit posttraumatischer Streßerkrankung bewirkt erwartungsgemäß eine ausgeprägte Unterdrückung der HNA-Aktivität. Unklar ist, ob dadurch wiederum kompensatorisch mehr CRF aktiviert wird. Alternativ wird in Anlehnung an Beobachtungen an Patienten mit Morbus Cushing auch ein Funktionsdefizit an hypothalamischem CRF diskutiert, welches in Folge eines chronischen (streßinduzierten) Hypercortisolismus auftreten könnte (4). Beide Hypothesen wurden allerdings bislang noch nicht an entsprechenden Patientengruppen überprüft.

Man kann davon ausgehen, daß es schon bald gelingen kann, mittels geeigneter Provokations- und Meßverfahren potentielle Folgen der NNR infolge chronischer Belastung objektiv zu dokumentieren. Es kann darüber hinaus erwartet werden, daß die relevanten Meßparameter deutlich mit psychosomatischer Vulnerabilität korrespondieren.

Soziale Faktoren

Unsere ersten computerisierten Verfahren zur Streßprovokation beinhalteten Rechenaufgaben unter Lärmbelästigung. Die Brauchbarkeit wurde an Studentengruppen erprobt und zeigte zunächst zuverlässige Anstiege des Cortisolspiegels (16). Wurde das gleiche Verfahren (unter anderem bei Patienten) später im Einzelversuch eingesetzt, so zeigten sich keine vergleichbaren Ergebnisse mehr. Die HNA scheint besonders empfindlich auf soziale Beeinflussung zu reagieren. Bei Menschen (5) und bei Tieren (20) verändert sich die Aktivität der HNA bei Kindern respektive Jungtieren in Abhängigkeit von der Mutterbeziehung. Auch bei Erwachsenen in Partnerbeziehungen wurden korrespondierende Cortisolspiegel beobachtet (3). Soziale Beziehungen könne sich positiv und negativ auf die HNA-Reagibilität in Belastungssituationen auswirken (7, 20, 32). Das Ausmaß der Streßvulnerabilität hängt wahrscheinlich auch weitestgehend davon ab, wie sehr ein Individuum dazu in der Lage ist, in Belastungssituationen regenerative Ressourcen zu mobilisieren. Sozialen Faktoren kommt dabei offensichtlich eine entscheidende Bedeutung zu (11).

In Laborexperimenten wurden besonders deutliche Reaktionen der HNA beobachtet, wenn die Streßprovokation soziale Elemente beinhaltete. Wir verwenden daher heute eine zehnminütige Stimulation (fünf Minuten Rede, fünf Minuten lautes Kopfrechnen) vor einem Gremium, welches mit drei Personen besetzt ist. Dabei können vergleichbare Erhöhungen des Cortisolspiegels beobachtet werden, wie nach physischer Belastung oder nach CRF-Provokation (18). Derartige Verfahren lassen sich in klinischen Untersuchungen allerdings nicht einsetzen. Die ausgeprägte Empfindlichkeit der HNA auf soziale Einflüsse wirft besondere Probleme auf. Individuell bedeutsame soziale Bedingungen können nur in den natürlichen Lebensbedingungen untersucht werden. Sie entziehen sich damit nicht automatisch der endokrinologischen Untersuchung, da Cortisol zuverlässig in Speichelproben bestimmt werden kann, welche Patienten jederzeit laborunabhängig sammeln können (15). Allerdings kann in einem klinischen Setting die soziale Dimension der HNA-Reagibilität unter Provokationsbedingungen kaum hinreichend untersucht werden. Der Verzicht auf die Meßbarkeit sozialer Variablen schränkt die Validität der Streßprovokation daher deutlich ein.

Kognition und Habituation

In einer Übersichtsarbeit dokumentierte *Mason* (21) schon vor nahezu 25 Jahre daß psychische Belastung besonders dann die HNA aktiviert, wenn sie Elemente von Neuigkeit, Unkontrollierbarkeit, Unvorhersehbarkeit beinhaltet und das Individuum veranlaßt, sich antizipativ in einer persönlich relevanten Situation zu orientieren. Sobald die Orientierung in der Versuchssituation gelingt, kommt es bei Wiederholung gleicher Belastung rasch zu einer Habituation, d. h. es erfolgt kein erneuter Anstieg des Cortisolspiegels. Die Bedeutung dieser psychischen Elemente wurde bis heute vielfach bestätigt (13, 20) und wurde auch hinsichtlich ihrer Relevanz für psychosomatische Störungen diskutiert (25). Dabei wird diskutabel, unter welchen Bedingungen die Habituationsmechanismen nicht mehr ausreichen, um eine dauerhafte HNA-Aktivierung bei chronischer Belastung zu verhindern (10).

Auch in den schon zitierten Untersuchungen der Münchener Arbeitsgruppe (1) zeigte sich, daß kein Anstieg der Cortisolspiegel bei Streßprovokation erfolgte, wenn diese bei den gleichen Versuchspersonen wiederholt wurde. Nur bei Replikation des physischen Stressors (Fahrradergometrie) habituierte die Cortisolreaktion nicht. Die besondere Sensitivität der HNA für psychische Aspekte einer Belastungssituation verweist einerseits auf die besondere potentielle Relevanz dieser endokrinen Reaktion für psychosomatische Störungen. Andererseits erschwert die rasche Habituation die Replikation von Befunden bei gleichen Versuchspersonen oder Patienten.

In einer noch unveröffentlichten Untersuchung ging eine Gruppe unserer Versuchspersonen davon aus, in Kürze einer Streßprovokation ausgesetzt zu werden, ohne daß diese dann tatsächlich durchgeführt wurde. Die Antizipation der Belastung bewirkte bereits allein einen deutlichen Anstieg des Cortisolspiegels. Diese und zahlreiche vergleichbare Beobachtungen zeigen, daß bei Untersuchungen zur Streßreagibilität das antizipative Element beachtet werden muß. Besonders relevant wird dieser Aspekt, wenn Blutentnahmen zur Cortisolbestimmung in einer Untersuchung vorgesehen sind. Die Antizipation der Venipunktur allein bewirkt bereits einen deutlichen Anstieg von Cortisol; eine Habituation erfolgt durchschnittlich erst nach der fünften Blutentnahme (14).

Wir haben kürzlich Versuchspersonen untersucht, welche an einem Tag erstmalig und dreimal nacheinander mit einem Fallschirm aus einem Flugzeug sprangen (19). Es zeigte sich bei allen drei Sprüngen ein markanter Anstieg von Cortisol, welcher vom ersten bis zum dritten Sprung gradu-

ell deutlich geringer wurde. Bei anschließender Stimulation mit CRF zeigte sich eine reguläre Cortisolreaktion, so daß angenommen werden kann, daß die beobachtete Habituation weder auf hypophysäre noch auf adrenale Prozesse zurückzuführen ist. Aus psychobiologischer Sicht ist das Habituationsphänomen der HNA außerordentlich interessant, allerdings ist bisher kaum bekannt, welche physiologischen Prozesse daran partizipieren. Es wäre besonders interessant zu wissen, unter welchen Umständen CRF-Neuronen nicht mehr habituieren.
Klinische Untersuchungen zur Streßreagibilität betreffen besonders die Objektivierung von Effekten nach chronischem Streß. Die oben beschriebenen Veränderungen der HNA bei chronischem Streß verweisen darauf, daß eine normale Habituation bei psychischer Belastung nicht erfolgt ist, und daß die regulären physiologischen Feedback-Mechanismen dauerhaft dysreguliert wurden. Es scheint daher besonders vielversprechend zu sein, das Habituationsphänomen unter Streßprovokation bei entsprechenden Patientengruppen zu untersuchen.

Geschlechtsunterschiede

In einer kürzlich fertiggestellten Untersuchungsserie konnten wir feststellen, daß männliche Probanden bei Provokation durch psychischen Streß einen etwa doppelt so hohen Cortisolanstieg zeigten wie weibliche Versuchspersonen. Keine derartigen Geschlechtsunterschiede konnten bei physischer Belastung (Fahrradergometrie) oder bei CRF-Provokation beobachtet werden (19). Diese Beobachtungen lassen vermuten, daß die HNA-Aktivierung bei psychischer Belastung durch andere Mechanismen kontrolliert wird als bei physischer Belastung. Fraglich wird auch, ob der CRF-Provokationstest wirklich valide Veränderungen infolge von mentalem Streß widerspiegelt, zumal wir trotz hoher Korrespondenz der Basiswerte keine Korrelationen der maximalen Cortisolwerte nach CRF-Provokation und psychischer Belastung feststellen konnten (18). Bemerkenswert ist darüber hinaus, daß sich die Basiswerte bei Frauen mit steigendem Alter (35–65 Jahre) zu verringern scheinen, während keine derartigen Veränderungen bei Männern festzustellen sind (3).
In Untersuchungen zur Streßreagibilität sollten folglich Geschlechtsunterschiede kontrolliert werden. Bislang ist unklar, ob die beobachteten Unterschiede der endokrinen und autonomen Streßreagibilität auf vergleichbare neurophysiologische Mechanismen zurückgeführt werden können. Bemerkenswert sind diese Geschlechtsunterschiede der Streßreagibilität vor allem deshalb, weil auch bei zahlreichen psychischen und psychosomatischen Erkrankungen geschlechtsspezifische Unterschiede auftreten (32, 36). Man kann diskutieren, ob Frauen in Belastungssituationen die protektiven Funktionen von Cortisol nicht in gleichem Maße mobilisieren können wie Männer.

Genetische Aspekte

Die Münchener Arbeitsgruppe beobachtete große interindividuelle Unterschiede der Cortisolreaktion unter Streßprovokation (1) und verwies schon damals auf die Möglichkeit, daß diese auf unterschiedliche genetische Voraussetzungen zurückgeführt werden könnten: »This supports the assumption that the interindividual differences in the cortisol response are caused by the responsiveness of the HPA system, which may be genetically determined« (35, p. 16). Die Variabilität der Streßreaktion und der dadurch bedingten Krankheitsrisiken wird heute auf zahlreiche physiologische und psychologische Faktoren zurückgeführt; erstaunlicherweise wurden genetische Faktoren beim Menschen bisher nicht, und bei Tieren äußerst selten untersucht (32). Wir haben deshalb eine Gruppe von monozygoten und dizygoten Zwillingen untersucht, welche mit CRF, physischer (Fahrradergometrie) und psychischer Belastung provoziert wurden (18). Bei monozygoten Zwillingen zeigten sich hohe Korrelationen bei den vor den Versuchen erhobenen Basiswerten von Cortisol (r = 0,87) und bei den stimulierten Werten nach CRF (r = 0,88), bei Ergometrie (r = 0,70) und bei psychischer Belastung (r = 0,85). Deutlich geringer, aber auffällig hoch korrelierten auch bei dizygoten Zwillingen die Basiswerte (r = 0,43) und die stimulierten Werte nach CRF (r = 0,46), bei Ergometrie (r = 0,86) und bei psychischem Streß (r = 0,69). In keiner unserer zahlreichen Untersuchungen zur Streßreagibilität konnten wir eine vergleichbare große Varianz der Cortisolreaktion aufklären wie in den hier genannten Versuchen. Ganz offensichtlich determinieren genetische Faktoren beträchtlich die Reaktionsfähigkeit der HNA. Die Korrelationen bei dizygoten Zwillingen verweisen darauf, daß eventuell gleiche pränatale (31) oder postnatale Einflüsse (27) die Reifung und Funktion der HNA verändern. Bei eineiigen Zwillingen summieren sich diese mit den genetischen Einflüssen. Wir wollen derartige, bislang nur im Tierexperiment dokumentierte Zusammenhänge nun auch zusammen mit amerikanischen Kollegen an getrennt aufgewachsenen monozygoten und dizygoten Zwillingen untersuchen.

Schlußbemerkung

Ob Individuen psychisch oder psychosomatisch erkranken, scheint unter anderem davon abzuhängen, in welchem Ausmaß die betroffenen Personen psychische Belastung bewältigen können (32). Vernachlässigt wurden bislang psychobiologische Untersuchungen zur prä- und postnatalen Entwicklung sowie die Bedeutung genetischer Einflüsse. Die hier zusammengestellten Befunde verdeutlichen derartige psychobiologische Zusammenhänge am Beispiel der HNA, welche offensichtlich an der Entstehung und Aufrechterhaltung psychischer und psychosomatischer Erkrankungen partzipiert. Wir gehen davon aus, daß derartige Erkrankungen stets multikausal bedingt sind. Dadurch können bei Individuen mit vergleichbarer Symptomatik sehr unterschiedliche physiologische und psychologische Faktoren das Krankheitsgeschehen beeinflussen. Eine Strategie, die Bedeutung psychischer Belastung im Einzelfall abzuschätzen, besteht in der Anwendung von Streßprovokation, bei welcher physiologische und psychologische Reaktionsmuster untersucht werden. Unsere Untersuchungen dokumentieren, daß die interindividuellen Unterschiede der Streßreagibilität vor allem durch genetische und geschlechtsspezifische Effekte zustande kommen. Diese Ergebnisse stützen die Hypothese, daß die Streßvulnerabilität maßgeblich auch durch festgelegte biologische Voraussetzungen beeinflußt wird. Wir zeigen darüber hinaus, daß soziale und kognitive Variablen die Reagibilität der HNA deutlich beeinflussen. Die Fähigkeit der HNA, rasch zu habituieren, scheint bei chronischer Belastung zu versagen. Dadurch wird die Reagibilität der Achse verändert. Erste Untersuchungen zeigen, daß Verfahren der endokrinen und psychologischen Provokation der HNA dazu beitragen könnten, Folgen chronischer Belastung besser zu objektivieren. Dadurch könnte es langfristig gelingen, die Bedeutung psychischer Belastung bei psychischen und psychosomatischen Erkrankungen besser differentialdiagnostisch abzuschätzen.

Literatur

1 Berger M, Bossert S, Krieg JC, Dirlich W, Ettmeier W, Schreiber W, v Zerssen D (1987) Interindividual differences in the susceptibil-

ity of the cortisol system. An important factor for the degree of hypercortisolism in stress situations? Biol Psychiat 22: 1327–1339
2 Bourne PB, Rose RM, Mason JW (1968) 17-OHCS levels in combat: Special forces "A" team under threat of attack. Arch Gen Psychiat 17: 135–140
3 Brandstätter J, Baltes-Götz B, Kirschbaum C, Hellhammer DH (1991) Developmental and personality correlates of adrenocortical activity as indexed by salivary cortisol: Observations on a larger sample in the age range from 35 to 65 years. J Psychosom Res 35: 173–185
4 Demitrack MA, Dale J, Straus SE, Laue L, Listwak SJ, Kruesi MJP, Chrousos GP, Gold PW (1991) Evidence for impaired activation of the hypothalamic-pituitary-adrenal axis in patients with chronic fatigue syndrome. J Clin Endocrin Metab 73: 1224–1234
5 Ehlert U, Börgers P, Krogmann O, Kirschbaum C, Hellhammer DH, Bourgeois M (1990) Psychoendokrinologische Untersuchungen bei Kindern und deren Eltern im Verlauf einer stationären Herzkatheteruntersuchung. In: Frey D (ed) Bericht über den 37. Kongreß der Deutschen Gesellschaft für Psychologie, vol 1. Hogrefe, Göttingen, pp 29–30
6 Ehlert U, Lupke U, Hellhammer DH (1992) Stress provocation procedure and diagnostic tools in psychosomatic patients. Int J Psychol 27: 451 (abstr)
7 Ehlert U, Patalla U, Kirschbaum C, Hellhammer DH (1990) Postpartum blues: Salivary cortisol and pschological factors. J Psychosom Res 34: 319–325
8 Frey S, v Zerssen D, Hansen W, Harders S (1979) Probleme der Verhaltensmessung in Einzelfalluntersuchungen. In: Petermann F, Hehl FJ (eds) Einzelfallanalyse. Urban & Schwarzenberg, München Wien Baltimore, pp 159–182
9 Friedman SB, Mason JW, Hamburg DA (1963) Urinary 17-hydroxycorticosteroid levels in parents of children with neoplastic disease: A study of chronic psychological stress. Psychosom Med 25: 364–376
10 Gehrke J, Hellhammer J, Berman J, Murphy-Berman V, Hellhammer DH Psychoendocrinological correlates of burnout and psychosomatic complaints in hospital nurses. Submitted
11 Hellhammer DH (1992) Wenn der Körper mit der Seele spricht. In: Fischer KP (ed) Mannheimer Forum 92/93. Piper, München, pp 13–56
12 Hellhammer DH, Ehlert U (1991) Psychoneurobiologie der Angst. In: Hellhammer DH, Ehlert U (eds) Verhaltensmedizin – Ursachen und Anwendungen. Huber, Toronto Lewinston Bern, pp 85–96
13 Hellhammer DH, Kirschbaum C, Lehnert H (1988) Zur Rolle der Hypophysen-Nebennierenrinden-Achse in Belastungssituationen. Homo 39: 16–26
14 Kirschbaum C (1991) Cortisolmessung im Speichel. Eine Methode der Biologischen Psychologie. Huber, Bern Göttingen Toronto
15 Kirschbaum C, Hellhammer DH (1989) Salivary cortisol in psychobiological research: an overview. Neuropsychobiology 22: 150–169
16 Kirschbaum C, Diedrich O, Gehrke J, Wüst S, Hellhammer DH (1991) Cortisol and Behavior: 3. The "Trier Mental Challenge Test" (TMCT) – First evaluation of a new psychological stress test. In: Ehlers A et al. (eds) Perspectives and promises of clinical psychology. Plenum, New York London, pp 67–75
17 Kirschbaum C, Steyer R, Eid M, Patalla U, Schwenkmezger P, Hellhammer DH (1990) Cortisol and Behavior: 2. Application of a latent state-trait model to salivary cortisol. Psychoneuroendocrinology 15: 295–305
18 Kirschbaum C, Wüst S, Hellhammer DH (1992a) Heritability of cortisol responses to h-CRH, ergometry, and psychological stress in humans. J Clin Endocrin Metab: in press
19 Kirschbaum C, Wüst S, Hellhammer DH (1992b) Consistent sex differences in cortisol responses to psychological stress. Psychosom Med: in press
20 Levine S, Coe C, Wiener SG (1984) Psychoneuroendocrinology of stress: A psychobiological perspective. In: Brush FR, Levine S (eds) Psychoendocrinology. Academic Press San Diego, pp 341–377
21 Mason JW (1968- A review of psychoendocrine research on the pituitary-adrenal cortical system. Psychosom Med 30: 576–607
22 Munck A, Guyre PM, Holbrook NJ (1984) Physiological functions of glucocorticoids in stress and their relation to pharmacological actions. Endocr Rev 5: 25–44
23 Murison R, Overmier B, Hellhammer DH, Carmona M (1989) Hypothalamo-pituitary-

adrenal manipulations and stress ulcerations in rats. Psychoneuroendocrinology 14: 331–338
24 Orth DN (1992) Corticotropin-releasing hormone in humans. Endocr Rev 13: 164–191
25 Overmier B (1988) Psychological determinants of when stressors stress. In: Hellhammer DH, Florin I, Weiner H (eds) Neurobiological approaches to human disease. Huber, Toronto Lewiston Bern Stuttgart, pp 236–264
26 Owens MJ, Nemeroff CB (1991) Physiology and pharmacology of corticotropin-releasing factor. Pharmacol Rev 43: 425–473
27 Rosenfeld P, Fuchecki D, Levine S (1993) Multifactorial regulation of the hypothalamic-pituitary-adrenal axis during development. Neurosci Biobehav Rev: in press
28 Schulz P, Hellhammer DH (1990) Psychologische Aspekte chronischer Krankheiten. In: Reinecker H (ed) Lehrbuch der Klinischen Psychologie. Hogrefe, Göttingen Toronto Zürich, pp 421–443
29 Smith MA, Davidson J, Ritchie JC, Kudler H, Lipper S, Chappell P, Nemeroff CB (1989) The corticotropin-releasing hormone test in patients with posttraumatic stress disorder. Biol Psychiat 26: 349–355
30 Sternberg EM, Young WS, Bernadini R, Calogero AE, Chrousos GP, Gold PW, Wilder RL et al. (1989) A central nervous system defect in biosynthesis of CRH is associated with susceptibility to streptococcal cell wall-induced arthritis in Lewis rats. Proc Natn Acad Sci USA 86: 4771–4775
31 Takahashi LK (1992) Prenatal stress and the expression of stress-induced responses throughout the life span. Clin Neuropharmacol 15: 153–154
32 Weiner H (1992) Perturbing the organism. The biology of stressful experience. Univ Chicago Press, Chicago London
33 Yehuda R, Giller EL, Southwick SM, Lowy MT, Mason JW (1991) Hypothalamic-pituitary-adrenal dysfunction in posttraumatic stress disorder. Biol Psychiat 30: 1031–1048

Der chronobiologische Ansatz in der Depressionsforschung

J. Zulley
Max-Planck-Institut für Psychiatrie, München

Einleitung

Das Krankheitsbild der Depression ist durch zyklisch verlaufende Besonderheiten gekennzeichnet. Hierzu zählen die Tagesschwankungen der Stimmung, das phasenhafte Auftreten der Erkrankung mit jahreszeitlichen Häufungen und charakteristische Schlafveränderungen. Aus diesem Grunde wurden bei der Erforschung dieses Krankheitsbildes chronobiologische Gesichtspunkte herangezogen. Vor allem seit *Halberg* (7) auf die Möglichkeit der Desynchronisation verschiedener Variablen hinwies, entwickelte sich innerhalb der Psychiatrie ein intensives Suchen nach chronobiologischen Hypothesen zur Depression, die auf den bereits vorhandenen theoretischen Modellen der Chronobiologie basierten. Hierbei wird von einer Störung des zirkadianen Systems ausgegangen.
Die vorliegende Arbeit gibt einen kurzen Überblick über Grundlagen der Chronobiologie und chronobiologische Studien an depressiven Patienten. Abschließend werden einige Aspekte dieser Untersuchungen an Hand einer Bettruhestudie dargestellt.

Grundlagen der Chronobiologie

Im Rahmen der Chronobiologie wird das periodische Verhalten biologischer Variablen untersucht. Der zeitliche Verlauf nahezu aller meßbaren Parameter weist regelhafte Schwankungen mit einem Maximal- und einem Minimalwert innerhalb von 24 h auf. Unter natürlichen Bedingungen steht diese Abfolge im Einklang mit dem 24stündigen Wechsel von Tag und Nacht. Bei Abwesenheit jeglicher Zeitinformation (Isolation) zeigen die Rhythmen häufig eine mittlere autonome Periode von 25 h. Zur Beschreibung dieses Verlaufs werden die folgenden Parameter herangezogen:
Einc zirkadiane Schwingung wird häufig mit den Eigenschaften einer Sinusfunktion beschrieben. Sie verläuft mit einem bestimmten Minimal- und Maximalwert, deren Differenz die Schwingungsbreite darstellt, wobei der halbe Wert als Amplitude bezeichnet wird. Das allgemeine Niveau, auf dem die Schwingung verläuft, wird mit dem Mittelwert über 24 h als 24-Stunden-Mittel oder Gleichwert beschrieben. Ein bestimmter Zustand einer Funktion wird als Phase (Kurvenpunkt) bezeichnet. Die zeitliche Beziehung verschiedener gekoppelter Schwingungen wird durch ihre Phasenbeziehung ausgedrückt (Differenz zweier korrespondierender Phasen). Ein früheres Auftreten der Phase einer Funktion im Vergleich zur korrespondierenden einer anderen Schwingung wird als Phasenvorverlagerung bezeichnet, ein späteres Auftreten als Phasenrückverlagerung. Verlaufen verschiedene Variable (meist dargestellt durch die Schlaf-Wach- und Körpertemperaturrhythmik) mit gleicher Periode (parallel), so wird

von interner Synchronisation gesprochen. Bei erhöhter Variabilität der Phasenbeziehung zwischen den Rhythmen wird von interner Dissoziation gesprochen. Die interne Desynchronisation (verschiedene Variablen verlaufen mit unterschiedlicher mittlerer Periode, wobei die stabilere Temperaturperiodik im Isolationsversuch bei ca. 25 h verbleibt) wird in drei Unterkategorien dargestellt: Verlängerungsdesynchronisation (Schlaf-Wach-Periodik >Temperaturperiodik), Verkürzungsdesynchronisation (Schlaf-Wach-Periodik < Temperaturperiodik) und scheinbare interne Desynchronisation mit zwei Untergruppen: zirka-bidiane Periodik (Schlaf-Wach-Periodik ca. 50 h) und zirka-semidiane Periodik (Schlaf-Wach-Periodik ca. 12,5 h). Die Häufigkeitsverteilung der Gruppen aus den Experimenten unter Zeitisolation (Freilaufbedingungen) zeigt, daß nur in der Hälfte der Fälle Schlaf-Wach- und Temperaturrhythmik parallel verlaufen (Abbildung 1). Zirkadiane Rhythmen können durch bestimmte periodische Umweltfaktoren (Zeitgeber) synchronisiert werden. Solche Umweltreize sind z.B. im natürlichen 24-Stunden-Tag der Hell-Dunkel-Wechsel und

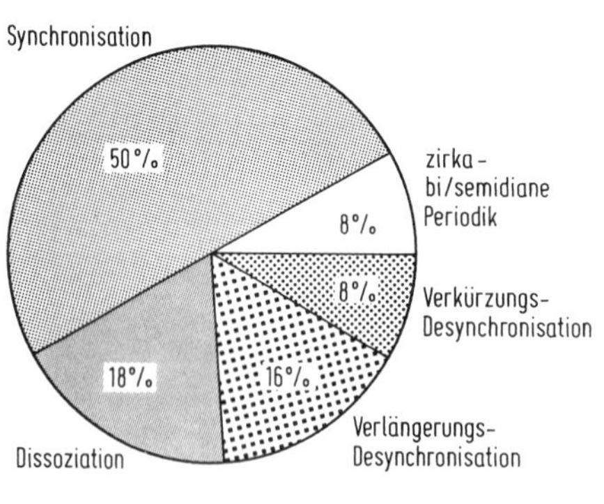

Abbildung 1. Häufigkeitsverteilung der verschiedenen Gruppen von Synchronisation, Dissoziation und Desynchronisation der Freilaufexperimente (n = 151) des MPI in Andechs. Nähere Erläuterung siehe Text.

soziale Einflüsse. Zeigt im natürlichen oder künstlich vorgegebenen 24-Stunden-Tag die Periode der mitgenommenen Schwingung einen Wert von 24 h, so wird von externer Synchronisation (bei Abweichung von externer Desynchronisation) gesprochen.

Die bisherigen Ergebnisse innerhalb der Chronobiologie werden als Ausdruck eines endogenen Steuerungssytems interpretiert. Das wohl am häufigsten zitierte Modell eines solchen Systems ist das Bild der »inneren Uhren«. Dieses steuert den zeitlichen Ablauf der verschiedenen Variablen und koordiniert sie im Hinblick auf eine optimale Funktionalität.

Mehrere Modelle werden diskutiert, die sich vor allem durch die Anzahl der »Uhren« unterscheiden: Beim »Zwei-Oszillatoren-Modell«, auch »Multi-Oszillatoren-Modell«, steuern die beiden Oszillatoren (Typ I und Typ II) mit unterschiedlicher Stärke die Abfolge der zirkadianen Prozesse. Der stabilere Typ-I-Oszillator wird auch Temperaturoszillator genannt, da er überwiegend die physiologischen Größen und somit die Körperkerntemperatur reguliert. Der Typ-II-Oszillator, der die Schlaf-Wach-Regulation steuert, wird auch als Aktivitätsoszillator bezeichnet. *Kronauer* entwickelte ein ähnliches Modell; er nennt den Aktivitätsoszillator »Y-Oszillator« und den Temperaturoszillator »X-Oszillator«.

In letzter Zeit wird vor allem das »Zwei-Prozeß-Modell« von *Borbély* (3) zitiert. Dieses Ein-Oszillatoren-Modell nimmt neben einem zirkadianen Faktor (Faktor C) auch den Einfluß eines homöostatischen Faktors (S) im Sinne einer hypothetischen Schlafsubstanz an. Der Faktor S wurde aus dem Verlauf der Schlafstadien 3 und 4 bzw. durch die spektralanalytisch errechnete Leistung der Delta-Wellen (Slow-wave-activity: SWA) des Schlaf-EEGs ermittelt. Der Abfall von SWA während eines Schlafes entspricht demnach dem Abbau einer (hypothetischen) Schlafsubstanz, welche im Wachzustand aufgebaut wird, wobei deren Aufbau mit der Wachdauer logarithmisch zunimmt.

Diese homöostatische Komponente allein reicht jedoch nicht aus, um den Schlaf-Wach-Wechsel angemessen nachzubilden. Ausgehend von Ergebnissen aus Schlafuntersuchungen wurde eine zirkadiane Modulation als zweite Komponente (Faktor C) eingeführt. Dieser Faktor der Schlafbereitschaft verläuft invers zum Verlauf der zirkadianen Körperkerntemperatur. Im Modell ist der Faktor C als modulierender Schwellenwert eingetragen. Somit ist im Unterschied zu dem Multi-Oszillatoren-Modell bei dem *Borbély*-Modell nur ein periodenstabiler zirkadianer Prozeß erforderlich. Er entspricht in den *Wever-Kronauer*-Modellen dem stärkeren Temperaturoszillator (X-Oszillator).

Eine Revision erfuhr dieses »Ein-Schwellen-Modell« durch *Daan* et al.(5), die berücksichtigten, daß die interne Desynchronisation zirkadianer Rhythmen nicht mit einer Schwelle simuliert werden kann. Durch Einführung einer oberen Schwelle für den Schlafbeginn und einer unteren Schwelle für den Aktivitätsbeginn sowie der Möglichkeit, den Schwellenabstand zu variieren, konnte auch dieses Phänomen nachgebildet werden.

Neben einer zugrundeliegenden Steuerung beeinflussen sich die Variablen gegenseitig und können auch durch externe Faktoren verändert werden. Eine solch »oberflächliche« Veränderung ist durch den sogenannten Maskiereffekt möglich. Hierbei beeinflußt ein Parameter oder ein externer Reiz den Verlauf anderer Variablen nur so lange, wie er direkt auf diese einwirkt (2). Der endogene Steuerungsmechanismus der beeinflußten Variablen zeigt hierbei keine Veränderung. Beispielsweise kann sich die Intensität motorischer Aktivität auf den Verlauf der Körpertemperatur auswirken, ohne daß der »Temperaturoszillator« beteiligt ist. Der Maskiereffekt kann die Kurvenform wie auch die Amplitude der Temperaturschwingung beeinflussen, ohne daß die zentralen Steuerungsmechanismen beteiligt sind. Andererseits können auch Veränderungen der zugrundeliegenden Regulation stattfinden, wenn die Variable, die einen Maskiereffekt bewirkt, periodisch und lange genug auf andere Variablen einwirkt. So kann ein Maskiereffekt den Einfluß eines Zeitgebers anzeigen und sollte nicht nur als bloßes Artefakt angesehen werden.

Depression

Störungen des zirkadianen Systems wurden bei der Depression auf Grund folgender Symptome angenommen: 1. reduziertes Ausmaß an Aktivität während des Tages; 2. typische Stimmungsschwankungen am Tage; 3. Vorverlagerung physiologischer Rhythmen; 4. Vorverlagerung der Schlafzeit mit frühmorgendlichem Erwachen und 5. Veränderungen der Schlafstruktur mit früherem Auftreten von REM-Schlaf und reduziertem Tiefschlaf.

Als mögliche Hypothesen wurden aufgestellt (siehe Abbildung 2):

a) *Desynchronisation* verschiedener Rhythmen mit einer Periode $<$24 h; b) *Phasenvorverlagerung* einiger zirkadianer Prozesse gegenüber dem 24-Stunden-Tag; c) *Amplitudenverringerung* der zirkadianen Variablen, und d) *S-Defizienz* durch reduzierten Aufbau einer hypothetischen Schlafsubstanz im Wachen.

a) Sämtliche bisherigen Untersuchungen zirkadianer Rhythmen ergaben keinen Hinweis auf Desynchronisation, da weder von einem Abweichen der zirkadianen Periodik im 24-Stunden-Tag noch von einem unterschiedlichen Verlauf verschiedener zirkadianer Parameter unter Freilaufbedingungen gesprochen werden kann. Erste Befunde, die auf einen 22,5-Stunden-Rhythmus der oralen Temperatur hinwiesen (14), konnten weder an der gleichen Patientin noch an anderen Patienten repliziert werden (10, 15).
b) Ergebnisse, welche die Phasenvorverlagerungs-Hypothese stützen, sind zahl-

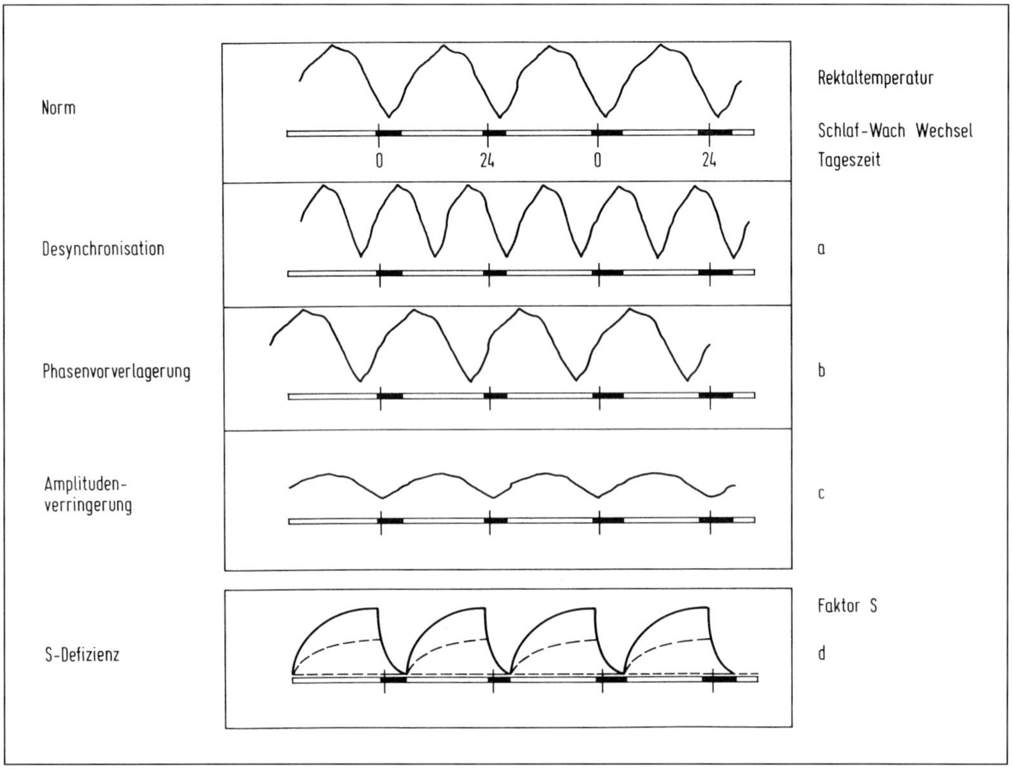

Abbildung 2. Schematische Darstellung der hauptsächlichen Hypothesen zur Störung des zirkadianen Systems bei depressiven Patienten. Dargestellt sind jeweils der Verlauf der Rektaltemperatur und des Schlaf- (schwarzer Balken) -Wach- (offener Balken) -Rhythmus. Oben das normale Muster; im untersten Beispiel (S-Defizienz) ist der Verlauf des hypothetischen Faktors S bei Gesunden (durchgezogene Linie) und Depressiven (gestrichelte Linie) dargestellt. Nicht dargestellt sind externe Zeitgeber. Nähere Erläuterung siehe Text.

reicher als die für eine Periodenänderung. Diese Befunde, die sich im wesentlichen auf die Ausschüttung von Wachstumshormon, Melatonin, Prolaktin und Cortisol beziehen, haben jedoch alle den Nachteil, daβ sie entweder eine Vorverlagerung des Minimums (6, 12, 13) oder des Maximums (9) angeben, nicht jedoch beides, was für eine Verlagerung des Gesamtrhythmus notwendig wäre. Andererseits wurden in vielen Studien keine Phasenverschiebungen beschrieben (8, 22, 28). Die gefundenen Phasenverschiebungen könnten auch beschrieben werden als Folge der Schlafstörungen bzw. eines geänderten Schlaf-Wach-Verhaltens dieser Patienten. Somit wird nicht die Annahme einer geänderten zentralen Regulation (17, 19) benötigt. Als weiteren Hinweis für eine Phasenvorverlagerung wurden, im Rahmen der Schlafforschung, die kürzeren REM-Latenzen und somit eine Vorverlagerung des gesamten REM-NREM-Rhythmus im Vergleich zu Gesunden gesehen (25). Da Patienten mit kurzen REM-Latenzen (bei Schlafbeginn) jedoch auch nach erzwungenen nächtlichen Weckungen eine verkürzte REM-Latenz aufweisen (21), wie auch während eines Tagschlafs (11, 16), scheint es sich hierbei um ein Einschlafprogramm und nicht um eine Phasenänderung zu handeln. Dies wird unterstützt durch die Ergebnisse in Bettruhestudien bei depressiven Patienten, auf die noch eingegangen wird.

c) Ebenso uneinheitlich sind die Ergebnisse bezüglich einer Amplitudenverringerung der zirkadianen Variablen. Für den Cortisolrhythmus wurde eine Abflachung (19), keine Änderung (8) oder eine Akzentuierung der zirkadianen Amplitude (29) gefunden. Ähnliche Ergebnisse zeigen sich auch für andere Variablen. Nur für die Amplitude der Körpertemperatur wurde überwiegend eine Abflachung gefunden, die sich jedoch durch den gestörten Schlaf, wie auch durch eine geringere motorische Aktivität der Patienten während des Tages erklären läßt (siehe auch Teil »Bettruhestudie« dieses Beitrags). Insgesamt läßt sich feststellen, daß nicht von einer Abflachung der zirkadianen Amplitude der verschiedenen Parameter gesprochen werden kann.

d) Ein verringerter Aufbau an Faktor S würde nicht die Schlafstörungen depressiver Patienten erklären (24). So ist die Verkürzung der REM-Latenz unabhängig von dem Betrag an SWS (20). Weiterhin ist die Mehrzahl der depressiven Symptome nicht schlafbezogen und kann somit nicht durch diese Hypothese erklärt werden. Vor allem aber bedeutet ein verringerter Aufbau an Faktor S, daß die Patienten im Freilauf eine Schlaf-Wach-Periodik von größer als 25 h zeigen müßten. Dies trifft aber nicht zu, da die gefundenen Ergebnisse eher auf eine Verkürzung hinweisen, wenn nicht gar auf einen Zerfall der zirkadianen Periodik (1).

Eine Zusammenfassung der Ergebnisse zeigt, daß keine der aufgestellten Hypothesen zutrifft. Die vermeintlich positiven Ergebnisse erwiesen sich als Artefakte, bedingt durch Meßmethodik und veränderte Schlaf-Wach-Gewohnheiten, zu denen auch der allgemein gestörte Schlaf bei diesem Krankheitsbild gehört (23). Eine Möglichkeit, chronobiologische Parameter sowie den Schlaf möglichst unbeeinflußt von externen Faktoren und unterschiedlichen Verhaltensgewohnheiten zu erfassen, besteht in der Durchführung entsprechender Untersuchungen unter streng kontrollierten Bedingungen (z. B. Bettruhestudien).

Bettruhestudie

In Bettruhestudien wird der Unterschied in der Lebensweise stationär behandelter depressiver Patienten und gesunder Kontrollpersonen reduziert und externe Einflüsse werden konstant gehalten. Um die zirkadiane Regulation der gemessenen Parameter untersuchen zu können, werden die Registrierungen über einen Zeitraum von mehr als 24 h (hier 32 h) durchgeführt. Hierdurch ist es auch möglich, den Tagschlaf der Patienten zu erfassen und so der Frage nachzugehen, ob der reduzierte Nachtschlaf Depressiver Ausdruck einer allgemein verringerten Schlafbereitschaft ist, oder ob er durch Schlaf am Tage kompensiert wird. Des weiteren erlaubt der Zeitraum von 32 h, den Schlaf in zwei Nächten zu erfassen, wobei dann der zweiten Nacht ein Tag mit völlig vergleichbarem Verhalten vorausgeht. Im Vergleich mit der ersten Nacht kann hierdurch untersucht werden, ob Unterschiede im Nachtschlaf Depressiver und Gesunder bedingt sind durch ein unterschiedliches Ausmaß an Aktivität am Tag.

Die Versuchsbedingungen für die Bettruhestudie sahen ab 23.00 h einen 32stündigen Aufenthalt im Schlaflabor vor. Die Patienten und Kontrollpersonen lagen, isoliert von

der Umwelt und ohne Zeitinformation, kontinuierlich im Bett. Kleinere Mahlzeiten konnten nach Belieben eingenommen werden, ansonsten gab es neben der Lektüre von Zeitschriften keine Betätigungsmöglichkeit. Patienten und Kontrollpersonen hatten die Anweisung, wann immer möglich zu schlafen. Insgesamt 14 Patienten mit der Diagnose »major depressive disorders« (Hamilton-Score > 15; Alter 37,6 ± 8,7 Jahre; 24–49 Jahre) nahmen an der Studie teil. Die Ergebnisse wurden verglichen mit denen einer alterskontrollierten Vergleichsgruppe (37,7 ± 8,4 Jahre; 24–48 Jahre).
Beim Vergleich der Verteilung des Gesamtschlafs (TST) zeigt sich, daß ein Unterschied in der Schlafmenge vor allem am Tage (7.00–20.00 h) vorhanden ist (Depressive: 152 min – Kontrollen: 230 min; signifikant). Ebenfalls schlafen Depressive weniger in der zweiten Nacht (338 min–380 min, nicht signifikant). Dieser Effekt macht sich auch in der Gesamtschlafzeit bemerkbar (Depressive: 851 min – Kontrollen: 984 min; signifikant). Die Unterschiede in der Schlafmenge sind in der Abbildung 3 zu sehen, in

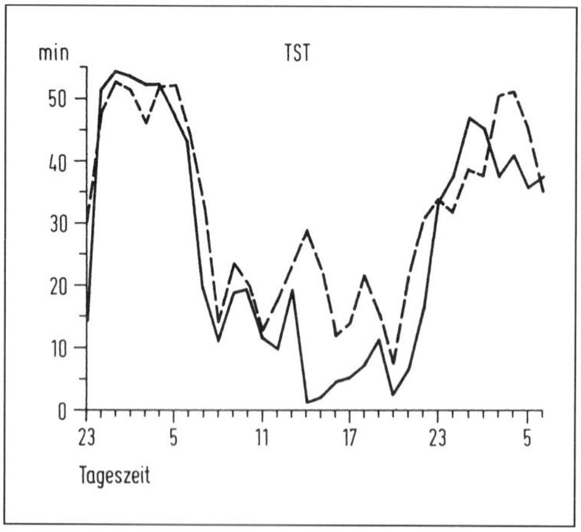

Abbildung 3. Verlauf der Gesamtschlafzeit von Kontrollpersonen (schraffierte Linie) und Depressiven (schwarze Linie) während der 32stündigen Bettruhe. Dargestellt ist der relative Anteil des Schlafs pro Stunde (Schlafeffizienz). Jeweils n = 14.

der die aufeinanderfolgenden stündlichen Mittelwerte der Gesamtschlafzeit aufgetragen sind.
Ab ca. 12.00 h schlafen depressive Patienten deutlich weniger im Vergleich zu gesunden Kontrollen. In beiden Gruppen ist hier auch eine ultradiane Vier-Stunden-Periodik zu erkennen (31). Infolge der geringen Schlafhäufigkeit in diesem Zeitraum lassen sich jedoch keine präzisen Angaben machen. In der zweiten Nacht unterscheidet sich die Lage der Maxima der Schlafhäufigkeit: Patienten zeigen einen früheren Gipfel in der Gesamtschlafzeit und die Tendenz, in der zweiten Nachthälfte (ab ca. 3.00 h) weniger zu schlafen als gesunde Kontrollen. Der Betrag an Stadium 3 + 4 (SWS) zeigt in der ersten Nacht einen nicht signifikanten Unterschied mit 44,1 min (Depressive) und 59,3 min (Kontrollpersonen). Am Tage ist diese Differenz signifikant (8,7 min–12,6 min), nicht jedoch in der zweiten Nacht (21,4 min–23,2 min). Der Gesamtbetrag an SWS ist mit 80,0 min signifikant geringer als bei Kontrollen.
Die Gesamtmenge an REM-Schlaf ist in beiden Gruppen vergleichbar (Depressive: 210,1 min – Kontrollen: 210,0 min). In der ersten Nacht ist die REM-Periodik im Schlaf Depressiver phasenvorverlagert, nicht jedoch in der zweiten Nacht. Um diesem Aspekt nachzugehen, wurde die REM-Latenz der beiden Nachtschlafphasen der Gruppen verglichen (Abbildung 4). Die Analyse zeigt, daß Gesunde wie Patienten in der zweiten Nacht eine Verkürzung der REM-Latenz gegenüber der ersten Nacht aufweisen. Insgesamt ist jedoch die REM-Latenz in beiden Nachtschlafepisoden bei den Depressiven kürzer. Einschlaf-REM-Phasen (SOREM) im Nachtschlaf treten aber nur bei Depressiven auf.
Ein weiteres Charakteristikum des REM-Schlafs Depressiver ist die Augenbewegungsdichte der ersten REM-Phase. Ein Vergleich der Augenbewegungsdichte (relative Häufigkeit von Zehn-Sekunden-Ab-

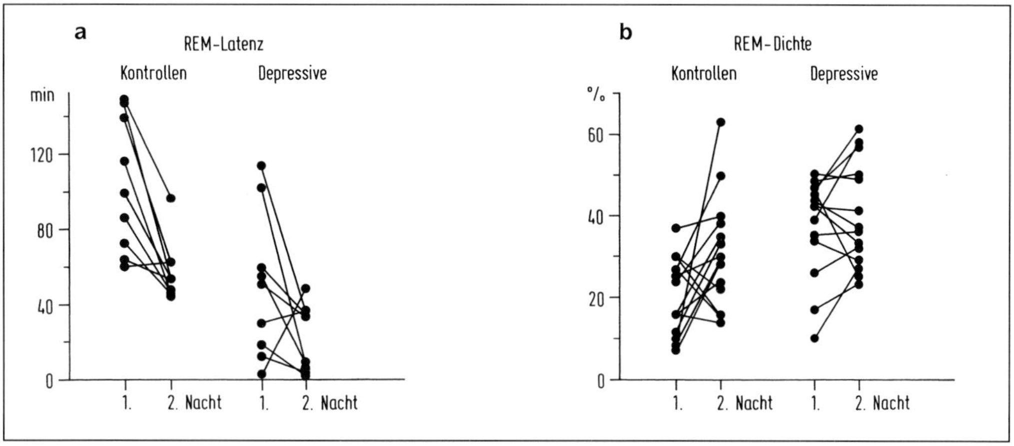

Abbildung 4. a) REM-Latenzen der beiden nächtlichen Hauptschlafphasen für Kontrollpersonen und depressive Patienten. Zusammengehörige Werte der ersten und zweiten Nacht wurden verbunden, um die individuellen Änderungen kenntlich zu machen. *b)* Augenbewegungsdichte (siehe Text) der jeweils ersten REM-Phase der ersten und zweiten Nacht von Kontrollen und depressiven Patienten. Zusammengehörige Werte der ersten und zweiten Nacht wurden jeweils verbunden.

schnitten mit schnellen Augenbewegungen in einer REM-Episode) der ersten REM-Phase ist in Abbildung 4 dargestellt. Die Werte der jeweils ersten und zweiten Nacht, getrennt für Kontrollen und Patienten, sind aufgetragen. Kontrollen haben in der ersten Nacht eine Dichte von 20,5 ± 9,2% und in der zweiten Nacht von 31,2 ± 13,6%. Diese Differenz ist signifikant. Die Patienten zeigen in der ersten Nacht eine Dichte von 36,8 ± 12,3% und in der zweiten Nacht 38,9 ± 12,9%. Dieser Unterschied ist ebenso wie der in der jeweils zweiten Nacht zwischen Kontrollen und Depressiven nicht signifikant. In der ersten Nacht ist die Augenbewegungsdichte der Kontrollen und Patienten signifikant verschieden. Somit zeigt sich, daß nach einem Tag vergleichbaren Verhaltens der Unterschied in der Augenbewegungsdichte der ersten REM-Phase nicht mehr vorhanden ist. Kontrollen haben eine vergleichbare Augenbewegungsdichte wie Depressive.

Aus den Ergebnissen kann gefolgert werden, daß Depressive am Tage nur wenig schlafen können und somit eine insgesamt reduzierte Schlafbereitschaft aufweisen. Weiter kann angenommen werden, daß die Patienten eine gesteigerte innere Aktivierung zeigen, da sie unter diesen extrem monotonen Bettruhebedingungen kaum schlafen konnten. Dies steht im Kontrast zu dem gehemmten Verhalten dieser Gruppe von Patienten. Die Schlafstadienstruktur der zweiten Nacht verdeutlicht, daß einige der als »depressionsspezifisch« bezeichneten Schlafabnormalitäten (Tiefschlaf, REM-Schlaf) auf ein unterschiedliches Ausmaß an Aktivität zurückzuführen sind. Bei reduzierter Aktivität zeigen gesunde Kontrollen ein vergleichbares Schlafmuster. Der einzige Unterschied in der Schlafstadienstruktur bleibt das Auftreten von SOREMs. Diese können jedoch bei Gesunden auch am Tage auftreten (30). Die Frage, ob hier chronobiologische Aspekte (z. B. Phasenverschiebung) von Bedeutung sind, ist noch ungeklärt. Die Unterschiede im Tagschlaf lassen auf eine insgesamt reduzierte Schlafbereitschaft bei depressiven Patienten schließen.

Zusammenfassung und Ausblick

Die Desynchronisations-Hypothese (a) und die »Phase-advance«-Theorie (b) werden durch die Ergebnisse nicht gestützt. Vergleichbares ergibt sich auch bezüglich der S-Defizienzhypothese (4) (d). Sowohl die postulierte Reduktion des Tiefschlafs (bzw. SWA) bei der Depression konnte empirisch nicht belegt werden, noch ließ sich eine hieraus abgeleitete Verlängerung der zirkadianen Freilaufperiodik bei Patienten finden. Bezüglich der Amplitudenverringerung (c) erwies sich ein Einfluß als verantwortlich, der auch bei den anderen Hypothesen eine Rolle spielt, der sogenannte »Maskiereffekt«. Hierbei werden die Unterschiede im Verlauf der Variablen nicht als Ausdruck einer veränderten zugrundeliegenden Steuerung angesehen, sondern als momentane Veränderung während des Einwirkens eines externen Reizes. Unterschiede in den Lebensgewohnheiten Depressiver (reduzierte Aktivität, frühzeitiges Zubettgehen) sowie die Schlafstörungen bewirken Veränderungen, die nicht als Hinweis einer modifizierten zentralen Steuerung gesehen werden müssen. Dies führte zur Entwicklung eines Strukturmodells durch *von Zerssen* (27), der eine Interaktion der verschieden wirkenden internen Größen annimmt (zirkadiane Steuerung, Krankheitsprozeß, Schlafsteuerung), auf die auch externe Zeitgebervariablen einwirken. Hier werden keine kausalen Erklärungen der Krankheit, sondern lediglich Assoziationen der verschiedenen Funktionen angenommen. Dieses Modell gewinnt zunehmend an Einfluß in der Depressionsforschung.

Literatur

1 Aschoff J (1980) Wie gestört ist der circadiane Rhythmus bei Depressiven? In: Heiman H, Giedke H (eds) Neue Perspektiven in der Depressionsforschung. Huber, Bern, pp 88–89

2 Aschoff J, Daan S, Honma KI (1982) Zeitgebers, entrainment, and masking: Some unsettled questions. In: Aschoff J, Daan S, Groos GA (eds) Vertebrate Circadian Systems. Springer, Berlin, pp 13–24

3 Borbély AA (1982) A two process model of sleep regulation. Hum Neurobiol 1: 195–204

4 Borbély AA, Wirz-Justice A (1982) Sleep, sleep deprivation and depression. Hum Neurobiol 1: 205–210

5 Daan S, Beersma DGM, Borbély AA (1984) Timing of human sleep: Recovery process gated by a circadian pacemaker. Am J Physiol 246: 161–178

6 Dietzel M, Saletu B, Lesch OM et al (1986) Light treatment in depressive illness. Polysonographic, psychometric and neuroendocrinological findings. Eur Neurol 25 (suppl 2): 93–103

7 Halberg F (1968) Physiologic considerations underlying rhythmometry, with special reference to emotional illness. In: de Ajuriaguerra J (ed) Cycles biologiques et psychiatrie. Symposium Bel-Air III. Mason, Genève, pp 73–126

8 Halbreich U, Asnis GM, Shindledecker R et al (1985) Cortisol secretion in endogenous depression. Arch Gen Psychiat 42: 909–914

9 Jarrett DB, Coble PA, Kupfer DJ (1983) Reduced cortisol latency in depressive illness. Arch Gen Psychiat 40: 506–511

10 Kripke DF, Mullaney DJ, Atkinson M, Wolf S (1978) Circadian rhythm disorders in manic depressives. Biol Psychiat 13: 335–351

11 Kupfer DJ, Gillin JC, Coble PA et al (1981) REM sleep, naps, and depression. Psychiat Res 5: 195–203

12 Linkowski P, Mendlewicz J, Kerkhofs M et al (1985a) Neuroendocrine rhythms in major depressive illness. In: Koella WP, Rüther E, Schulz H (eds) Sleep '84. Fischer, Stuttgart, pp 131–133

13 Mendlewicz J (1984) Alterations in circadian secretion of pituitary and pineal hormones in affective disorders. In: Shah NS, Donald AG (eds) Psychoneuroendocrine Dysfunction. Plenum, New York pp 465-471

14 Pflug B, Erikson R, Johnsson A (1976) Depression and daily temperature. A long term study. Acta Psychiat Scand 54: 254–266

15 Pflug B, Johnsson A, Ekse AT (1981) Manic-depressive states and daily temperature. Some circadian studies. Acta Psychiat Scand 63: 277–289
16 Pugnetti L, Colombo A, Cazzullo CL et al (1982) Daytime sleep patterns of primary depressives: A morning nap study. Psychiat Res 7: 287–298
17 Rubin RT, Poland RE (1982) The chronoendocrinology of endogenous depression. In: Müller EE, MacLeod RM (eds) Neuroendocrine Perspectives. Elsevier, Amsterdam, pp 305–337
18 Sachar EJ, Hellman L, Roffwarg HP et al (1973) Disrupted 24-hour patterns of cortisol secretion in psychotic depression. Arch Gen Psychiat 28: 19–24
19 Schirkrut R, Chandra O, Osswald M et al (1975) Growth hormone release during sleep and with thermal stimulation in depressed patients. Neuropsychobiology 1: 70–79
20 Schulz H, Lund R (1985) On the orgin of early REM episodes in the sleep of depressed patients. Comparison of three hypotheses. Psychiat Res 16: 65–77
21 Schulz H, Tetzlaff W (1982) Distribution of REM latencies after sleep interruption in depressive patients and control subjects. Biol Psychiat 17: 1367–1376
22 Thompson C, Mezey G, Corn T et al (1985) The effect of desipramine upon melatonin and cortisol secretion in depressed and normal subjects. Br J Psychiat 147: 389–393
23 Tölle R (1991) Zur Tagesschwankung der Depressionssymptomatik. Fortschr Neurol Psychiat 59: 103–116
24 van den Hoofdakker RH, Beersma DGM (1984) Sleep deprivation, mood, and sleep physiology. Exp Brain Res 8: 297–309
25 Wehr TA, Goodwin FK (1983) Biological rhythms in manic-depressive illness. In: Wehr TA, Goodwin FK (eds) Circadian Rhythms in Psychiatry. Boxwood, Pacific Grove, pp 129–184
26 Wever R (1979) The Circadian System of Man. Springer, New York
27 v Zerssen D (1987) What is wrong with circadian clocks in depression? In: Halaris A (ed) Chronobiology and Psychiatric Disorders. Elsevier, New York, pp 159–179
28 v Zerssen D, Dirlich G, Doerr P et al (1985) Are biological rhythms disturbed in depression? Acta Psychiat Belg 85: 624–635
29 v Zerssen D, Barthelmes H, Dirlich G et al (1985a) Circadian rhythms in endogenous depression. Psychiat Res 16: 51–63
30 Zulley J (1993) Schlafen und Wachen als biologischer Rhythmus. Rodeser, Regensburg
31 Zulley J, Campbell S, Wittchen HU (1988) Die 4-Stunden-Komponente in der Schlaf-Wach-Regulation. In: Kreuzberg K, Preu P (eds) Forschung unter Schwerelosigkeit. Deutsche Gesellschaft für Luft- und Raumfahrt, Bonn, pp 271–275

Polysomnographische Beiträge zum Verständnis der Pathogenese affektiver Erkrankungen

M. Berger, D. Riemann, M. Wiegand[a], C. Lauer[b], J. Vollmann, S. Krieger, F. Hohagen, D. von Zerssen[b]
Psychiatrische Universitätsklinik, Freiburg
[a]Psychiatrische Universitätsklinik rechts der Isar, München
[b]Max-Planck-Institut für Psychiatrie, München

Einleitung

Ende der 70er Jahre schien sich in der Psychiatrie eine entscheidende Wende bezüglich des Verständnisses der Ätiopathogenese psychiatrischer Erkrankungen abzuzeichnen. US-amerikanische Publikationen im Bereich der Neuroendokrinologie und der Schlaf-EEG-Forschung hatten die Möglichkeit aufgezeigt, den alten Streit um die Abgrenzung nosologischer Entitäten in der Psychiatrie zu entscheiden (Übersicht bei (2)). Historisch gesehen schien *Hoche* Unrecht zu behalten, als er die Bemühung seines Kontrahenten *Kraepelin* um die Abgrenzung nosologischer Entitäten bei psychischen Störungen, d.h. spezifischer Krankheitseinheiten mit einer spezifischen, unterscheidbaren Ursache, Symptomatologie und Verlaufscharakteristik als »Suche nach einem Phantom und blinde Utopie« bezeichnete (9). Die vorgelegten Untersuchungen etwa zur Cortisol- und Wachstumshormonregulation bzw. zur Veränderung der Schlafstruktur schienen zu belegen, daß es zumindest für die endogenen Depressionen hochspezifische biologische Marker gibt, die diese Erkrankungen klar von anderen Depressionsformen, aber auch von Schizophrenien, Angsterkrankungen etc. abgrenzen lassen.
Damit schien sich die z.B. von *Kendell* (12) prägnant formulierte Meinung, es gäbe in der Psychiatrie keine eigentliche Nosologie, sondern nur eine Typologie ohne Seltenheitspunkte zwischen den einzelnen Krankheitsgruppen, zugunsten seines Widersachers *Martin Roth* widerlegen zu lassen (6). Bemerkenswert war dabei, daß diese Befunde spezifischer biologischer Krankheitsmarker aus den USA kamen, die unter dem Einfluß etwa von *Adolf Meier* bis dahin einer unitaristischen Sichtweise psychischer Erkrankungen anhingen.
Diese für Diagnostik, Therapie und Verlaufsvorhersagen so enorm wichtige Frage führte zu einer eindrucksvollen Stimulation biologisch-psychiatrischer Forschung. Wenn sich auch die initialen Postulate nicht in der erwarteten Weise bestätigten, führte dieser Aufschwung neurobiologischer Forschung zu einem deutlichen Wissenszuwachs über die biologischen Korrelate psychiatrischer Erkrankungen.
Im Bereich der Schlafforschung schienen mehrere Studien überzeugend darzustellen, daß endogene Depressionen im Gegensatz zu anderen psychischen Erkrankungen einschließlich der sogenannten neurotischen Depression eine Enthemmung von REM-Schlaf zu Beginn der Nacht aufweisen, wie man es von Narkolepsiepatienten kennt (13). Diese REM-Schlaf-Desinhibition, initial nur in visuellen Auswertungen des Schlaf-EEGs erkannt, kann inzwischen auch mittels der Erfassung der Powerspektren

sehr eindrucksvoll dokumentiert werden. Es schien sich – auch bei der gebotenen Skepsis gegenüber der Spezifitätsannahme – ein wissenschaftliches Engagement in diesem Bereich besonders zu lohnen, da die REM-Schlaf-Regulation tierexperimentell das zur Zeit neuroanatomisch, neurophysiologisch und auch neurochemisch am besten erforschte Funktionssystem des zentralen Nervensystems darstellt (7). Seit Mitte der 70er Jahre ist bekannt, und hier waren trotz umfangreicher Folgearbeiten bisher kaum Korrekturen notwendig, daß die Aktivität des noradrenergen Systems, dessen Neuronen überwiegend im Locus coeruleus lokalisiert sind, und die des serotonergen Systems mit seinen Ausgangsneuronen in den Raphé-Kernen mit dem Wechsel von Non-REM-Schlaf zu REM-Schlaf deutlich abnimmt. Im Gegensatz dazu steigt mit dem Übergang von Non-REM-Schlaf zu REM-Schlaf die Aktivität im cholinergen Netzwerk des zentralen Nervensystems stark an und zeigt im REM-Schlaf die höchsten Entladungsmuster. Diese Zunahme des Aktivitätsmusters cholinerger Neuronensysteme findet sich insbesondere in der Brückenhaube, aber auch synchron in höheren Hirnarealen (8). Im Laufe eines nächtlichen Non-REM-REM-Zyklus zeigt sich somit eine sinusförmige gegenläufige Schwingung in der Aktivität aminerg-cholinerger Transmittersysteme im ZNS. Analog hierzu konnten PET-Studien bei gesunden Probanden beim Übergang von Non-REM-Schlaf zu REM-Schlaf eine spezifische Aktivitätszunahme des zerebralen Glukosemetabolismus im Gyrus cinguli zeigen, einem Bereich, der im besonders hohen Maße cholinerge Afferenzen besitzt (4). Aus diesen Befunden kann man auf eine sinusartige gegenläufige Schwingung aminerg-cholinerger Tansmittersysteme im ZNS im Laufe des nächtlichen Non-REM-REM-Zyklus schließen.
Nachdem REM-Schlaf von cholinergen Neuronengruppen gesteuert wird, war es naheliegend, die REM-Schlaf-Desinhibition bei Depressionen im Sinne der bereits früher aufgrund von umfangreichen pharmakologischen Studien formulierten cholinerg-aminergen Imbalanzhypothese (11) zu interpretieren.
Unsere Arbeitsgruppe hat in München und später in Mannheim und Freiburg umfangreiche Studien an Gesunden und Patienten mit unterschiedlichen psychiatrischen Erkrankungen zu diesem Fragenkomplex durchgeführt, von denen an dieser Stelle ein kleiner Ausschnitt demonstriert werden soll. Die Auswahl der dargestellten Studien soll den Versuch dokumentieren, Zusammenhänge zwischen neurobiologischen Grundlagen und klinischen Fragestellungen herzustellen.

Aminerge und cholinerge Komponenten der REM-Schlaf-Regulation

In einem ersten Schritt wird dargestellt, wie die tierexperimentell gewonnenen Vorstellungen über die Regulation von REM-Schlaf-Veränderungen bei Depressionen getestet wurden.
Während bei gesunden Probanden der Versuch der zentralnervösen Blockade des aminergen Systems durch Gabe von 2 mg Prazosin oder 20 mg Yohimbin vor Schlafbeginn keinen Einfluß auf die REM-Regulation hatte (unveröffentlichte Daten), konnten wir zeigen, daß die Gabe von 1,5 mg RS86, einem oral wirksamen Cholinergikum (Halbwertzeit ca. 8 h), eine Vorverlagerung von REM-Schlaf bewirkte.
Bei fast allen depressiven Patienten führte die geringe Dosis von 1,5 mg des cholinergen Agonisten RS86 zu einer außerordentlich eindrucksvollen Enthemmung von REM-Schlaf, und dies unabhängig davon, ob unter Basalbedingungen eine REM-Schlaf-Anomalie zu beobachten war oder nicht (Abbildung 1). Damit ergab sich in der Tat ein deutlicher Hinweis darauf, daß das cholinerge System an der Störung der REM-Schlaf-Regulation bei Depressiven beteiligt

ist. Außerdem vergrößerte der sogenannte cholinerge REM-Induktionstest (CRIT) die Sensitivität dieses Markers für depressive Erkrankungen (3).

Differentialdiagnostische Relevanz von REM-Schlaf-Anomalien

In einem zweiten Schritt wandten wir uns der im Hinblick auf Diagnostik, Therapieindikation, aber auch Verlaufsvorhersage wichtigen Frage zu, ob endogen Depressive sich von neurotisch Depressiven und auch von Patienten mit anderen psychiatrischen Erkrankungen mittels charakteristischer Maße des REM-Schlafs abgrenzen lassen. Dabei wurde jeweils das Schlaf-EEG unter Basalbedingungen und unter cholinerger Stimulation (CRIT) untersucht. Aus Abbildung 2 ist erkennbar, daß die eigenen Untersuchungen die US-amerikanischen Befunde einer klaren Trennbarkeit von endogenen und nicht endogenen Depressionen mittels Schlaf-EEG nicht bestätigen, was bereits früher anhand einer kleineren Stichprobe depressiver Patienten gezeigt werden konnte (1).

Eine Ausweitung unserer Schlaf-EEG-Untersuchungen auf andere Diagnosegruppen erbrachte eindeutige und hochsignifikante Unterschiede etwa zu Patienten mit Angsterkrankungen, Eß- und Persönlichkeitsstörungen, die sich alle nicht von gesunden Probanden unterscheiden ließen (Abbildung 3). Doch gab es eine Überschneidung mit schizophrenen, und hier vor allem chro-

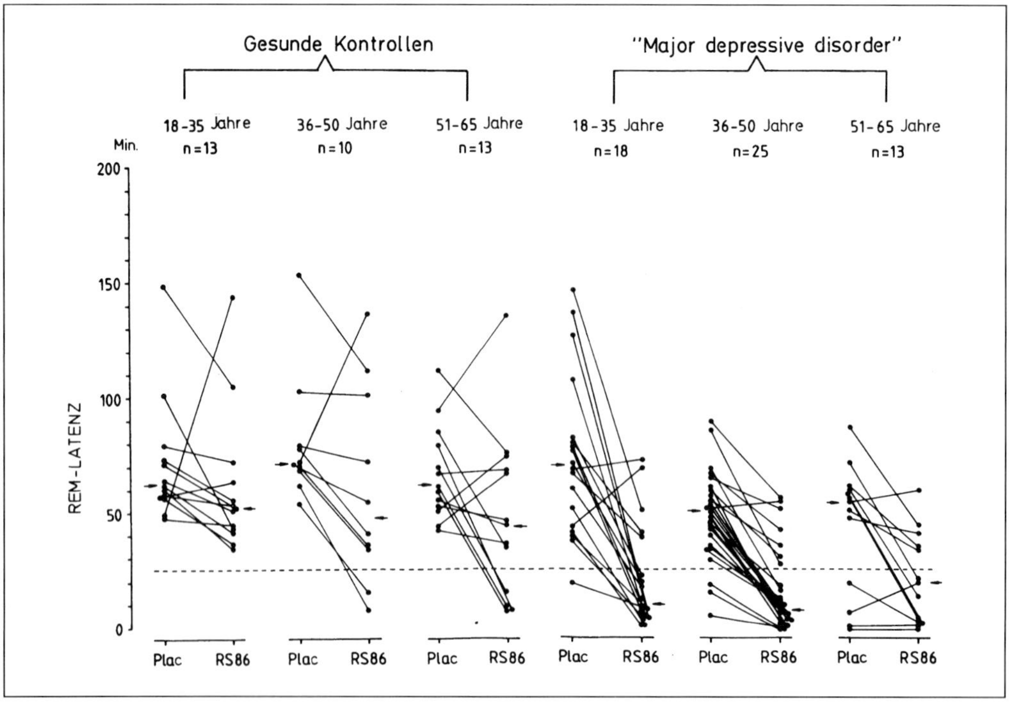

Abbildung 1. REM-Latenz gesunder Kontrollpersonen und Patienten mit einer »Major depressive disorder« in verschiedenen Altersgruppen nach Plazebogabe und nach 1,5 mg RS86.

nisch schizophrenen Erkrankungen. Berücksichtigt man jedoch das gesamte Profil der REM-Schlaf-Anomalien bei den unterschiedlichen Diagnosegruppen, so bleibt eine Spezifität für primär depressive Erkrankungen bestehen. Erstens war im Mittel die REM-Latenz bei Depressiven unter Basalbedingungen signifikant kürzer als bei Schizophrenen, die sich von gesunden Kontrollpersonen nur tendenziell unterschieden. Zweitens ergab die Applikation von RS86 bei Schizophrenen lediglich eine erste REM-Phasenvorverlagerung, während bei Depressiven zusätzlich eine starke Vermehrung der REM-Dichte, d. h. der Häufigkeit der Augenbewegung, zu beobachten war (10). Leider ist bisher nicht geklärt, ob für die Regulation des REM-Schlafs und der Dichte der Augenbewegungen unterschiedliche Rezeptortypen verantwortlich sind. Somit sind weitere Fortschritte der tierex-

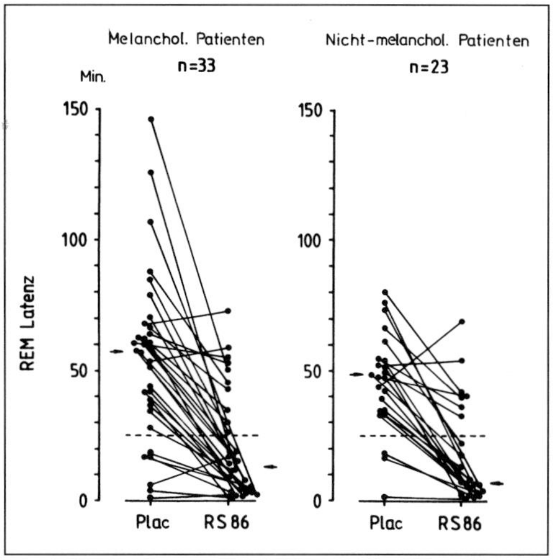

Abbildung 2. Vergleich von Patienten mit einer »Major depressive disorder« mit und ohne DSM-III-R-Kriterien für den Subtyp »Melancholie« bezüglich REM-Latenz nach Plazebogabe und nach 1,5 mg RS86.

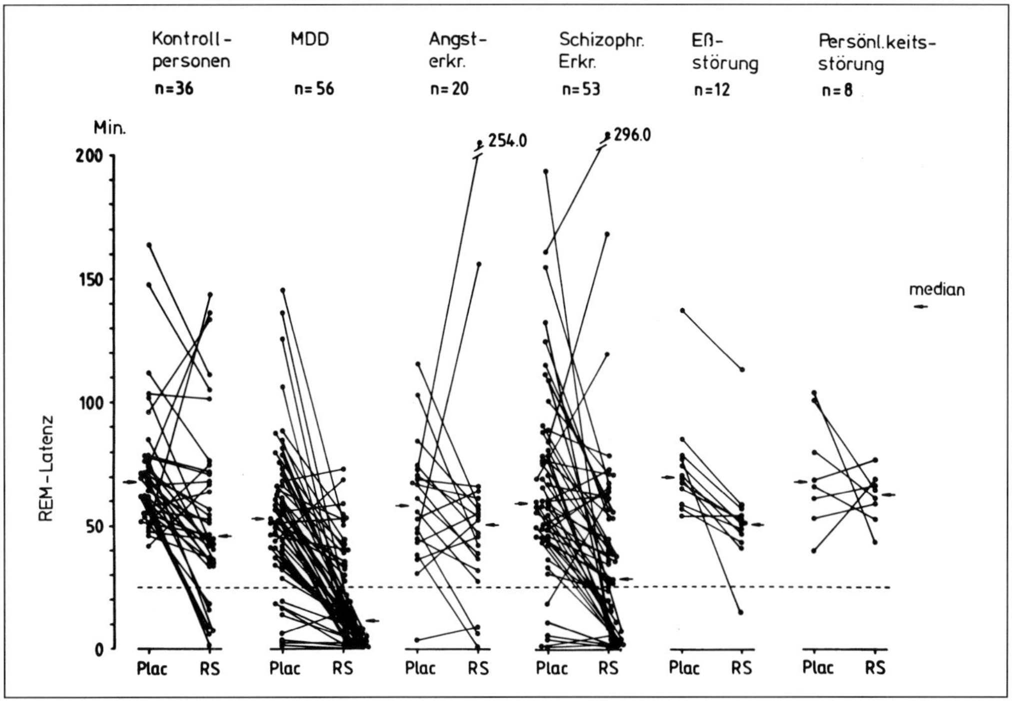

Abbildung 3. REM-Latenz nach Plazebo oder 1,5 mg RS86 bei gesunden Kontrollen und Patienten mit unterschiedlichen psychiatrischen Erkrankungen nach DSM-III-R.

perimentellen Grundlagenforschung notwendig, um Differenzen zwischen dem Schlaf Depressiver und Schizophrener pathophysiologisch einordnen zu können. Es bleibt jedoch zusammenfassend von Interesse, daß REM-Schlaf-Anomalien vor allen bei denjenigen psychiatrischen Erkrankungen zu finden sind, die am deutlichsten auf Psychopharmaka reagieren und in deren Ätiopathogenese damit auch aus dieser Sicht eine biologische Komponente besonderes Gewicht haben dürfte, d.h. »Major depressive disorder« und schizophrene Erkrankungen.

Intervenierende Variablen der REM-Schlaf-Regulation

Aus der Forschung zum Dexamethason-Suppressions-Test ging beeindruckend hervor, inwieweit intervenierende Variablen wie situativer Streß, Gewichtsverlust, Alter etc. biologische Variablen unabhängig von der vorliegenden Erkrankung beeinflussen können (27). Aus diesem Grunde wurden von uns im Rahmen der Schlaf-EEG-Untersuchungen umfangreiche Studien durchgeführt, die auf die Aufdeckung solcher konfundierender Variablen zielten. Bisher fanden wir als einzigen relevanten Faktor das Alter der Probanden. Abbildung 2 verdeutlicht, daß bei Gesunden die REM-Latenz im Laufe des Lebensalters im Mittel stabil bleibt, sich jedoch in der Streuung vergrößert. Junge depressive Patienten zeigen noch keine stabile Verkürzung der REM-Latenz gegenüber gesunden Kontrollpersonen, erst ab dem 35. Lebensjahr ergibt sich konstant ein signifikanter Unterschied (14, 18). Offensichtlich verliert das REM-Schlaf-regulierende System mit zunehmendem Alter an Stabilität und wird so durch neurochemische Alterationen leichter irritierbar. Für die Depressionsforschung erleichternd ergab sich jedoch, daß die REM-Dichte offenbar pathophysiologisch störanfälliger ist und hier bereits auch bei jungen depressiven Patienten signifikante Alterationen bestehen (Abbildung 4). Es muß jedoch auch hier angemerkt werden, daß unser Wissen über unterschiedliche neurochemische Komponenten in der Regulation der tonischen (z. B. Hintergrundfrequenz des EEGs, Muskelatonie) und phasischen (z. B. Augenbewegungen) REM-Schlaf-Elemente heute noch gering ist.

Prädiktive Relevanz für Antidepressiva- und Schlafentzugstherapien und für den Langzeitverlauf

Es beschäftigte uns die klinische Fragestellung, ob REM-Schlaf-Anomalien prädiktiven Wert für den Effekt einer Antidepressivamedikation, einer Schlafentzugsbehandlung oder im Hinblick auf die Langzeitprognose besitzen. Untersuchungen zum Zusammenhang von initialen Schlaf-EEG-Maßen und dem Effekt einer anschließenden Antidepressivabehandlung waren durchgehend negativ, wobei hierfür aber auch methodische Gründe, die an dieser Stelle nicht weiter diskutiert werden können, verantwortlich sein könnten (16). Erste Untersuchungen im Rahmen des Sonderforschungsbereichs 258 am Zentralinstitut für Seelische Gesundheit in Mannheim zur

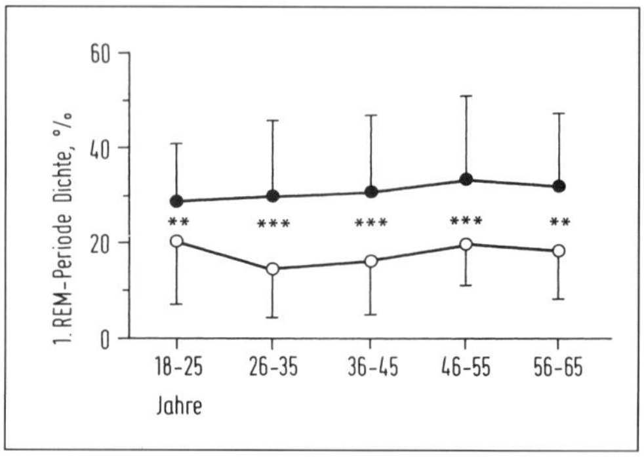

Abbildung 4. Dichte der ersten REM-Periode bei altersparallelisierten gesunden Probanden (○) und depressiven Patienten (●).

prädiktiven Bedeutung von REM-Schlaf-Parametern im Hinblick auf die Ein- und Zweijahres-Katamnese deuten an, daß Patienten mit REM-Schlaf-Störungen eine höhere Rückfallgefahr besitzen (unveröffentlichte Ergebnisse).

Eindeutig positiv waren unsere Untersuchungen zum Zusammenhang von REM-Schlaf-Veränderungen und dem Effekt von Schlafentzug. Eine zentrale Rolle in der Schlafforschung bei Depressiven spielt das eindrucksvolle Phänomen, daß Depressive in der Regel während der Nacht, d. h. im Schlaf, eine Stimmungsverschlechterung erleiden, diese Stimmungsverschlechterung jedoch durch einen Schlafentzug vorübergehend behoben werden kann. Durch den nächsten Nachtschlaf oder bereits kurze Tagesschlafepisoden (Nap) wird dieser Effekt jedoch meist wieder rückgängig gemacht.

In den letzten Jahren interessierte uns besonders, ob der positive Effekt von Schlafentzug mit dem Entzug von REM-Schlaf und der depressiogene Effekt von Schlaf mit dem Auftreten von desinhibiertem REM-Schlaf zusammenhängt. Unser Modell (Abbildung 5) war dabei, daß neben der ultradianen gegenläufigen Rhythmik von cholinergen und aminergen Transmittersystemen im ZNS zusätzlich eine zirkadiane gegenläufige Rhythmik besteht, wofür es einige experimentelle Evidenzen gibt (5, 15). In der Depression ist das Niveau der cholinergen Schwingung erhöht. Im REM-Schlaf kommt es zu einer besonders starken Akzentuierung dieser Imbalanz der Transmittersysteme und damit bei Depressiven zur REM-Schlaf-Desinhibition und Stimmungsverschlechterung während der Nacht. Durch Schlafentzug (Abbildung 6) wird dieser depressiogene Effekt der Nacht bzw. des REM-Schlafs abgefangen. Patienten mit starker REM-Desinhibition sollten deswegen besser auf Schlafentzug ansprechen. Dieses Modell wird stark gestützt durch neuere PET-Untersuchungen der Gruppe in Irvine (26). Sie zeigten, daß depressive Patienten vor allem dann positiv auf Schlafentzug reagieren, wenn sie einen Hypermetabolismus, gemessen mit der Fluor-Desoxyglukose-Bestimmung im Gyrus cinguli aufweisen. Dieser wird durch den Schlafentzug normalisiert. Da der Gyrus cinguli starke cholinerge Afferenzen besitzt, könnte der Glukosemetabolismus in dieser Region durchaus eine gesteigerte Aktivität des cholinergen Systems in der Depression und deren Normalisierung während des Schlafentzugs widerspiegeln. Wir fanden bei unseren Untersuchungen in der Tat, daß Patienten mit REM-Schlaf-Störungen eine wesentlich höhere Chance besitzen, positiv auf Schlafentzug zu reagieren als Patienten mit normalen REM-Schlaf-Maßen (Abbildung 7) (16, 17).

Struktur, zirkadiane Modulation und depressiogener Effekt von Naps

Die bisherigen Beobachtungen führten dazu, unser Interesse auf Naps, d. h. Kurzschlafphasen während des Tages nach einem vorhergehenden Schlafentzug bei Depressiven, zu richten. Initial interessierte vor allem, ob sich anhand systematischer Untersuchungen zeigen läßt, daß bereits kurze Schlafphasen während des Tages den antidepressiven Effekt einer Schlafentzugsbehandlung aufheben können und das Auftreten von REM-Schlaf diesen depressiogenen Effekt verstärkt. Zum zweiten war die Frage, ob der Zeitpunkt des Naps während des Tages Einfluß auf seine depressionsintensivierende Wirkung besitzt. Dazu führten wir eine Reihe von sogenannten Nap-Studien durch, bei denen wir den Effekt der Nap-Länge und Struktur, das Auftreten von REM-Schlaf oder Tiefschlaf während der Naps sowie den Einfluß des Zeitpunkts des Kurzschlafes auf die depressive Symptomatik untersuchten (Abbildung 8). Das Ergebnis ist in Abbildung 9 zusammengefaßt. Es zeigte sich, daß Naps am frühen Morgen einen deutlich stärker depressiogenen Effekt besitzen als am Nachmittag, wo diese depressionsintensivierende Wirkung fast völlig fehlt (25). In den Morgenstunden um 9.00 h spielte keine Rolle, ob REM-Schlaf auftrat oder nicht, während zur Mittagszeit vornehmlich Kurzschlafphasen mit REM-Schlaf die Stimmung deutlich verschlechterten (24). Am Nachmittag konnte auch das Auftreten von REM-Schlaf nicht zu einer Stimmungsverschlechterung führen, d.h., es ist hier eine deutliche zirkadiane Komponente erkennbar. Neben der Möglichkeit, daß die Dauer der vorangegangenen Wachzeit den Effekt von Naps bestimmt, könnte diese Beobachtung auch mit der angenommenen zirkadianen Rhythmik

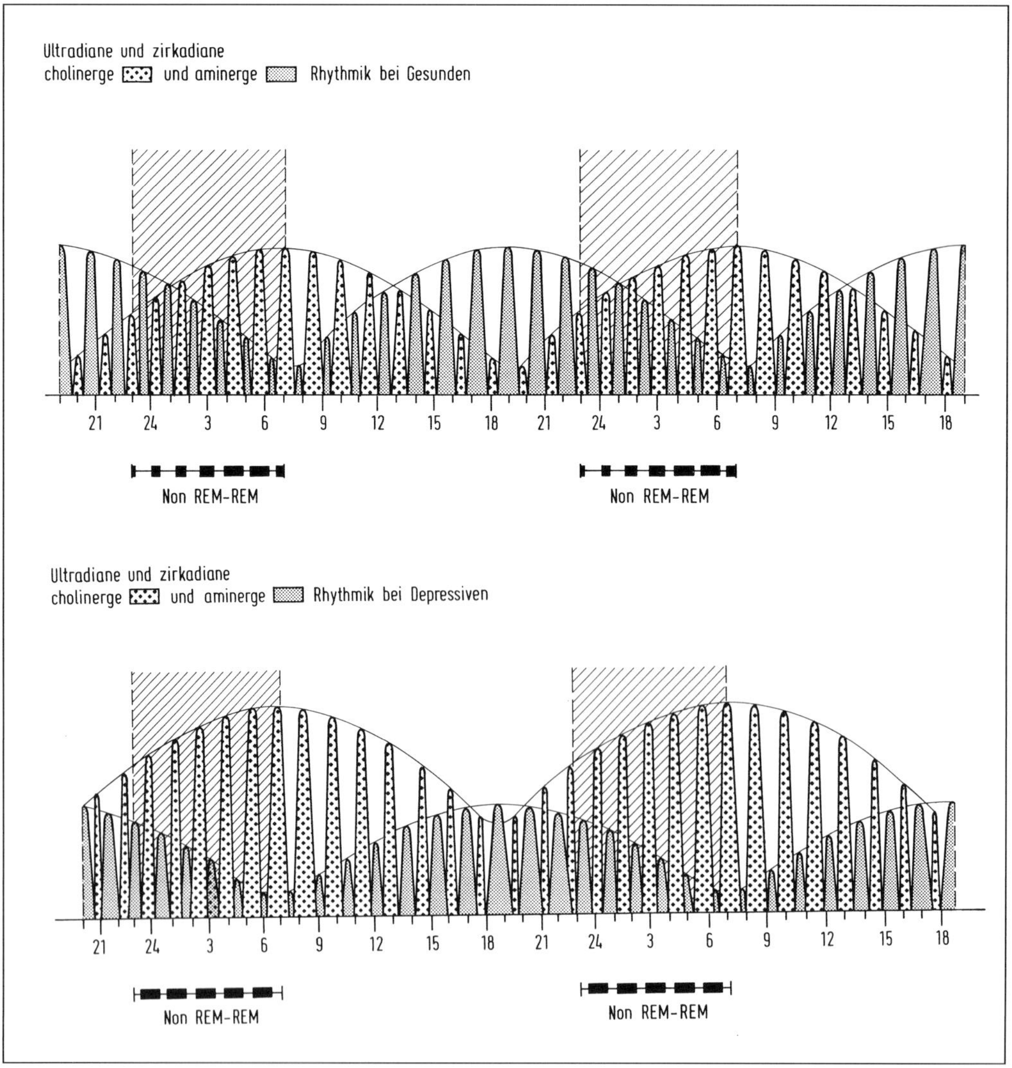

Abbildung 5. Modell einer gegenläufigen ultradianen und zirkadianen Rhythmik der zentralnervösen Aktivität der cholinergen und aminergen Transmitteraktivitäten im Normalzustand und während einer Depression.

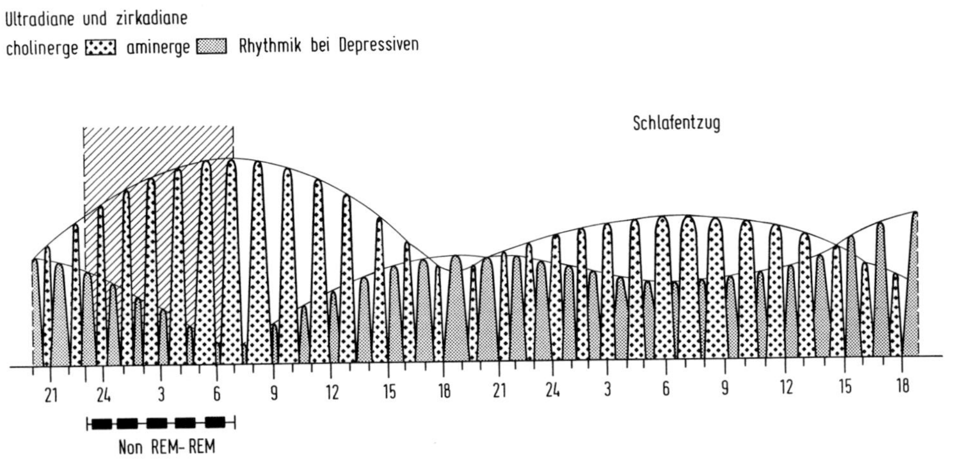

Abbildung 6. Modell einer gegenläufigen ultradianen und zirkadianen Rhythmik während der Depression und nach Schlafentzug.

des cholinergen und aminergen Systems im ZNS zusammenhängen. Erfolgt – nach unseren jetzigen Vorstellungen – nach einem Schlafentzug Kurzschlaf während der frühen Morgenstunden (Abbildung 10a), kommt es zu einer starken Dominanz des cholinergen Systems und damit zur Depressionsintensivierung. Am Nachmittag (Abbildung 10b) ist der cholinerge Anteil des Systems jedoch so abgeschwächt, daß hier REM-Schlaf das cholinerge System nicht wesentlich stimulieren kann und somit keinen depressiogenen Effekt besitzt.

Schlafphasen-Vorverlagerung als antidepressives Verfahren

Auf den Grundlagen dieser Ergebnisse führten wir eine klinische Studie durch, in der die zirkadiane Modulation des depressiogenen Effekts von Schlaf therapeutisch nutzbar gemacht werden sollte. Wir gingen davon aus, daß man nach einer Schlafentzugsbehandlung den Rückfall in die Depression in der nachfolgenden Nacht verhindern

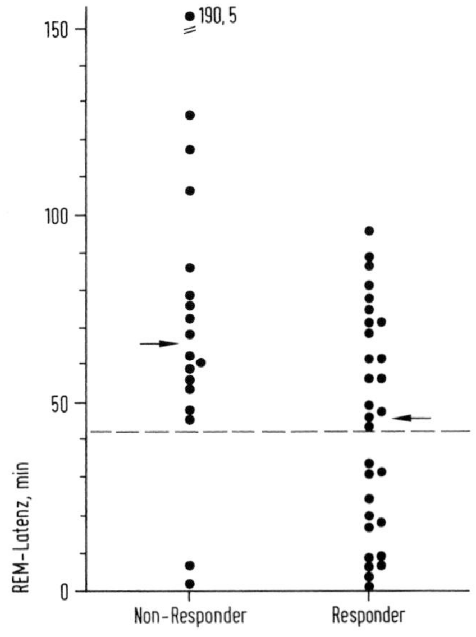

Abbildung 7. REM-Latenz als Prädiktor für den Effekt einer Schlafentzugsbehandlung (Responder = Δ-6-Item-Hamilton-Skala > 30% des Ausgangswertes).

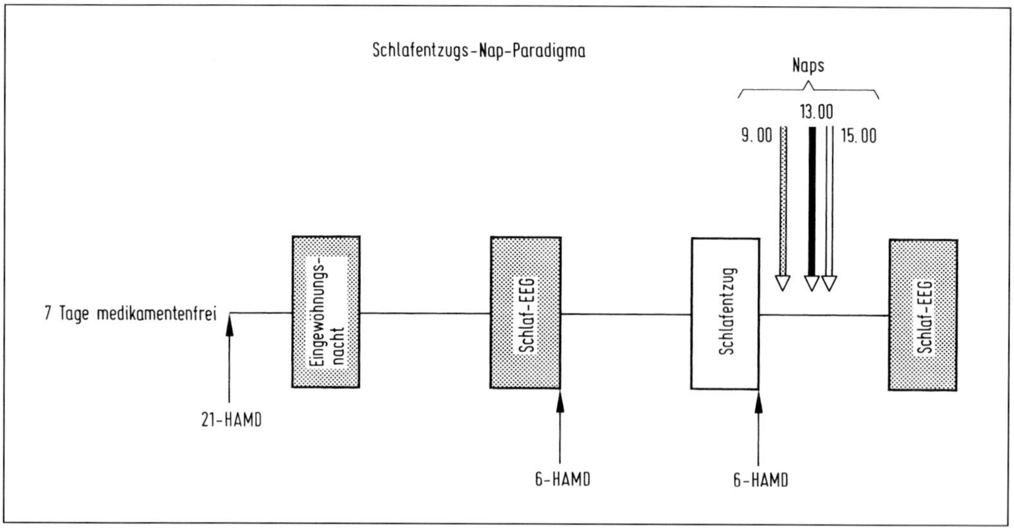

Abbildung 8. Design unterschiedlicher Nap-Studien.

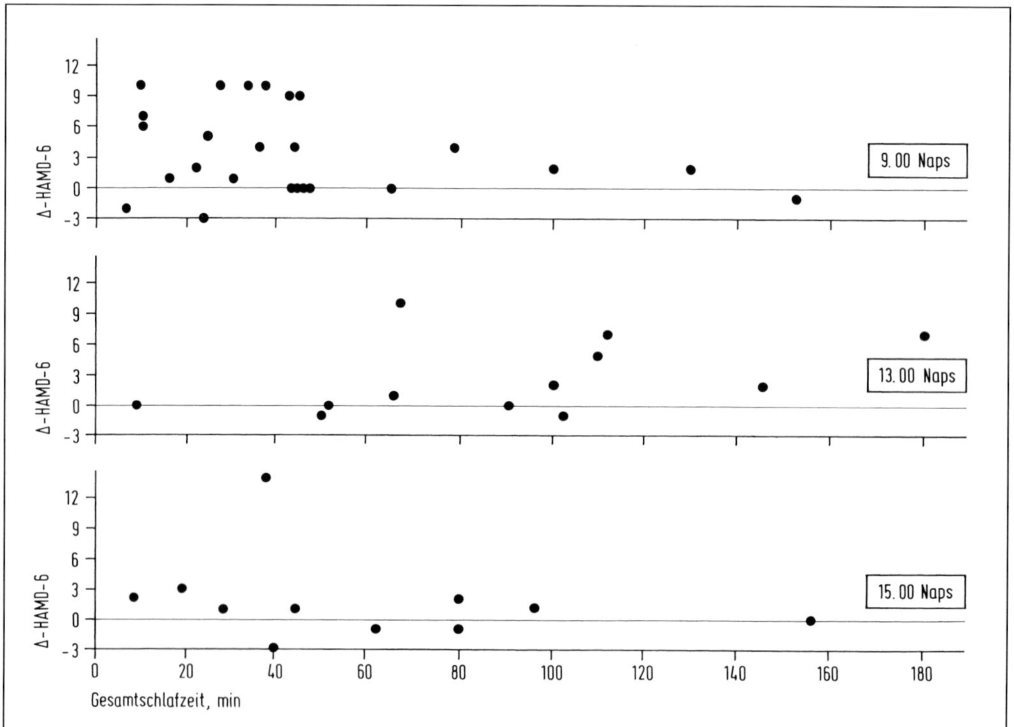

Abbildung 9. Ausmaß der Stimmungsveränderung während Naps zu unterschiedlichen Tageszeiten unter Berücksichtigung der Schlafzeit während des Naps.

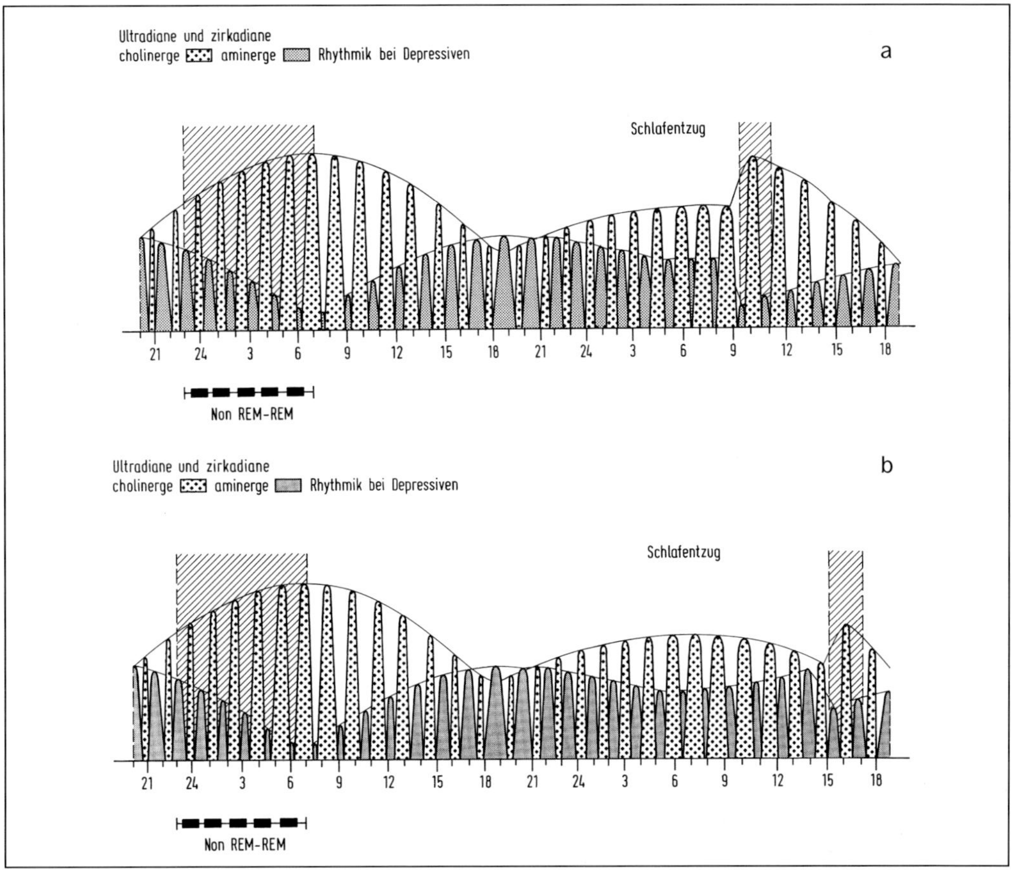

Abbildung 10. Modell des Einflusses eines Schlafentzugs und eines Naps um 9.00 h (*a*) und um 15.00 h (*b*) auf die cholinerg-aminerge ultra- und zirkadiane Transmitterrhythmik während depressiver Erkrankungen.

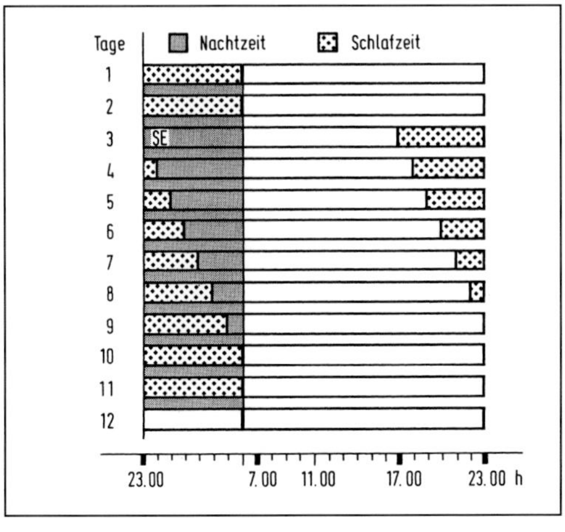

Abbildung 11. Studiendesign der Untersuchung zum Effekt von Schlafentzug (SE) und einer anschließenden Schlafphasen-Vorverlagerung auf die Stimmung Depressiver.

kann, wenn man aufgrund der vorher gezeigten Untersuchungen den Schlaf in den Nachmittag und in die ersten Nachtstunden vorverlagert. Wir kombinierten eine Schlafentzugstherapie mit einer Schlafphasen-Vorverlagerung und rückten die Schlafphasen über sechs Nächte langsam, d. h. pro Tag eine Stunde, zurück in die normale Position (Abbildung 11). In einer offe-

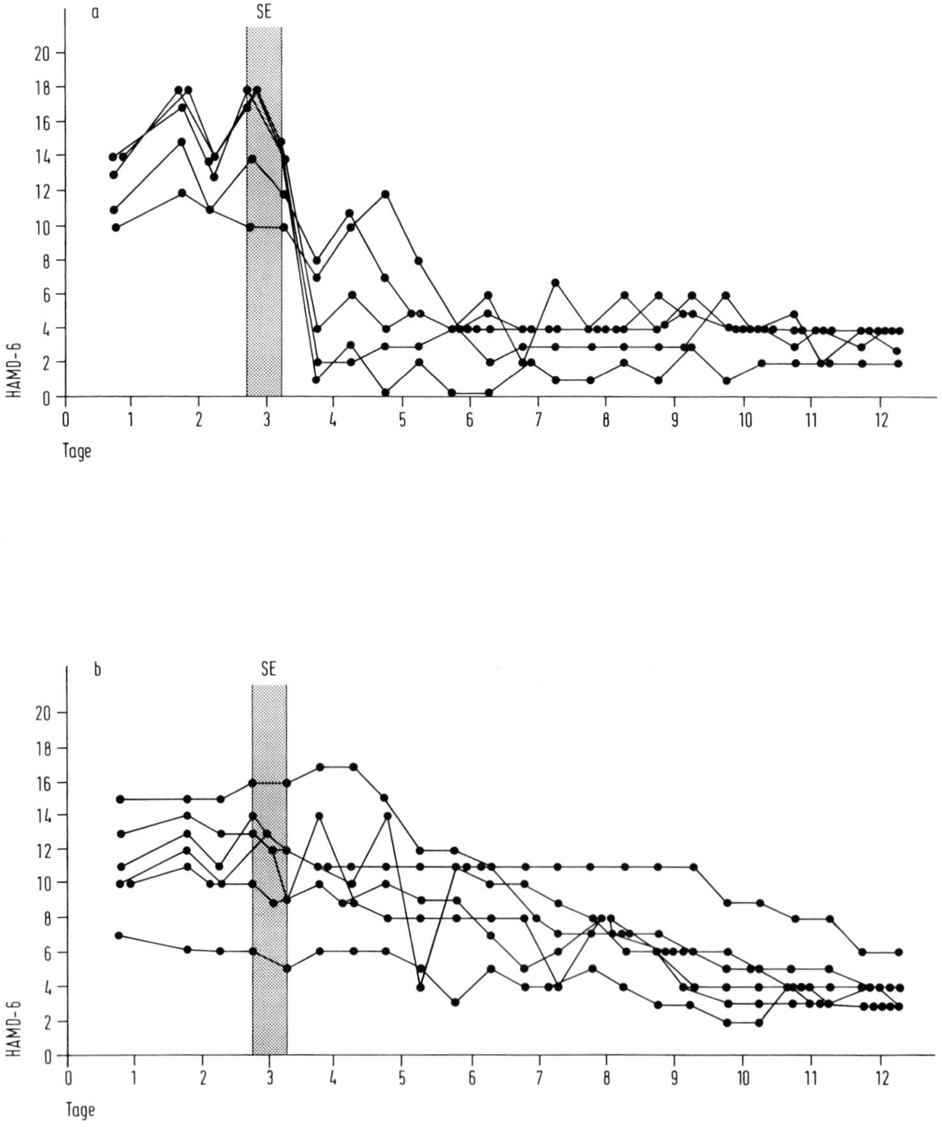

Abbildung 12. Effekt einer Schlafentzugsbehandlung (SE) und eine anschließende Schlafphasen-Vorverlagerung auf die Depressivität (gemessen mittels der 6-Item-Hamilton-Skala) bei SE-Respondern (*a*) und SE-Nonrespondern (*b*).

nen Studie (22) wurden 16 Patienten untersucht, die entweder medikamentenfrei oder unter einer langen Antidepressivabehandlung bisher therapierefraktär waren. Fünf Patienten brachen wegen Schwierigkeiten, nach vorangegangenem Schlafentzug bereits um 17.00 h einzuschlafen, am ersten Tag die Studie ab. Bei den restlichen elf Patienten, die die Studie durchliefen, stellte sich eine Besserung der Depression ein. Bei sämtlichen Patienten, die sich nach einem Schlafentzug gebessert hatten, konnte mit diesem Procedere im Verlauf der nächsten Woche ein Rückfall in die Depression verhindert werden (Abbildung 12). Diese Ergebnisse bestätigen die theoretischen Vorstellungen von *Wehr* und *Wirz-Justice* über die Minderung des depressiogenen Effekts von Schlaf, wenn dieser in der »kritischen Phase« verhindert wird (23). Doch auch Patienten, die sich nicht durch den initialen Schlafentzug besserten, wiesen im Laufe dieser Schlafphasen-Vorverlagerungs-Behandlung eine Stimmungsaufhellung auf. Dies steht mit früheren Berichten über erfolgreiche Schlafphasenverschiebungen als antidepressive Behandlung (19, 20, 21) in Einklang. Es ist zu hoffen, daß sich aus dieser Behandlung, die sich aus den vorhergehenden Untersuchungen ableitet, eine Methodik entwickeln und in kontrollierten Studien belegen läßt, die den außerordentlich eindrucksvollen, aber fast immer kurzfristigen Effekt einer Schlafentzugsbehandlung dauerhaft konservieren und somit diesem Verfahren eine größere Relevanz für den klinischen Alltag einräumen kann. Hierzu müssen kontrollierte Studien mit unmedizierten Patienten in ausreichender Fallzahl durchgeführt werden, bei denen durch kontinuierliche polysomnographische Untersuchungen die Schlafphasen objektiviert werden. Diese verbesserte Methodik ist vordringlich, da sie von keinen der bisher publizierten Studien zur Schlafphasen-Vorverlagerung bei depressiven Erkrankungen erfüllt wurde.

Literatur

1 Berger M, Lund R, Bronisch T, v Zerssen D (1983) REM latency in neurotic and endogenous depression and the cholinergic REM induction test. Psychiat Res 10: 113–123

2 Berger M (1984) Vergleichende psychobiologische Untersuchungen bei endogenen und neurotischen Depressionen. Habilitationsschrift. TU München

3 Berger M, Riemann D, Höchli D, Spiegel R (1989) The cholinergic REM-sleep-induction test with RS86: State- or trait marker of depression? Arch Gen Psychiat 46: 421–428

4 Buchsbaum MS, Gillin JC, Wu JC (1989) Regional cerebral glucose metabolic rate in human sleep assessed by positron emission tomography. Life Sci 45: 1349–1354

5 Carlsson A, Svennerholm L, Winblad B (1980) Seasonal and circadian monoamine variations in human brains examined postmortem. Acta Psychiat Scand 61 (suppl 280): 75

6 Carney MWP, Roth M, Garside RF (1965) The diagnosis of depressive syndromes and the prediction of E.C.T. response. Br J Psychiat 111: 659–674

7 Hobson JA, McCarley RW, McKenna TM (1976) Cellular evidence bearing on the pontine brainstem hypothesis of desynchronized sleep control. Prog Neurobiol 6: 280

8 Hobson JA, Steriade M (1986) Neuronal basis of behavioural state control. In: Mountcastle VB, Bloom FE, Geiger SR (eds) Intrinsic Regulatory Systems of the Brain. Handbook of Physiology, vol 4. Am Physiol Soc, Bethesda, pp 701–823

9 Hoche AE (1910) Die Melancholiefrage. Zentlbl Nervenheilk Psychiat (Neue Folge) 33: 193–203

10 Hohagen F, Riemann D, Gann H, Berger M (1991) REM sleep in primary and secondary depression. In: Ansseau M et al (eds) Biological Markers of Depression: State of the Art. Elsevier, Amsterdam, pp 97–105

11 Janowsky DS, El-Jousef MK, Sekerke HJ, Davis JM (1972) A cholinergic-adrenergic hypothesis of mania and depression. Lancet ii: 632–635

12 Kendell RE (1978) Die Diagnose in der Psychiatrie. Enke, Stuttgart

13 Kupfer DJ (1983) Application of the sleep

EEG in affective disorders. In: Davis JM, Maas JW (eds) Affective Disorders. American Psychiatric Press, Washington DC, pp 107–124
14 Lauer C, Riemann D, Wiegand M, Berger M (1991) From early to late adulthood: Changes in EEG sleep of depressed patients and healthy volunteers. Biol Psychiat 29: 979–993
15 Perry EK, Perry RH, Tomlinson BE (1977) Circadian variations in cholinergic enzymes and muscarinic receptor binding in human cerebral cortex. Neurosci Lett 4: 185–189
16 Riemann D, Berger M (1990) The effects of total sleep deprivation and subsequent treatment with clomipramine on depressive symptoms and sleep electroencephalography in patients with a major depressive disorder. Acta Psychiat Scand 81: 24–31
17 Riemann D, Wiegand M, Berger M (1991) Are there predictors for sleep deprivation response in depressed patients? Biol Psychiat 29: 707–710
18 Riemann D, Lauer C, Hohagen F, Berger M (1991) Longterm evolution of sleep in depression. In: Smirne S, Franceschi M, Ferini-Strambi L (eds) Sleep and ageing – Proceedings of the Second Milano International Symposium on Sleep. Masson, Milano Parigi Barcellona Messico
19 Sack DA, Nurnberger J, Rosenthal NE, Ashburn E, Wehr TA (1985) Potentiation of antidepressant medication by phase advance of the sleep-wake cycle. Am J Psychiat 142: 606–608
20 Soutre E, Salvati E, Candito M, Darcourt D (1991) Biological clocks in depression: phase-shift experiments revised. Eur Psychiat 6: 21–29
21 van den Hoofdakker RH, Beersma DGM (1988) On the contribution of sleep wake physiology to the explanation and the treatment of depression. Acta Psychiat Scand 341 (suppl): 53–71
22 Vollmann J, Berger M (1992) Sleep deprivation with consecutive sleep phase advance therapy in patients with major depression – A pilot study. Biol Psychiat 33: 54–57
23 Wehr TA, Wirz-Justice A, Goodwin FK (1979) Phase Advance of the Circadian Sleep-Wake Cycle as an Antidepressant. Science 206: 710–713
24 Wiegand M, Berger M, Zulley J, Lauer C, v Zerssen D (1987) The influence of daytime naps on the therapeutic effect of sleep deprivation. Biol Psychiat 22: 389–392
25 Wiegand M, Riemann D, Schreiber W, Lauer C, Berger M (1992) Reversal of antidepressant sleep deprivation effects by daytime naps. In: Emrich HM et al (eds) Integrative Biological Psychiatry. Springer, Berlin Heidelberg New York
26 Wu JC, Gillin JC, Buchsbaum MS, Hershey T, Johnson JC, Bunney WE (1992) Effect of sleep deprivation on brain metabolism of depressed patients. Am J Psychiat 149: 538–543
27 v Zerssen D, Berger M, Doerr P (1987) Neuroendocrinological studies on depression with special reference to research at the Max-Planck-Institute of Psychiatry. Pharmacopsychiatry 20: 8–22

Die Bedeutung des neurobiologisch-neuropsychologischen Dialogs für Pharmakotherapiekonzepte

H. M. Emrich
Medizinische Hochschule, Hannover

Einleitung

Moderne Vorstellungen über die neurobiologische Organisation des Zentralnervensystems (ZNS) gehen davon aus, daß die funktionelle Anordnung des ZNS Kaskaden interner Dialogstrukturen enthält, wie sie kürzlich von *Mumford* (15) für die thalamokortikale Schleife beschrieben wurden. *Mumford* spricht in diesem Zusammenhang von »multiple sources of expertise, learned from experience, creating multiple, often conflicting, hypotheses which are integrated by the action of the thalamic neurons and then sent back to the standard input layer of the cortex«. Derartige Rückkopplungsschleifen bilden z. B. in den Kernen des Thalamus sogenannte »active blackboards«, aktive Repräsentationen, auf denen die jeweils besten Rekonstruktionen bestimmter Aspekte der Außenwirklichkeit dargestellt werden. Funktionelle interne Dialoge dieser Art spielen sich nach Vorstellung beispielsweise des Physikers *Atmanspacher* (3) zwischen sogenannten »Exo-Komponenten« – d. h. im Sinne der Wahrnehmungspsychologie sogenannten »bottom up«-Komponenten, und »Endo-Komponenten« oder auch »Modell-Komponenten« ab, d. h., im Sinne der Wahrnehmungspsychologie Konzeptualisierungen im Sinne der »top down«-Funktionen des neuronalen Systems. Die internen »Modell-Komponenten« beruhen auf Gedächtnisinhalten, d. h. sie sind durch die Vorgeschichte des Systems geprägt, wobei angenommen wird, daß es sich hier nicht um gespeicherte Rohdaten, sondern um bereits rechnerisch rekonstruierte Daten handelt; in diesem Sinne sagt *Mumford,* »that higher areas of the brain process a kind of rational reconstruction of the world rather than the raw data«.

Die Neurobiologie von Bewußtseinsbildung hat mit der Interaktion zwischen diesen beiden Komponenten »Exo-System« und internem »Modell« zu tun; in diesem Sinne sagen *Crick* und *Koch* (5), es gehe jeweils darum, »to arrive at the best interpretation of all the incoming information that is compatible with the stored, categorical information acquired in the past«. Der funktionellen Dialogstruktur im ZNS und dem damit verbundenen Problem der Übersetzung zwischen Innenperspektive und sogenanntem Exo-System-Ansatz versucht die biologische Psychiatrie durch eine Methodologie eines mehrstufigen Methodendialogs gerecht zu werden: einmal durch die Verwendung der sogenannten »psychopharmakologischen Brücke«, zum anderen durch die Brücke der Neuropsychologie.

Psychiatrie lebt von und in dem Spannungsfeld zwischen »Verstehen« und »Erklären«. Nach *Karl Jaspers'* Darlegung in seiner »Allgemeinen Psychopathologie« ist »Verstehen« der hermeneutische Zugang, d. h. das empathische Einfühlen in den inneren Zustand des Patienten, in seine Innenseite, modern gesprochen in seinen »Endo-

Standpunkt« *(Atmanspacher),* seinen »view from somewhere« (16), und ist somit der hiermit verbundene Versuch, dieses Innere, diese im Patienten vollzogene subjektive Innensicht der Dinge aufzufassen und somit zu verstehen, wobei eine Art fremdidentifikatorische Leistung zwischen dem hermeneutisch-einfühlenden Therapeuten und dem Patienten angenommen werden muß.
Unter »Erklären« versteht *Jaspers* dagegen den naturwissenschaftlichen Zugang zu einem Objekt der Forschung, zu einem neurobiologischen »System«, eine Sicht von außen auf eine quasi kausal-mechanistisch funktionierende Maschine.
Der zwischen diesen beiden Sichtweisen klaffende »Hiatus« prägt psychiatrisches Denken und die Methodologie des Faches. Verschiedene Konzepte werden angewandt, um diesen zu überwinden. Ein in diesem Sinne *Jaspers'*sches Anliegen, das auch das Denken von *von Zerssen* zutiefst prägt, ist die Frage nach der Vermittlung: Wie schafft man es, den Sprung, den Hiatus, der zwischen Neurobiologie und Subjektivität, der zwischen Systemverständnis und der Erlebniswelt des Patienten klafft, zu überwinden?
In beide Grenzgebiete, in die Psychopharmakologie und die Neuropsychologie, ist eine Doppelung, eine Art von Methodendialog eingebaut, der darin besteht, daß psychische Erlebnisse, die durch Skalierung und objektive Verhaltensbeobachtung operationalisiert werden, einerseits auf pharmakologische Wirkungen bezogen werden, andererseits – in der Neuropsychologie – mit Hirnläsionen bzw. pathologischen hirnlokalen Prozessen oder Stimulationen korreliert werden. Ein wesentlicher Beitrag von *von Zerssen* hierzu ist die Entwicklung einer quantitativen Psychopathologie, die dazu führt, daß auch die rein psychischen Gegebenheiten und Prozesse in einer quantifizierenden operationalisierten Sprache von Meßparametern, von »Variablen«, dargestellt werden können.
Für die klinische Therapieforschung ausschlaggebend scheint nun eine Art von »Hyper-Dialog« zu sein, d.h. der Versuch einer integrativen Sicht, in der neuropschologisch als Subsysteme isoliert gedachte neurobiologische Einzelsysteme hinsichtlich ihrer Psychopharmakologie und der dieser zugrundeliegenden Biochemie angeschaut und die funktionellen Systemeigenschaften mit der klinisch-psychiatrischen Phänomenologie verglichen werden. Über diese Problematik soll im folgenden anhand von Befunden auf den Gebieten der Antikonvulsivaforschung, der Benzodiazepine und der Schizophrenieforschung berichtet werden.

Antikonvulsiva

Die Probleme der Psychopharmakologie affektiver Erkrankungen lassen sich anhand der »mood balance« im Sinne der Annahme von drei Kategorien darstellen: unidirektional wirkenden Antidepressiva, unidirektional wirkenden Antimanika und schließlich den sogenannten »mood stabilizers«.
Zwei Probleme, die für die Biologie affektiver Erkrankungen von besonderer Bedeutung sind, sind die Fragen einmal nach dem Problem der »Übersetzung,« d.h. wie wird sensomotorische und kognitive Leistung in Emotion quasi »übersetzt«, d.h. wie entsteht deren »emotionelle Färbung«, und zum anderen nach dem Problem der affektiven Regulation als solcher. Diese Fragen sollen im Hinblick auf die Wirkungsweise der Antikonvulsiva in der Psychiatrie diskutiert werden.
Antikonvulsiva sind gewissermaßen »Brükken-Medikamente«, weil sie einerseits in der Neurologie wichtige Wirkungen als Antiepileptika entfalten, es sich aber andererseits in den letzten Jahren herausgestellt hat, daß die psychotropen Wirkungen von bestimmten Antikonvulsiva, wie Carbamazepin und Valproat, für die psychopharmakologische Behandlung psychotischer Erkrankungen außerordentlich fruchtbar sind. Da-

bei stellt sich die Frage: Wie kommt die Wirkung dieser »mood stabilizers« zustande? Die Arbeiten im Max-Planck-Institut für Psychiatrie auf dem Gebiet der psychiatrischen Antikonvulsiva-Forschung kamen in Gang durch eine besondere Form des heuristisch fruchtbaren psychopharmakologisch/neurobiologischen Dialogs, und zwar bezog sich dieser auf die Wertigkeit der Befunde von *Atsmon* hinsichtlich der antipsychiotischen Wirksamkeit hoher Dosen des Beta-Rezeptorenblockers Propranolol. *Von Zerssen* (18) hatte zeigen können, daß es in erster Linie die affektive Komponente der Psychose ist, die sich unter Propranolol bessert, und daß in diesem Sinn Beta-Rezeptorenblocker als Antimanika bezeichnet werden können. Die gemeinsam im Gefolge bearbeitete Frage bezog sich auf die mögliche therapeutische Wirksamkeit auch des D-Stereoisomers von Propranolol, das zum Beta-Rezeptor nur eine sehr geringe Affinität aufweist. Die erhobenen Befunde zeigten, daß auch D-Propranolol antimanisch wirksam ist, was gegen eine, zumindest ausschließliche, Vermittlung der Wirkung über adrenerge Rezeptoren sprach. Befunde von *Delini-Stula* sprachen nun dafür, daß bei dieser Wirkung GABAerge Mechanismen beteiligt sind, woraufhin das damals im wesentlichen als GABAerg eingestufte Antikonvulsivum Valproat klinisch als Antimanikum geprüft wurde. Es konnte dann gezeigt werden, daß Natrium-Valproat ein wirksames Antimanikum ist. Die weitere klinische Charakterisierung der Antikonvulsiva Valproat und Carbamazepin zeigte dann, daß beide Substanzen nicht nur wirkungsvolle Antimanika, sondern auch Phasenprophylaktika darstellen (Übersicht in (17)).

Worauf beruhen nun diese therapeutischen Wirkungen bei affektiven Psychosen? Hinsichtlich des pharmakologischen Wirkungsmechanismus scheint es inzwischen überzeugend belegt, daß Valproat und Carbamazepin einerseits direkte Membranwirkungen haben, in erster Linie im Sinne einer Erhöhung der K-induzierten Repolarisation; und auch Ca-antagonistische Effekte scheinen eine Rolle zu spielen. Andererseits gibt es rezeptorvermittelte neurochemische Wirkungen, so beispielsweise inhibitorische Effekte auf die Glutamat-bedingte Erregung am NMDA-Rezeptor durch Carbamazepin (14) sowie Veränderungen des GABA-turnovers durch Valproat (20). Von besonderem Interesse ist in diesem Kontext die Frage nach möglichen Zusammenhängen zwischen den Antikonvulsiva-bedingten Therapiewirkungen und denjenigen von Lithium.

Im vorliegenden Kontext soll nun aber die Frage ein wenig verschoben werden: nämlich im Hinblick auf die möglichen neuropsychologischen Implikationen der Effekte von Carbamazepin und Valproat. In diesem Zusammenhang erscheint eine Diskussion der »kindling«-Experimente der Arbeitsgruppe von *Post* (17) von Bedeutung. Unter »kindling« versteht man das Phänomen, daß es nach repetitiver, unterschwelliger, entweder elektrischer oder chemischer lokaler Stimulation des ZNS gelingt, nach einiger Zeit durch dieselben unterschwelligen Reize epileptische Anfälle auszulösen. Die Arbeitsgruppe von *Post* konnte nun zeigen, daß es insbesondere das »kindling« der Mandelkern-Region ist, das präferentiell durch die Antikonvulsiva Carbamazepin und Valproat gehemmt werden kann. Es scheint eine Besonderheit der Amygdala (Mandelkerne) zu sein, daß sie Umschaltstationen und »Eintrittspforten« der Signale aus den Assoziationsarealen der Großhirnrinde in das limbische System sind und damit die Umsetzung in emotionelle Erregung ermöglichen. Dabei werden somatosensorische, auditive, visuelle, olfaktorische und gustatorische kortikale Signale in den Mandelkernen in tiefe subkortikale Strukturen, die affektive Funktionen steuern, »übersetzt« (1).

Im ZNS sind zwei grundsätzlich verschiedene Arten von Verschaltungen zu unterscheiden: einerseits lokale Projektionen, die die Voraussetzungen für Informationsverarbeitung im eigentlichen Sinne (z. B. kognitive) darstellen, und andererseits divergente Verschaltungen durch verzweigte Neurone (diffuse Projektionen), die als Voraussetzung für emotionelle Beeinflussungen im ZNS angesehen werden. Ein besonders eklatanter Fall von neuronaler Divergenz liegt bei den noradrenergen Neuronen des Locus coeruleus des Hirnstammes vor. Beim Menschen enthält diese Region ca. 3000 Neurone, deren Axone sich so stark verzweigen, daß sie etwa ein Drittel bis die Hälfte aller Nervenzellen des Gehirns erreichen und somit diese im Sinne der Emotionssteuerung beeinflussen können. Nach *Snyder* (19) ist davon auszugehen, daß dieses noradrenerge System mit seinen sehr starken Verzweigungen emotionale Reaktionen auf Umweltreize verstärkt. Hier befindet sich ein wahrscheinlicher Angriffspunkt von unidirektional wirksamen Antidepressiva und Antimanika. Offenbar werden Umweltreize über lokale Projektionen von kortikalen Systemen über die Amygdala in Hirnstammstrukturen überführt, die ihrerseits über die beschriebene starke Divergenz emotionelle Reaktionen verursachen. Die hierfür relevanten Faserprojektionen wurden kürzlich beschrieben (cf. (6)). Diese Organisationsstruktur der Verbindung zwischen sensorischen Assoziationsschleifen, Mandelkernen, Hirnstammstrukturen und assoziativen sowie motorischen kortikalen Strukturen spielt für das Verständnis der Wirkung von Psychopharmaka, die auf affektive Störungen einwirken (Antidepressiva, Antimanika, »mood stabilizers«), eine entscheidende Rolle.

In dem in der Abbildung 1 dargestellten »Cartoon« sind diese Zusammenhänge schematisch dargestellt: Die vom Hirnstamm über den Thalamus aszendierenden erregenden Impulse führen auf dem Wege der Divergenz zu einem »enhancement« kognitiver und sensomotorischer Leistungen; umgekehrt führen bestimmte kognitive und sensorische Signale über die Mandelkerne (und vergleichbare Strukturen) zu einer Aktivation des limbischen Systems und bewirken dadurch die affektive Färbung, den mitlaufenden Gefühlston kognitiver und sensorischer Leistungen. Von dieser Warte aus könnte man versucht sein zu sagen, daß die Amygdala gewissermaßen die neuropsychologische »Gewitterzone« der Psychiatrie darstellen, da bereits geringgradige »Entgleisungen« in diesem Bereich dazu führen müssen, daß bei bestimmten kognitiven sensorischen Signalen überschießende emotionale Reaktionen und damit psychische Auffälligkeiten resultieren. Das Stabilisieren dieses »gatings« führt demnach dazu, daß emotionale Überreaktionen gedämpft werden. Man kann diese Funktion auch als »Kognitions/Emotions-Relais« bezeichnen.

Betrachtet man das ganze hier beschriebene System nun aber als eine Art Rückkopplungsstruktur, dann ist anzunehmen, daß das vom Hirnstamm ausgehende divergente, aszendierende System, das im wesentlichen auf monoaminergen Transmitterfunktionen basiert, durch deszendie-

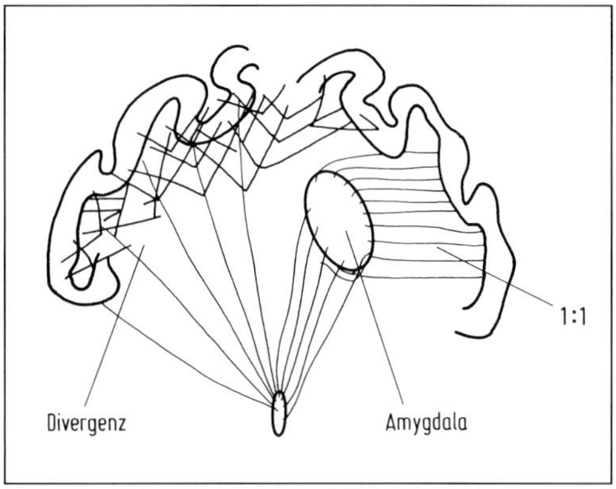

Abbildung 1. Schematische Darstellung der Funktion der Mandelkerne (Amygdala) als »Kognitions-Emotions-Relais«. Über eine 1:1-Verschaltung kommt es zur Projektion kortikaler assoziativer Erregungsmuster in tiefer liegende limbische Strukturen und Hirnstammstrukturen. Umgekehrt führt ein »Divergenz-System« zur Aktivation kortikaler Funktionen.

rende Impulse aktiviert werden kann, was umgekehrt bedeutet, daß ein Verstärken der Filterfunktion der Mandelkerne zu einer Reduktion dieser Aktivation führen muß.
Aufgrund dieses Schemas kann auch eine Frage diskutiert werden, auf die der Neurophysiologe *Grüsser* kürzlich aufmerksam machte: Wie ist es zu erklären, daß der Heilkrampf eine wirksame Therapie der affektiven Psychosen darstellt, und daß umgekehrt Antikonvulsiva, die das Anfallsgeschehen verhindern, bei denselben Krankheiten therapeutisch wirksam sind? Eine Erklärung hierfür könnte darin liegen, daß die Heilkrampf-Behandlung einen zu postulierenden endogenen »Antikonvulsiva-Tonus« erhöht und damit gewissermaßen denselben psychopharmakologischen Effekt hervorruft wie die Behandlung mit Antikonvulsiva. Mit anderen Worten: Durch beide Maßnahmen würde die »gate«-Funktion der Mandelkerne verstärkt und damit das limbische System gegenüber kortikalen Assoziationsstrukturen stärker abgeschirmt werden. In diesem Zusammenhang wäre auch hypothetisch die Frage nach der Therapiewirkung von Schlafentzug zu diskutieren: dessen prokonvulsive, anxiogene propsychotische und mental aktivierende Einstellung des Systems könnte eine gate-Funktions-abschwächende Wirkung haben, was zu einer im Sinne der oben beschriebenen Rückkoppelung führenden Aktivation der aszendierenden Fasern des vom Hirnstamm aufsteigenden divergenten Systems führen müßte. Dies würde dafür sprechen, daß Schlafentzug eine unidirektional antidepressive, der Wirkung der »mood stabilizers« entgegengerichtete Wirkung haben sollte.

Benzodiazepinforschung

In ähnlicher Weise wie bei den »mood stabilizers« besteht auch bei den Benzodiazepinen die Schwierigkeit, den weitgehend aufgeklärten molekular-pharmakologischen Mechanismus auf neuropsychologische Prinzipien zu beziehen. Der Wirkungsmechanismus der Benzodiazepine (BZD) wurde durch die Arbeiten von *Haefely* et al. (12) sowie *Costa* et al. (4) weitgehend aufgeklärt, wobei sich zeigte, daß die Wirkung der Benzodiazepine vermittels eines allosterischen Mechanismus am GABA-A-Rezeptor dadurch zustande kommt, daß durch die Bindung des BZD am BZD/GABA-Rezeptor-Komplex die Affinität des Rezeptors zu GABA erhöht wird. Die angenehme, tranquilisierende Wirkung der Benzodiazepine führt zu »reinforcing properties«, was zu der Frage führt, inwieweit Medikamentenabhängigkeit und nach Absetzen Entzugserscheinungen entstehen können. Abbildung 2 zeigt den zeitlichen Verlauf von Entzugssymptomen wie Nervosität, Schlaflosigkeit, Lichtscheu, Unruhe etc. nach Benzodiazepinentzug bei Patienten mit »high-dose dependency«. Es kann dabei nicht nur zu psychischen Entzugserscheinungen, sondern sogar zu kurzzeitigen psychotischen Episoden kommen. Die Symptomatik geht also bei »high-dose dependency« offenbar über das Wiederauftreten der vorher behandelten psychischen Störungen hinaus.
Wie aber steht es mit dem Vorhandensein BZD-induzierter psychischer Abhängigkeit? Lassen sich im echten Sinne »reinforcing properties« nachweisen? Hierzu verwendeten wir (2) unter Verwendung eines Doppelblind-Designs eine plazebokontrollierte Versuchsanordnung, bei der bei Benzodiazepinabhängigen das »liking« und »seeking«-Verhalten im Vergleich zwischen 10 mg Valium und 1 mg Alprazolam untersucht wurde, eine Relation, die der unterschiedlichen Rezeptoraffinität der beiden Substanzen entspricht. Es zeigte sich eine hochsignifikante Präferenz für Alprazolam. Diese konnte bei Steigerung der Relation auf 1:14 zwischen Alprazolam und Diazepam nicht mehr nachgewiesen werden.
Wie lassen sich nun diese biochemischen und psychopharmakologischen Befunde in

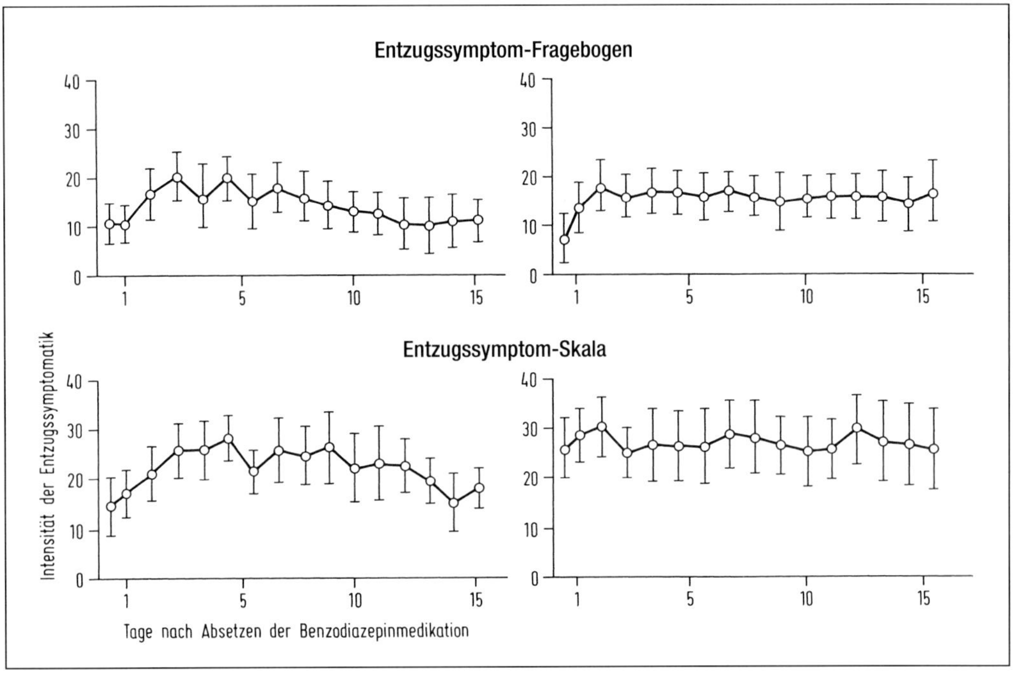

Abbildung 2. Zeitlicher Verlauf der Intensität von Symptomen der Benzodiazepin-Entzugsreaktion nach Absetzen: links von sieben Patienten mit Hochdosis-Abhängigkeit, rechts von sieben Patienten mit Niedrigdosis-Abhängigkeit.

eine neuropsychologische Theorie der Angst integrieren? Hierzu haben *Gray* und *Rawlins* (11) ein neuropsychologisches Modell entwickelt, das unter dem Namen der »hippocampalen Comparatorsysteme« bekannt geworden ist. Das Modell geht davon aus, daß, wie in der Einleitung beschrieben, ein vom Hippocampus und vergleichbaren kognitiven Assoziationsstrukturen getragenes, erfahrungsabhängiges kognitives Modell (Gedächtnisstruktur, basierend beispielsweise auf long-term-potentiation) als »mitlaufendes Weltmodell« generiert wird, aufgrund dessen für die jeweilige Situation konkrete Voraussagen gemacht werden können, die mit den jeweils einlaufenden Sinnesdaten verglichen werden. Kommt es zu einer Diskrepanz (»mismatch«) zwischen Voraussage und aktueller Sinnesdatenlage, so kommt es zu einem internen »Alarmsignal«, das zu einer Aktivation des limbischen Systems im Sinne der oben dargestellten Theorie Anlaß gibt. Diese Partialfunktion des ZNS kann nach *Franz Mechsner* (persönl. Mitteilung) auch als »Signifikanz-Detektor«-Funktion beschrieben werden. *Gray* und *Rawlins* (11) nehmen ein Verhaltensinhibitionssystem an, das zur Verhaltenshemmung, zur Angstreaktion und zu einem »arousal« führt, und sie postulieren ferner, daß dieses Hemmsystem seinerseits durch die Wirkung von Anxiolytika, zum Beispiel Benzodiazepinen, gehemmt werden kann.

Eine Besonderheit der BZD/GABA-Rezeptor-Komplexe besteht darin, daß nicht nur eine einzige Aktivation des Systems, sondern eine wirkungsumkehrende Aktivation des Systems dadurch möglich ist, daß durch »inverse Agonisten«, wie sie z. B. in Form gewisser Beta-Carbolin-Derivate vorliegen, die Affinität des GABA-Rezeptors zu GABA vermindert werden kann, was zu einer prokonvulsiven anxiogenen und wohl auch propsychotischen Reaktion führt, die ihrerseits durch den Antagonisten Ro-15-1788 hemmbar ist. Im Sinne des hier zu diskutierenden »Dialogs« läßt sich nun voraussagen, daß inverse Agonisten Substanzen sein sollten, aufgrund derer die hippocampalen Comparatoren nicht abgeschwächte, sondern verstärkte Signale bei »mismatch« abgeben sollten, was zu einem »cognition enhancement« führen sollte. Im Sinne dieser Voraussage ist nun interessant, daß von der Firma Schering entsprechende Substanzen entwickelt wurden, die sich bereits tierexperimentell als »cognition enhancers« erwiesen haben.

Zur Neuropsychologie schizophrener Psychosen

Das soeben diskutierte Modell hippocampaler Strukturen als Träger von Regularitäten interner Wirklichkeitsmodelle läßt sich auch für einen Teilbereich der Neuropsychologie schizophrener Psychosen anwenden. Ein wahrnehmungspsychologisches Paradigma, das für derartige Untersuchungen in den letzten Jahren angewandt wurde, ist die binokuläre Tiefeninversionsillusion. Hierbei handelt es sich um das Phänomen, daß aufgrund der Tatsache, daß die räumliche Tiefenwahrnehmung beim binokulären Sehen zu einem erheblichen Teil durch die retinale Querdisparation bedingt ist, eine Umkehrung derselben zu einer Tiefenumkehrwahrnehmung führt. Durch Dia-Stereoprojektion ist es nun möglich, im Labor problemlos eine Umkehrung der retinalen Querdisparation bei der Tiefenwahrnehmung dadurch zu erreichen, daß – durch Austausch der Polarisationsbrille – mit dem rechten Auge das für das linke Auge zuständige Dia und vice versa gesehen wird (8).
Durch Untersuchungen an semantisch bedeutungsvollen raumtiefen Objekten, wie zum Beispiel menschlichen Gesichtern, läßt sich nun zeigen, daß eine Umkehr der Querdisparation bei semantisch bedeutungsvollen Objekten nicht notwendigerweise zu einer Umkehr der Tiefenwahrnehmung führt, und zwar deshalb, weil als Folge der intern gespeicherten Regularitäten die visuelle Wahrnehmung »zensiert wird« in dem Sinne, daß Wirklichkeit gewissermaßen »überarbeitet« wird, und zwar entsprechend den bisher gemachten Erfahrungen. Auf diese Weise führt die Tiefeninversion bei gesunden Probanden bei Blüten- und Strauchkonfigurationen zu ausgeprägten Tiefenumkehreffekten, die jedoch bei menschlichen Gesichtern und anderen semantisch bedeutungsvollen Objekten verschwinden. Aufgrund der Dreikomponenten-Hypothese der Wahrnehmung wurde nun vorausgesagt, daß bei schizophrenen Patienten diese Wirklichkeitsüberarbeitung nur in abgeschwächter Form vorhanden sein sollte, da aufgrund der vorliegenden Hypothese angenommen wurde, daß gewissermaßen die »interne Zensur« im Verhältnis zu den Konzeptualisierungssystemen zu schwach ausgeprägt ist. Bei Patienten mit produktiven Symptomen konnte tatsächlich gezeigt werden, daß die Inversionsillusion bei semantisch bedeutungsvollen Objekten gehemmt ist, was bedeutet, daß die Wirksamkeit von gespeicherten »Regularitäten« beim internen Abgleich zwischen Konzeptualisierung und Sinnesdaten erheblich vermindert ist. Die in den letzten Jahren entwickelte Dreikomponenten-Hypothese der Pathogenese psychotischer Wahrnehmung läßt sich in der Weise präzisieren, daß angenommen wird, daß die »sensualistische Komponente« des visuellen Systems von den Strukturen der Retina über das C. gen. laterale bis zu kortikalen Strukturen (Area 17–19) repräsentiert wird, die konzeptualisierende Komponente dagegen im Sinne von *Mumford* durch die kortiko-thalamischen Rückkopplungsschleifen, während »Zensur« im eigentlichen Sinne durch hippocampale Comparator-

systeme ausgeübt wird. Die Resultate dieser komplexen Interaktion, die quasi im internen »Monitor« erscheint, ist das sich im Sinne von *Gray* und *Singer* (10) ergebende Interaktions-Oszillations-Kohärenzmuster.

Es stellte sich nun die Frage, ob Möglichkeiten bestehen, durch pharmakologische Einflüsse dieses Systemverhalten zu beeinflussen. Bei gesunden Probanden wurde im kontrollierten Selbstversuch Tetra-Hydro-Cannabinol (THC) oral aufgenommen, und es zeigten sich bei Messung des zeitlichen Verlaufs der THC-Plasmakonzentrationen Peaks nach etwa 4–5 h. Die gemessenen Inversions-Scores wurden bei diesen Probanden als Funktion der Zeit nach oraler Aufnahme des THC gemessen (9). Es zeigte sich ein dramatischer Anstieg der Inversionshemmung mit einem Gipfel nach etwa 4–5 h, was mit der Pharmakokinetik gut zusammenpaßt. Nach Untersuchungen von *Devane* et al. (7) lassen sich in hippocampalen und verwandten Strukturen THC-Rezeptoren nachweisen, die offenbar derartige Wirkungen vermitteln. Es ist anzunehmen, daß diesen Rezeptoren auch endogene Liganden korrespondieren, die für die beschriebenen Wirkungen verantwortlich sind; und insofern sind Spekulationen plausibel hinsichtlich einer pathophysiologischen Bedeutung dieser Rezeptoren und möglicher damit korrespondierender Liganden bei der Entstehung psychotischer Prozesse. Hinsichtlich der Entwicklung von psychopharmakologischen Therapiestrategien lassen sich hieraus auch Folgerungen ableiten, die sich sowohl auf die Entwicklung spezifischer THC-Antagonisten beziehen als auch zu tun haben mit der komplexen Interaktion zwischen Dopamin-, GABA- und NMDA-Rezeptoren sowie von Opioiden in hippocampalen und vergleichbaren Strukturen.

Zusammenfassend kann zu der Frage, nach welchen heuristischen Grundprinzipien Psychopharmaka-Entwicklungsstrategien entwickelt werden können, gesagt werden, daß die Aufklärung von Wirkprinzipien von Psychopharmaka nur gelingt, wenn die *biochemische Aufklärung* durch eine *neuropsychologische Beschreibung* möglicher *therapeutischer Prinzipien* ergänzt wird, weil Therapieprinzipien auf der Kombination von Biochemie und funktioneller Organisation beruhen.

Literatur

1 Aggleton JP, Miskhin M (1986) The amygdala: Sensory gateway to the emotions. In: Plutchik R, Kellermann H (eds) Emotion. Theory, Research and Experience, Vol. 3. Academic Press, Orlando

2 Apelt S, Schmauss C, Emrich HM (1990) Preference for alprazolam as opposed to diazepam in benzodiazepine-dependent psychiatric inpatients. Pharmacopsychiat 23: 70–75

3 Atmanspacher H (1992) Categoreal and acategoral representation of knowledge. Cogn Syst 3: 259–288

4 Costa E, Guidotti A, Mao CC, Suria A (1975) New concepts on the mechanism of action of benzodiazepines. Life Sci 17: 167–186

5 Crick F, Koch CH (1990) Towards a neurobiological theory of consciousness. Neurosci 2: 263–275

6 Davis M (1992) The role of the amygdala in fear-potentiated startle: Implications for animal models of anxiety. Trends Pharmacol Sci 13: 35–40

7 Devane WA, Dysarz FA, Johnson MR, Melvin LS, Howlett AC (1988) Determination and characterization of a cannabinoid receptor in rat brain. Molec Pharmacol 34: 605–613

8 Emrich HM (1989) Three-component-system hypothesis of psychosis. Impairment of binocular depth inversion as an indicator of a functional dysequilibrium. Br J Psychiat 155 (suppl 5): 37–39

9 Emrich HM, Weber MM, Wendl A, Zihl J, von Meyer L, Hanisch W (1991) Reduced binocular depth inversion as an indicator of cannabis-induced censorship impairment. Pharmacol Biochem Behav 40: 689–690

10 Gray CM, König P, Engel AK, Singer W (1989) Oscillatory responses in cat visual cortex exhibit inter-columnar synchronization

which reflects global stimulus properties. Nature 338: 334–337

11 Gray JA, Rawlins JNP (1986) Comparator and buffer memory; an attempt to integrate two models of hippocampal functions. In: Isaacson RL, Pribram KH (eds) The Hippocampus. Vol 4. Plenum Press, New York, pp 151–201

12 Haefely W, Kulcsár A, Möhler H, Pieri L, Polc P, Schaffner R (1975) Possible involvement of GABA in the central of benzo-diazepines. In: Costa E, Greengard P (eds) Mechanism of Action of Benzodiazepines. Raven Press, New York, pp 131–151

13 Jaspers K (1913) Allgemeine Psychopathologie. Heidelberg

14 Lampe H, Bigalke H (1990) Carbamazepine blocks NMDA-activated currents in cultured spinal cord neurons. NeuroReport 1990; 1: 26–28

15 Mumford D (1991) On the computational architecture of the neocortex. I. The role of the thalamo-cortical loop. Biol Cybern 65: 135–145

16 Nagel TH (1986) The View from Nowhere, Oxford University Press, Oxford

17 Post R, Altshuler LL, Ketter TA, Denicoff K, Weiss SRB (1991) Antiepileptic drugs in affective illness. Clinical and theoretical implications. Adv Neurol 55: 239–277

18 Rackensperger W, Fritsch W, Schwarz D, Stutte KH, v Zerssen D (1976) Wirkung des Beta-Rezeptoren-Blockers Propranolol auf Manien. Arch Psychiat NervKrankh 222: 223–243

19 Snyder SH (1986) Drugs and the Brain. Scientific American Books. New York. Deutsche Übersetzung (1988) Chemie der Psyche. Spektrum der Wissenschaft Verlagsgesellschaft, Heidelberg

20 Wolf R, Tscherne U, Emrich HM (1988) Suppression of preoptic GABA release caused by push-pull-perfusion with valproate. Naunyn-Schmiedebergs Arch Pharmacol 338: 658–663

Empirische Psychotherapieforschung

K. Hahlweg
Abteilung für Klinische und Diagnostische Psychologie, TU Braunschweig

Nach Schätzungen werden momentan ca. 350 mehr oder weniger verschiedene Psychotherapieformen angewendet bzw. propagiert. Darunter fallen so bekannte wie Psychoanalyse, Verhaltens- oder Gesprächspsychotherapie, aber auch so obskure wie Primärtherapie (Urschrei), Poesietherapie, Naikantherapie oder Rebirthing, um nur einige zu nennen. Insgesamt erscheint die Psychotherapie-Landschaft wie ein undurchdringliches Dickicht mit einigen etwas markanteren Punkten.

Psychotherapie zu definieren ist nicht einfach, für diesen Beitrag gehe ich von der Definition von *Strotzka* (38) aus. Demnach ist Psychotherapie

- ein bewußter und geplanter interaktioneller Prozeß zur Beeinflussung von Verhaltensstörungen und Leidenszuständen, die in einem Konsensus (möglichst zwischen Patient, Therapeut und Bezugsgruppe) für behandlungsbedürftig gehalten werden, dies
- mit psychologischen Mitteln (durch Kommunikation) meist verbal, aber auch averbal;
- in Richtung auf ein gemeinsam erarbeitetes Ziel (Symptomminimalisierung und/oder Strukturänderung der Persönlichkeit);
- mittels lehrbarer Techniken, und
- auf der Basis einer Theorie des normalen und pathologischen Verhaltens.

In der Regel ist dazu eine tragfähige emotionale Bindung notwendig.

Es fällt auf, daß *Strotzka* den *Wirksamkeitsnachweis* nicht als Kriterium erwähnt. Dieser Aspekt ist jedoch unverzichtbar, denn eine Methode kann erst dann als »Psychotherapie« angesehen werden, wenn ihre Wirkungen objektiv nachgewiesen wurden. D. h., Verbesserungen müssen für den Patienten und andere erkennbar sein und nicht nur in der Wahrnehmung des Therapeuten existieren oder von den Begründern der Psychotherapieform behauptet werden. Nur Therapiemethoden, deren Wirksamkeit unter wissenschaftlich kontrollierten Bedingungen in einer Anzahl von unabhängigen Untersuchungen erwiesen wurde, können zum Spektrum der bewährten Methoden gerechnet werden (und von den Krankenkassen bezahlt werden). Der empirischen Psychotherapieforschung kommt somit nicht nur aus ethischer (Schutz des Patienten vor Scharlatanerie und negativen Effekten) und wissenschaftlicher, sondern auch aus versorgungspolitischer Sicht erhebliche Relevanz zu.

Geschichte der Psychotherapieforschung

Die Psychotherapieforschung hat sich nach zögernden Anfängen seit den 60er Jahren methodisch-qualitativ und quantitativ stürmisch entwickelt. Sehr grob lassen sich folgende Phasen unterscheiden:

1920–1952: *Demonstrationsphase.* Hier

herrschten retrospektive Fallschilderungen aus Sicht der jeweiligen Schulrichtung mit globaler Gesamtbeurteilung des Therapieerfolges von Patient und/oder Therapeut vor.

Das Jahr 1952 gilt für viele als der *Beginn der empirischen Psychotherapieforschung*. *Eysenck* (9) hatte in seiner klassischen Arbeit »The effects of psychotherapy: An evaluation« die Wirksamkeit traditioneller Psychotherapie generell in Frage gestellt, da nach seiner Sichtung der spärlichen empirischen Literatur bei zwei Dritteln aller neurotischen Patienten die Symptome durch Spontanremission, d. h. ohne *gezielte* psychotherapeutische Behandlung, innerhalb von zwei Jahren wieder verschwinden würden. Er postulierte sogar eine inverse Beziehung zwischen Besserung und Psychotherapie. Um den Effekt der Spontanremission zu überprüfen, forderte *Eysenck* die Verwendung von Kontrollgruppen in Psychotherapieexperimenten. Diese Arbeit wirkte wie ein Donnerschlag und führte zu zahllosen, häufig polemisch ausgetragenen Diskussionen. Noch immer wird auf diese Arbeit Bezug genommen, z. B. im ersten Heft der neuen Zeitschrift »Psychotherapy Research« (24).

1952–1970: *Rechtfertigungsphase*. Als Folge dieser Kontroverse gab es einen Aufschwung der experimentellen Psychotherapieforschung mit der generellen Fragestellung: »Ist Psychotherapie wirksam?« In Vergleichen mit unbehandelten Kontrollgruppen, Plazebogruppen oder mit Gruppen von Patienten, die mit alternativen Therapien behandelt wurden, sollte die Überlegenheit einer Methode gegenüber der anderen nachgewiesen werden. Dazu war eine objektivierende Messung der Therapieeffekte nötig (40) und die Untersuchung in kontrollierten Experimenten mit guter interner Validität, um die beobachteten Veränderungen beim Patienten auf die untersuchte Therapie und nicht auf andere Einflüsse zurückzuführen.

1970–*Differentielle Psychotherapieeffizienz-Forschung*. Die zentrale Fragestellung der differentiellen Psychotherapieforschung lautet: »Welche Behandlung, von wem durchgeführt, ist am besten geeignet für dieses Individuum mit jenem spezifischen Problem (und zwar unter welchem Bereich von Bedingungen und wie geschieht das?)« (19). Psychotherapie wird nicht als globales Vorgehen untersucht, sondern die differentiellen Wirkungen einzelner Verfahren (z. B. Psychoanalyse und Verhaltenstherapie) evaluiert. Darüber hinaus werden Merkmale der Therapeuten (z. B. erfahren/ unerfahren) und der Patienten (z. B. verschiedene Diagnosen) untersucht. Hier werden die methodischen Probleme der Psychotherapieforschung durch die sehr große Komplexität des Forschungsgegenstandes deutlich. In den letzten 20 Jahren wurden die methodischen Standards der Psychotherapieforschung erheblich verbessert. *Köhnken, Seidenstücker* und *Baumann* (20) erstellten z. B. einen Kriterienkatalog für Psychotherapiestudien, in dem wesentliche Aspekte zur Beurteilung der methodischen Qualität einer Untersuchung gelistet sind. Die wichtigsten Aspekte betreffen Merkmale der Intervention, die Güte und Breite der abhängigen Kriterienvariablen, Therapeuten- und Patientenmerkmale, Untersuchungsverlauf und Datenanalyse. Anhand dieses Kataloges und auch der Arbeiten von *Hartig* (13), *Möller* und *Benkert* (26) und *von Zerssen* und *Möller* (40) ist die Planung und Realisierung von methodisch hochwertigen Psychotherapiestudien entscheidend erleichtert worden.

Es gibt zwei grundsätzliche Positionen klinischer Psychotherapieforschung: Bei der *Erfolgsforschung* geht es um die Überprüfung der Wirksamkeit von Psychotherapie, meist in kontrollierten klinischen Studien mit multimethodaler Messung vor und nach der Therapie und bei Katamnesen. Erst wenn der Wirksamkeitsnachweis erbracht ist, erscheinen differenziertere Untersuchungen sinnvoll. Bei der *Prozeßforschung* werden zum einen in Grundlagenexperimenten ätiologische Faktoren und Veränderungsmechanismen untersucht, zum anderen das Geschehen in der Behandlungssituation selbst, um die den therapeutischen Veränderungsvorgängen zugrundeliegenden Mechanismen aufzudekken. Untersucht wird das Verhalten des Therapeuten, des Patienten und die Interaktion beider in der Sitzung (1a, 32), denn die globale Erfolgsforschung kann keine Aussage darüber machen, welche speziellen Variablen welche therapeutischen Wirkungen hervorrufen.

Metaanalyse

Die experimentelle Therapieforschung ist kaum 30 Jahre alt und fast vom Regen in die Traufe geraten. Gab es bis 1950 ca. fünf kontrollierte Untersuchungen, so sind es jetzt schon ca. 4000 (25). Die Literatur ist für den einzelnen nicht mehr zu übersehen und zu bewerten, so daß nur eine Literaturintegration durch sogenannte »Sekundär-« oder »Metaanalysen« (36) helfen kann. Dabei gibt es folgende Möglichkeiten:

1. Qualitative, subjektiv geprägte Zusammenfassung der Literatur. Jede Studie wird detailliert beschrieben, der Autor kommt dann zu Schlußfolgerungen, die vom Leser mehr oder weniger gut nachvollzogen werden können. Als ein gutes Beispiel hierfür kann die Arbeit von *von Zerssen* und Mitarbeitern (41) gelten, in der der Stand der evaluativen Psychotherapieforschung in der alten Bundesrepublik kritisch untersucht wurde.
2. Box-Score-Ansatz. Für jede kontrollierte Studie wird ausgezählt, bei wieviel statistischen Vergleichen die Experimentalgruppe der Kontrollgruppe signifikant überlegen war. Die bekannteste Studie stammt von *Luborsky* et al. (22): In 66% der Fälle waren die Behandlungsgruppen den Kontrollgruppen überlegen, und es zeigte sich kein Unterschied zwischen alternativen Therapieverfahren, so daß die Autoren in Anlehnung an Alice im Wunderland die Feststellung trafen: »Everybody has won, all must have prizes«. Das Problem des Box-Score-Ansatzes liegt unter anderem in der Unterschätzung des »wahren« Effekts, da nicht signifikante »Trends« nicht gezählt werden. Das Signifikanzniveau ist darüber hinaus abhängig von der Stichprobengröße, d.h., die gleiche Mittelwertsdifferenz zwischen Experimental- und Kontrollgruppe ergibt bei größerer Stichprobe einen größeren t-Wert und damit kleinere Irrtumswahrscheinlichkeit.
3. Statistische Metaanalyse. In der Metaanalyse wird von den Ergebnissen einzelner empirischer Studien ausgegangen. Ein Hauptproblem dabei ist, daß als abhängige Variablen sehr unterschiedliche Kriterienmaße verwendet werden. Die Synthese der Arbeiten erfolgt durch Integration und Kumulation statistischer Kennwerte, die in den Studien berichtet werden, z. B. p-Werte (30) oder Korrelationskoeffizienten (33).

Am bekanntesten ist die sogenannte Effektstärkenmethode, die von *Smith* et al. (36) in ihrer großangelegten Metaanalyse zur Wirksamkeit von Psychotherapie verwendet wurde. Die Integration erfolgt durch die Transformation aller abhängigen Maße in ein gemeinsames Effektstärkemaß. Die Effektstärke ES ist definiert als die Differenz der Mittelwerte zum Post-Meßzeitpunkt zwischen einer experimentellen und einer Kontrollgruppe, geteilt durch die Standardabweichung der Kontrollgruppe. Nach *Cohen* (6) werden Effektstärken wie folgt klassifiziert: 0,20–0,39: klein; 0,40–0,79: mittel; $>$0,80: groß.

Die Schritte bei einer Metaanalyse sind wie folgt (29):

1. Formulierung der Forschungsfrage und Definition der Konstrukte;
2. möglichst breit angelegte Literatursuche (Datenerhebung);
3. Selektion von Studien anhand der definierten Konstrukte;

4. Beschreibung, Klassifikation und Kodierung der Studien;
5. Berechnung der Effektstärken, und
6. Interpretation der Daten.

Smith et al. (36) konnten aufgrund einer Literatursuche über die Jahre 1966–1977 in den Psychological und Dissertation Abstracts 475 kontrollierte Studien identifizieren, d. h. Untersuchungen, in denen eine Psychotherapie mit einer Kontrollgruppe oder einer Alternativbehandlung verglichen wurde. Insgesamt gingen über 50 000 Patienten und 1766 Effektstärken (3,7 pro Studie) in die Metaanalyse ein. Es zeigte sich eine mittlere Effektstärke von ES = 0,85., d. h. der durchschnittliche Psychotherapiepatient steht nach der Behandlung besser da als 80% vergleichbarer Personen, die keine Behandlung erhalten hatten. In 9% aller Berechnungen zeigten sich negative Effektstärken, d. h., die Psychotherapie hatte Verschlechterungen zur Folge.

Ein ES = 0,85 entspricht einer Korrelation von r = 0,32, dies bedeutet, daß ca. 10% der Varianz erklärt werden. Dieser Effekt ist häufig als gering kritisiert worden, im Vergleich mit Ergebnissen aus anderen Bereichen wie z. B. der Medizin oder Pädagogik können die Effekte von Psychotherapie jedoch als groß angesehen werden. So ist beispielsweise der Zusammenhang zwischen Psychotherapie und Behandlungsergebnissen doppelt so hoch wie der Zusammenhang zwischen Rauchen und Lungenkrebs (r = 0,14; (39)). Psychotherapie ist also wirksam. Diese Einschätzung wurde in der Zwischenzeit durch weitere Metaanalysen, in die neuere Studien eingingen, bestätigt ((4, 21).

Das metaanalytische Vorgehen eignet sich besonders zur Sichtung der ansonsten unüberschaubaren Literatur, allerdings ist die Methode auch kritisch zu sehen (29). Die wesentlichen Kritikpunkte betreffen:

1. Es werden häufig methodisch unzulängliche Arbeiten mit aufgenommen (Müll rein, Müll raus, oder mit *Eysenck* (9) »exercise in mega-silliness«);
2. die Auswahl der Studien muß sehr sorgfältig erfolgen, da sonst wichtige Studien unberücksichtigt bleiben;
3. die Studien spiegeln oft nicht die aktuelle klinische Praxis wider. *Andrews* und *Harvey* (1) stellten fest, daß nur 22% der Studien aus der Metaanalyse von *Smith* et al. (36) mit Patienten durchgeführt wurden, wie sie in der psychotherapeutischen Praxis tatsächlich anzutreffen sind.

Diese Kritikpunkte sind in gewisser Weise trivial, denn eine Sekundäranalyse kann nur auf die vorhandenen Primärstudien zurückgreifen. In diesem Zusammenhang ist festzustellen, daß sich die methodische Qualität von Psychotherapiestudien in den letzten 30 Jahren erheblich verbessert hat, wie *Omer* und *Dar* (28) zeigen konnten. Die Autoren beurteilten die Psychotherapiestudien, die in den Jahren 1967/1968, 1977/1978 und 1987/1988 im »Journal of Consulting and Clinical Psychology« erschienen, nach den Kriterien: Behandlung von Patienten mit Störungen von Krankheitswert, Untersuchung realer Therapie (keine Analogstudien), Verwendung von Therapiemanualen zur Sicherung der Integrität der Behandlungsdurchführung und Anzahl der benutzten Kriterienmaße. In allen Variablen war eine deutliche, lineare Verbesserung der methodischen Qualität der Studien von 1960 bis 1990 zu verzeichnen (Abbildung 1). Ein Ergebnis, das sich auch mit Erfahrungen in Deutschland deckt und sich beispielsweise an der guten methodischen Qualität der Studien ablesen läßt, die vom Bundesministerium für Forschung und Technologie (BMFT) im Schwerpunktprogramm »Chronisch psychiatrische Erkrankungen« gefördert wurden (15).

Differentielle Effekte

Die Berechnung globaler Effektstärkemaße erlaubt keine Aussagen über mögliche

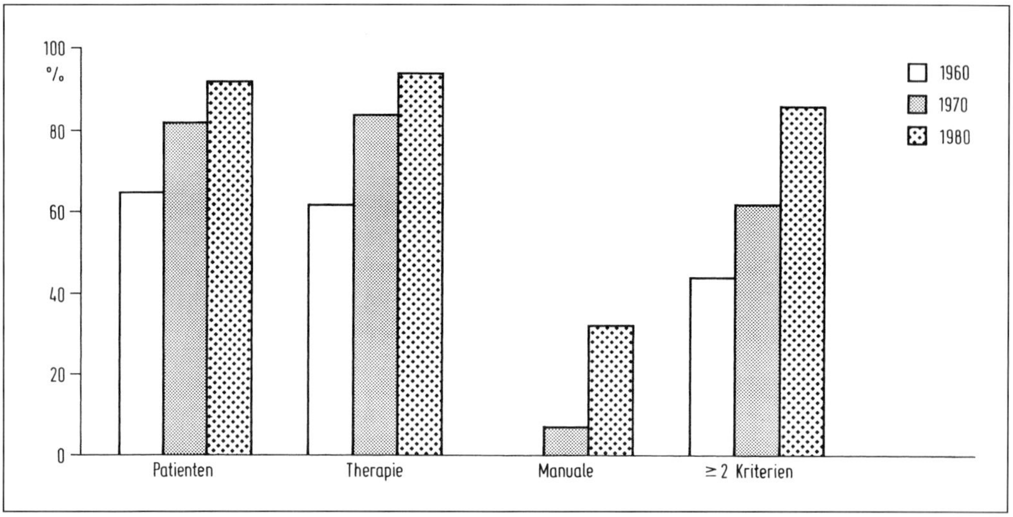

Abbildung 1. Trends in der Psychotherapieforschung, 1960–1990 (28).

differentielle Effekte von Psychotherapie, (»Welche Therapie ist der anderen überlegen?«) und gibt auch keine Hinweise, welche Therapiefaktoren wirksam sind.

Smith et al. (36) untersuchten auch die relativen Effekte verschiedener Psychotherapieformen. Bei Auswertung nach einzelnen Therapieschulen zeigten sich deutliche Unterschiede mit mittleren Effektstärken für psychodynamisch orientierte Therapien und Gesprächs- und Gestalttherapie und große Effektstärken für verhaltenstherapeutisch-kognitive Verfahren. *Smith* et al. (36) bildeten dann mit Hilfe einer inhaltlichen und methodisch sehr zweifelhaften multidimensionalen Skalierungstechnik zwei Therapie-Superklassen: *Verhaltenstherapie* (unter anderem systematische Desensibilisierung, Implosion, Verhaltensmodifikation, kognitive Verhaltenstherapie) und *verbale Therapie* (psychodynamische Ansätze, Therapie nach Adler, Gesprächspsychotherapie, Gestalttherapie und auch Rational Emotive Therapy nach Ellis). Für diese beiden Superklassen ergaben sich Effektstärken von 0,98 und 0,84 (nach Auspartialisierung von reaktiven Maßen: 0,91 vs 0,88).

Aufgrund dieser Befunde (oder besser: dieser methodischen Abstraktion) kamen *Smith* et al. zu ihrer häufig zitierten Schlußfolgerung, daß »verschiedene Psychotherapieformen (verbale oder verhaltenstherapeutische; psychodynamische, klientenzentrierte oder systematische Desensibilisierung) keine unterschiedlichen Effekte erbringen« (36, p. 184). Dieser Einschätzung wurde oft widersprochen und in der Folge durch weitere Metaanalysen widerlegt (34, 39).

Ungeachtet dieser deutlichen Befunde der differentiellen Wirksamkeit verschiedener psychotherapeutischer Verfahren gibt es viele Psychotherapieforscher, die immer noch die These vertreten, daß es bisher nicht gelungen sei, Unterschiede in der Wirksamkeit verschiedener Therapieverfahren nachzuweisen (37). Diese Autoren beziehen sich nicht nur auf Metaanalysen, sondern auch auf die Ergebnisse methodisch gut kontrollierter Therapievergleichsstudien, die keine Unterschiede zwischen den untersuchten alternativen Therapien zeigen konnten: z. B. Vergleich Verhaltenstherapie (VT) mit psychoanalytisch orientierter Kurztherapie (35), VT vs Gesprächspsychotherapie (10, 11), kognitive VT vs »interpersoneller Therapie« oder Antidepressiva bei Depressiven (8). Kritisch ist vielen Vergleichsuntersuchungen aber entgegenzuhalten, daß eine der methodischen Grundvoraussetzungen – ausreichende statistische Power – meist nicht gegeben ist.

Selbst wenn interne und externe Validität einer Studie gegeben sind, folgt daraus noch lange nicht, daß alle Behandlungseffekte, seien sie noch so gering, tatsächlich auch entdeckt werden. Wenn die Behandlungseffekte unter einer Schwelle liegen, die von einem gegebenen Design zuverlässig entdeckt werden können, helfen auch Verbesserungen der Validität nicht. Leider sind die meisten Experimente im Bereich der klinischen Psychologie so angelegt, daß ihre Sensitivität oder statistische Power nicht ausreicht, um reale Unterschiede zu entdecken: Die Nullhypothese wird fälschlicherweise als richtig angenommen (Fehler 2. Art, Beta-Fehler). Die Sensitivität hängt von sechs Faktoren ab: 1. Effektstärke: Ausmaß des »realen« Effektes; 2. Heterogenität der Versuchspersonen; 3. Fehler bei der Durchführung der Behandlung; 4. Fehler bei der Messung und 5. der Datenanalyse und vor allem von 6. der Stichprobengröße.

Kazdin und *Bass* (17) untersuchten die Power von 85 Psychotherapievergleichsstudien, die von 1984 bis 1986 in neun Fachzeitschriften publiziert wurden. Berechnet wurde zuerst die Effektstärke alternativer Therapien, anschließend die Stichprobengröße pro Gruppe, die notwendig gewesen wäre, um die Unterschiede signifikant werden zu lassen. Während in Vergleichen mit den Kontrollgruppen die beobachtete Stichprobengröße einigermaßen der notwendigen entsprach (1:2), waren die beobachteten Stichprobengrößen bei den Vergleichen mit alternativen Therapien um den Faktor 5 zu niedrig, d. h., tatsächliche Unterschiede konnten von der Anlage der Studie her statistisch gar nicht nachgewiesen werden (Abbildung 2).

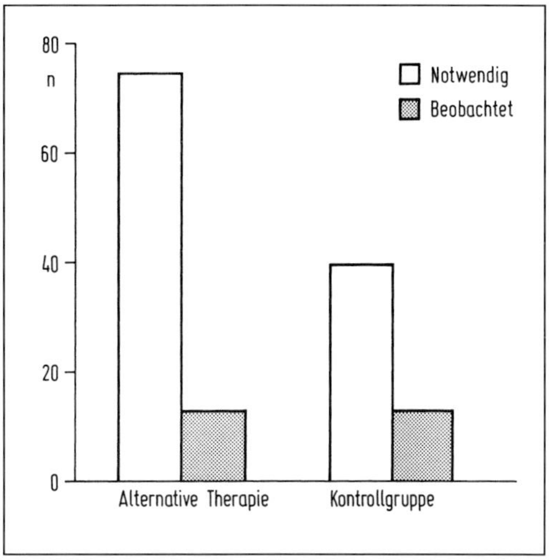

Abbildung 2. Power von Psychotherapiestudien. Beobachtetes und Notwendiges nach 85 Studien, 1984–1986 (17).

Wie dem auch sei, Verfechter der »Äquivalenzhypothese« – insbesondere klinisch tätige Psychotherapeuten – behaupten, daß die Befunde zeigen würden, daß alle Therapieverfahren gleich wirksam wären, somit doch auch der eigene Ansatz als *erwiesenermaßen* effektiv gelten könne. *Grawe* (25) bezeichnet dies als »Trittbrettfahrer-Argumentation«, denn nur über tatsächlich untersuchte Therapieverfahren könnten Aussagen zur Wirksamkeit gemacht werden.

Die bisher umfangreichste Metaanalyse stammt von *Grawe* und seinen Mitarbeitern an der Universität Bern (siehe 25). Die Autoren werteten ca. 900 Studien, die bis 1984 publiziert und die als klinisch relevant beurteilt wurden (d. h., es wurden psychotherapeutische Behandlungen von erwachsenen Patienten mit klinisch relevanten Störungen überprüft) für ihre Sekundäranalyse aus. Jede Studie wurde anhand eines umfassenden Kriterienkataloges beurteilt und pro Therapieform eine zusammenfassende Beurteilung in Form eines Güteprofils abgegeben. In der Abbildung 3 sind die durchschnittlichen Gütewerte (ausgedrückt in z-Werten) ausgewählter Indizes für die Stu-

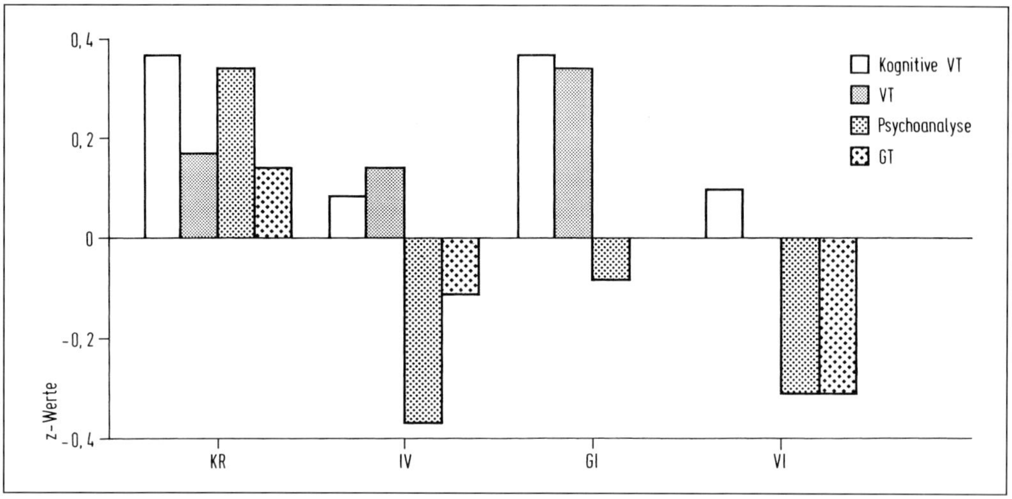

Abbildung 3. Psychotherapie: durchschnittliche Güteprofile (11).

dien, in denen kognitive Verhaltenstherapie (KVT), Verhaltenstherapie (VT), psychoanalytisch orientierte Verfahren (PA) und Gesprächspsychotherapie (GT) untersucht wurden, dargestellt.

Es ist ersichtlich, daβ die Untersuchungen zu den verschiedenen Therapieverfahren sich in ihrer methodischen Qualität deutlich voneinander unterscheiden. Die höchste *klinische Relevanz (KR)* weisen Studien mit KVT und mit psychoanalytischen Verfahren auf, während sich keine Unterschiede zwischen VT- und GT-Studien ergeben, die insgesamt von geringerer klinischer Relevanz sind. Studien, in denen VT untersucht wurde, haben im Vergleich zu PA- und GT-Studien eine deutlich bessere *interne Validität* (IV), zeichnen sich durch eine hohe *Güte der Information* aus (GI: wird in der Studie über die Durchführungsbedingungen berichtet; ist die Studie replizierbar) und bieten wenig Anlaβ, bei der *Interpretation der Ergebnisse vorsichtig* zu sein (VI).

In einem zweiten Schritt wurde die Wirksamkeit der einzelnen Verfahren beurteilt, wobei die Anzahl der pro Verfahren publizierten Studien kraβ unterschiedlich war (Tabelle I): VT: 567, GT: 38, psychoanalyti-

Tabelle I. Wirksamkeit psychotherapeutischer Verfahren (11).

Verfahren	Studien n	Bewertung: bewährtes Verfahren?
Bioenergetik	1	nein
Primärtherapie	0	nein
Musik-Tanztherapie	4	nein
Psychoanalyse (>100 Std.)	0	nein
Individualtherapie	2	nein
Jungsche Therapie	0	nein
Katathymes Bilderl.	2	nein
Gestalttherapie	6	nein, noch nicht
Psychodrama	6	nein, noch nicht
Transaktionsanalyse	5	nein, noch nicht
Autogenes Training	13	nein
Progressive M-Relaxation	63	ja
Kognitive VT	567	ja
Psychoanal. Kurztherapie		
bis 30 Sitzungen	27	ja
30–100 Sitzungen	12	ja
Gesprächstherapie	38	ja, mit Einschränkung

sche Kurztherapie (bis 30 Sitzungen): 27, längerfristige psychoanalytische Therapie (30–100 Sitzungen): 12, progressive Muskelrelaxation: 63 und autogenes Training: 13. Die Autoren kommen zu folgender Bewertung:

»Das unstrukturierte Nebeneinander der schier unüberblickbar gewordenen psychotherapeutischen Ansätze und Methoden fügt sich unter den Kriterien einer wissenschaftlichen Wirksamkeitsbewertung zu einer erstaunlich klaren Rangordnung: Für die große Anzahl psychotherapeutischer Ansätze, Methoden und Techniken, die sich auf dem »Psycho-Markt« großer Beliebtheit erfreuen, steht jeglicher Wirksamkeitsbeweis aus. Sie wurden bisher noch nie einer Wirksamkeitsprüfung unterzogen, die auch nur bescheidenen wissenschaftlichen Ansprüchen genügte. Zu diesen Ansätzen gehören etwa die analytische Psychotherapie nach C. G. Jung, die dynamische Familientherapie nach Stierlin, die Primärtherapie nach Janov, das neurolinguistische Programmieren, Rebirthing, um nur einige der bekannteren zu nennen... Es gibt ferner Therapiemethoden, die zwar relativ gut untersucht sind, wie etwa das autogene Training, deren Wirksamkeit aber durch entsprechende Untersuchungen eher in Frage gestellt als bestätigt wird... In seiner Wirksamkeit am besten abgesichert ist das umfangreiche Repertoire der kognitiv-behavioralen Therapiemethoden...« (25, p. 96). Insgesamt kommen die Gutachter zu dem Schluß, daß nur für die kognitiv-behavioralen und die pschoanalytisch orientierten Therapieverfahren eindeutige Wirksamkeitsnachweise vorliegen, mit gewissen Einschränkungen kann auch die Gesprächspsychotherapie als wirksam gelten.

Ausblick

Nach 30 Jahren Psychotherapieforschung erscheint es angebracht, neue Schwerpunkte zu bestimmen. Zum Abschluß sollen einige diesbezügliche Vorschläge gemacht werden:

Kosten-Nutzen-Aspekte: Psychotherapie wurde bislang nur selten unter Kosten-Nutzen-Gesichtspunkten evaluiert, obwohl diesen Aspekten gesundheitspolitisch erhebliche Bedeutung zukommt. Die wenigen Studien mit Kosten-Nutzen-Berechnungen lassen kaum Zweifel daran, daß bestimmte Formen von Psychotherapie auch unter diesen Aspekten effizient sind (5). Die verstärkte Erfassung von entsprechenden Daten in Psychotherapiestudien könnte eine rationale Auswahl von geeigneten Therapiemethoden im Sinne von Patienten und Kostenträger begünstigen.

Forscher-Praktiker-Dilemma: Zur Verbesserung der Interaktion von Forscher und Praktiker erscheint die regelhafte Verwendung von Maßen der klinischen Signifikanz sinnvoll. Der Transfer von Forschungsergebnissen in die Praxis ist bisher kaum untersucht worden; die vorliegenden Daten lassen daran zweifeln, daß psychotherapeutisch Tätige ihr Handeln von Forschungsergebnissen leiten lassen. Viele Praktiker beklagen sich, daß die Ergebnisse der Psychotherapieforschung irrelevant für die Praxis seien und somit keinen Einfluß ausüben würden (27). Wer hat Schuld: die Praktiker, die zu wenig lesen oder die Forscher, die sich zu sehr von statistischer Signifikanz und Gruppenmittelwerten leiten lassen und häufig die Variabilität der Patienten und die Praxisrealität vergessen?

Eine leicht zu realisierende Forderung ist, bei Studien auch *Maße klinischer Signifikanz* zu verwenden. Forschungsergebnisse sollten so präsentiert werden, daß erkennbar ist, wieviel individuelle Patienten sich verbessert haben. Die bisherige Darstellung von Gruppenmittelwerten und methodisch anspruchsvoller statistischer Auswertung ist für viele Praktiker ermüdend und häufig unverständlich. Die Verwendung klinischer Signifikanzmaße erfordert die Definition von allgemein anerkannten Kriterien für eine klinisch signifikante Verbesserung.

Erste Ansätze einer solchen Kriterienbestimmung, die sich im angloamerikanischen Sprachraum immer mehr durchsetzen, haben *Jacobson* et al. (16) vorgeschlagen. Eine klinisch signifikante Verbesserung liegt dann vor, wenn der Patient sich in einer vorher zu bestimmenden Kriterienvariable reliabel vom dysfunktionalen zum funktionalen Bereich des jeweiligen Maßes durch die Therapie verändert. Analog kann auch Verschlechterung definiert werden. Die Verwendung klinischer Signifikanzmaße sollte auch im deutschsprachigen Raum Standard werden.

Rückfallprophylaxe: Die Therapie akuter Störungen insbesondere im Bereich Angst und Depression ist ausführlich untersucht worden. Als besonders wirksam haben sich Verfahren aus dem Bereich kognitiver Verhaltenstherapie erwiesen. Allerdings kommt es insbesondere bei depressiven Störungen häufiger zu Rückfällen, so daß zukünftig verstärkt Maßnahmen zur Rückfallprävention untersucht werden sollten, die sich im Bereich schizophrener Psychosen schon mit großem Erfolg bewährt haben (12).

Praxiskontrolle und Qualitätssicherung: Vordringlich erscheint jedoch bei der häufigen Anwendung von Psychotherapie die Entwicklung von Maßnahmen zur Qualitätssicherung. Nach *Baumann* und *Reinecker-Hecht* (2) läßt sich die Interventionsforschung nach einem Phasenmodell systematisieren, das aus Psychopharmakotherapie-Forschung entlehnt ist. In *Phase 0* wird aufgrund von klinischen Beobachtungen, theoretischen Überlegungen und unsystematischen Einzelversuchen eine neue Interventionsmethode geschaffen. In der *Erkundungsphase* (*Phase 1*) wird diese Intervention systematischer, meist in Einzelstudien, überprüft. In der *Pilotphase* (*Phase 2*) werden kombinierte und kontrollierte Prozeß/Erfolgsstudien durchgeführt. In der *Testphase* (*Phase 3*) wird die Intervention in Großversuchen, manchmal in Verbundstudien überprüft. Die *Praxiskontrolle* (*Phase 4*) stellt eine Daueraufgabe dar, in der die Implementierung der neuen Intervention in die Praxis und die Bewährung in der Routine überprüft wird. Zumindest für die kognitiv-behavioralen Interventionen scheint die Zeit reif, die Testphase zu verlassen und in die Phase der Praxiskontrolle einzutreten. Diese Schlußfolgerung ist sicherlich berechtigt für die Therapie einer Reihe spezifischer psychiatrischer Störungen, z. B. Panikstörung und Agoraphobie (23), depressive Störung (14) oder Schizophrenie (Rückfallprophylaxe; (12)).

Die Entwicklung von Methoden zur Qualitätssicherung der psychotherapeutischen Praxis erscheint vor allem auch unter dem Gesichtspunkt des Patientenschutzes vordringlich. Über die Gesamtzahl von psychotherapeutisch Tätigen in freier Praxis, in stationären und ambulanten Einrichtungen liegen keine verläßlichen Zahlen vor. Allein im Rahmen der kassenärztlichen Versorgung wurden 1990 ca. 120000 Patienten von ca. 8400 (September 1991) ärztlichen und psychologischen Psychotherapeuten behandelt. Zur Methodik der Praxiskontrolle haben *Meyer* et al. (25, pp. 151–154) einige konzeptionelle Vorarbeiten gemacht. So sollten im Sinne einer kontrollierten Praxis pro Patient Basisdaten erhoben und standardisierte Untersuchungsverfahren eingesetzt werden, um Einzelfälle systematisch vergleichen zu können. Es erscheint vordringlich, diese Überlegungen methodisch voranzutreiben und in größeren Feldversuchen umzusetzen.

Literatur

1 Andrews G, Harvey R (1981) Does psychotherapy benefit neurotic patients? A re-analysis of the Smith, Glass, and Miller data. Arch Gen Psychiat 38: 1203–1208

1a Bastine R, Fiedler P, Kommer D (1989) Psychotherapeutische Prozeßforschung (Themenheft). Z Klin Psychol 18:

2 Baumann U, Reinecker-Hecht C (1991) Methodik der klinisch-psychologischen Interventionsforschung. In: Perrez M, Baumann U (eds) Klinische Psychologie. Vol 2: Intervention. Huber, Bern, pp 64–79
3 Biefang S (1980) Evaluationsforschung in der Psychiatrie: Fragestellungen und Methoden. Enke, Stuttgart
4 Brown J (1987) A review of meta-analysis conducted on psychotherapy outcome research. Clin Psychol Rev 7: 1–23
5 Bühringer G, Hahlweg K (1986) Kosten-Nutzen-Aspekte psychologischer Behandlung. Psychol Rdsch 37: 1–19
6 Cohen J (1969) Statistical power analysis for the behavioral sciences. Academic Press, New York
7 Cook T, Campbell D (1979) Quasi-experimitation. Design and Analysis Issues for Field Settings. Houghton Mifflin, Boston
8 Elkin I, Shea M, Watkins J, Imber S, Sotsky S, Collins J, Glass D et al. (1989) NIMH Treatment of Depression Collaborative Research Program: 1. General effectiveness of treatments. Arch Gen Psychiat 46: 971–982
9 Eysenck H (1952) The effects of psychotherapy. An evaluation. J Consult Psychol 16: 319–324
10 Grawe K (1976) Differentielle Psychotherapie I. Huber, Bern
11 Grawe K, Caspar F, Ambühl H (1990) Differentielle Therapieforschung: Vier Therapieformen im Vergleich. Themenheft. Z Klin Psychol 19 (4)
12 Hahlweg K, Dose M, Feinstein E, Müller U (1989) Familienbetreuung schizophrener Patienten: Rückfallprophylaxe und Änderung der familiären Kommunikationsmuster. In: Böker W, Brenner H (eds) Schizophrenie als systemische Störung. Huber, Bern, pp 243–255
13 Hartig M (1975) Probleme und Methoden der Psychotherapieforschung. Urban & Schwarzenberg, München
14 Hautzinger M, Stark W, Treiber R (1989) Kognitive Verhaltenstherapie bei Depressionen. Psychologie Verlags Union, München
15 Heimann H, Zimmer F (1987) Chronisch psychisch Kranke. Fischer, Stuttgart
16 Jacobson N, Follette W, Revenstorf D (1984) Psychotherapy outcome research: Methods for reporting variability and evaluating clinical significance. Behav Ther 15: 336–352
17 Kazdin A, Bass D (1989) Power to detect differences between alternative treatments in comparative psychotherapy outcome research. J Consult Clin Psychol 57: 138–147
18 Kendall P, Lipman A (1991) Psychological and pharmacological therapy: Methods and modes for comparative outcome research. J Consult Clin Psychol 59:78–87
19 Kiesler D (1969) A grid model for theory and research in psychotherapies. In: Eron L, Callahan R (eds) The Relation of Theory to Practice in Psychotherapy. Aldine, Chicago
20 Köhnken G, Seidenstücker D, Baumann U (1979) Validitätsfaktoren bei empirischen Untersuchungen und multimethodale Operationalisierung. In: Baumann U, Berbalk H, Seidenstücker G (eds) Klinische Psychologie. Trends in Forschung und Praxis 2. Huber, Bern, pp 72–128
21 Landman J, Dawes R (1982) Psychotherapy outcome: Smith and Glass' conclusions stand up under scrutiny. Am Psychol 37: 504–516
22 Luborsky L, Singer B, Luborsky L (1975) Comparative studies of psychotherapies: Is it true that »Everybody has won and all must have prices?« Arch Gen Psychiat 32: 995–1008
23 Margraf J, Schneider S (1989) Panik. Angstanfälle und ihre Behandlung. Springer, Berlin Heidelberg
24 McNeilly C, Howard K (1991) The effects of psychotherapy: A reevaluation based on dosage. Psychother Res 1: 74–78
25 Meyer A, Richter G, Grawe K, v. Graf J, Schulte B (1991) Forschungsgutachten zu Fragen eines Psychotherapeutengesetzes. Universitäts-Krankenhaus Eppendorf, Hamburg
26 Möller H, Benkert O (1980) Methoden und Probleme der Beurteilung der Effektivität psycho-pharmakologischer und psychologischer Therapieverfahren. In: Biefang S (ed) Evaluationsforschung in der Psychiatrie: Fragestellungen und Methoden. Enke, Stuttgart, pp 54–128
27 Moorow-Bradley C, Elliott R (1986) Utilization of psychotherapy research by practicing psychotherapists. Am Psychol 41: 118–197
28 Omer H, Dar R (1992) Changing trends in three decades of psychotherapy research: The flight from theory into pragmatics. J Consult Clin Psychol 60: 88–93
29 Reinecker H, Schiepek G, Gunzelmann T (1989) Integration von Forschungsergebnis-

sen: Meta-Analysen in der Psychotherapieforschung. Z Klin Psychol 18: 101–116
30 Rosenthal R (1978) Combining results of independent studies. Psychol Bull 85: 185–193
31 Rosenthal R, Rubin B (1982) Comparing effect sizes of independent studies. Psychol Bull 92: 500–504
32 Schindler L (1991) Die empirische Analyse der therapeutischen Beziehung. Beiträge zur Prozeßforschung in der Verhaltenstherapie. Springer, Berlin Heidelberg
33 Schmidt F, Hunter J (1977) Development of a general solution to the problem of validity generalization. J Appl Psychol 62: 529–540
34 Shapiro D, Shapiro D (1982) Meta-analysis of comparative therapy outcome studies: A replication and refinement. Psychol Bull 92: 581–604
35 Sloane R, Staples F, Christol A, Yorkstone N, Whipple K (1975) Psychotherapy versus behavior therapy. Harvard University Press, Cambridge
36 Smith M, Glass G, Miller T (1980) The benefits of psychotherapy. Johns Hopkins University Press, Baltimore
37 Stiles W, Shapiro D, Elliot R (1986) Are all psychotherapies equivalent? Am Psychol 41: 165–180
38 Strotzka H (1975) Was ist Psychotherapie? In: Strotzka H (ed) Psychotherapie: Grundlagen, Verfahren, Indikationen. Urban und Schwarzenberg, München, pp 3–6
39 Wittmann W, Matt G (1986) Meta-Analyse als Integration von Forschungsergebnissen am Beispiel deutschsprachiger Arbeiten zur Effektivität von Psychotherapie. Psychol Rdsch 37: 20–40
40 v Zerssen D, Möller H (1980) Psychopathometrische Verfahren in der psychiatrischen Evaluationsforschung. In: Biefang S (ed) Evaluationsforschung in der Psychiatrie: Fragestellungen und Methoden. Enke, Stuttgart, pp 129–166
41 v Zerssen D, Möller H, Baumann U, Bühringer G (1986) Evaluative Psychotherapieforschung in der Bundesrepublik Deutschland und West-Berlin. Psychother Psychosom Med Psychol 36:8–17